AI 멘토스 시리즈 ———

나만 알고 싶은 AI 활용 교과서

AI 시대 학부모 자녀교육 가이드 ———

저자 조은래·정지영·송세훈·이수정·최태현 | 기획 정동완

머리말

4차 산업혁명과 AI 시대가 도래하면서, 자녀 교육에 대한 학부모들의 고민도 더욱 깊어지고 있습니다. 우리 아이들이 맞이할 미래는 지금과는 전혀 다른 모습일 것입니다. 이러한 시대적 변화에 발맞추어, 부모로서 자녀에게 어떤 교육을 제공해야 할지, 어떻게 준비시켜야 할지 고민하는 학부모들이 많을 것입니다.

이 책은 바로 그 고민을 해결하기 위해 기획되었습니다. AI 시대에 자녀 교육이 어떻게 변화할 것인지, 그리고 부모로서 어떠한 역할을 해야 하는지를 이론과 실습으로 나누어 체계적으로 다루고 있습니다.

이론편에서는 4차 산업혁명이 교육에 미치는 영향을 이해하고, 자녀가 미래 사회에서 성공할 수 있도록 돕기 위한 부모의 역할을 깊이 있게 다룹니다. AI 시대의 핵심 교육 패러다임부터 디지털 리터러시와 AI 리터러시를 함양하는 방법, 그리고 윤리적 교육의 중요성까지 폭넓게 다루며, 미래 교육의 방향을 제시합니다.

실습편에서는 이론에서 다룬 내용을 실제로 적용할 수 있는 방법을 구체적으로 제시합니다. 프롬프트와 AI 프로그램을 활용하여 자녀 교육을 지원하는 방법부터 AI를 통해 정서 교육과 가족 관계를 강화하는 방법, 그리고 독서와 영어 교육에 AI를 활용하는 다양한 아이디어를 소개합니다. 이 책을 통해 학부모님들은 자녀 교육의 새로운 가능성을 발견하고, 실질적으로 적용할 수 있는 도구와 전략을 얻게 될 것입니다.

미래는 우리가 준비한 만큼 변화합니다. 이 책이 학부모님들께 자녀 교육의 새로운 방향을 제시하고, AI 시대에 맞는 교육적 준비를 할 수 있는 든든한 길잡이가 되기를 바랍니다.

목차

PART 01

이론편

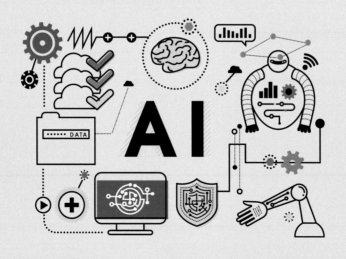

CHAPTER

01

AI 시대의 교육 패러다임과
핵심 역량

CHAPTER 01 / AI 시대의 교육 패러다임과 핵심 역량

1. 4차 산업혁명과 AI 시대의 이해

AI 시대가 도래하면서 우리의 삶과 교육은 근본적인 변화를 맞이하고 있다. 4차 산업 혁명으로 불리는 이 변화는 AI, 사물인터넷(IoT), 빅데이터, 블록체인 등 첨단 기술들이 융합되어 기존 산업과 사회 전반에 혁신을 일으키는 과정이다. 이 변화는 매우 빠르게 진행되고 있으며, 디지털화와 초연결성을 바탕으로 우리의 일상과 직업 환경에 깊숙이 스며들고 있다.

먼저, 4차 산업혁명은 AI와 같은 기술이 주도하고 있다. AI는 컴퓨터가 인간의 지능을 모방하여 학습하고 문제를 해결하는 기술로, 의료 진단, 자율 주행차, 챗봇 등 다양한 분야에서 이미 사용되고 있다. 이 기술들은 우리의 생활과 직업에 커다란 변화를 가져올 것이다. 예를 들어, 현재 스마트폰, 인터넷 서비스, 자율 주행차 등이 우리의 일상에서 사용되고 있는 것처럼, 미래에는 이러한 기술들이 더 많은 부분에서 우리의 삶을 변화시킬 것이다.

이와 같은 기술 발전은 교육 분야에도 큰 영향을 미칠 것이다. AI 기반의 맞춤형 학습 프로그램이 등장하면서 학생들은 자신만의 학습 속도와 수준에 맞춰 교육을 받을 수 있게 될 것이다. 이는 아이들이 더 효율적이고 효과적으로 학습할 수 있는 환경을 제공할 것이다.

또한, 미래의 직업 세계도 현재와는 크게 달라질 것이다. AI와 자동화 기술의 발전으로 데이터 분석가, AI 엔지니어, 로봇 프로그래머 등 새로운 직업이 주목받게 될 것이다. 아이들이 이러한 변화에 대비하기 위해서는 창의적이고 융합적인 사고 능력, 기술활용능력 등을 길러야 한다. 더 나아가, 디지털 리터러시와 같은 기본적인 기술 이해도도 필수적이다.

영향	세부 내용
긍정적인 영향	• 맞춤형 학습: 각 학생의 학습 속도와 스타일에 맞춘 개인화된 교육 제공 • 업무 자동화: 교사들의 반복적인 업무를 자동화하여 더 많은 시간을 학생들과의 상호작용에 사용 가능 • 실시간 학습 분석: 학생들의 학습 데이터를 실시간으로 분석하여 필요한 지원 제공 • 효율적 피드백: 자동 채점 시스템을 통해 빠르고 정확한 피드백 제공 • 동기부여 증가: 맞춤형 학습을 통해 학생들의 학습 동기부여 증가
부정적인 영향	• 기술 불평등: 기술 접근성이 낮은 지역이나 가정에서의 불평등 발생 가능 • 데이터 프라이버시: 학생들의 데이터를 수집하고 분석하는 과정에서 개인 정보 유출 위험 • 결정 투명성 부족: AI의 결정이 항상 공정하고 정확하지 않을 수 있음 • 인간적 요소 부족: AI가 인간 교사의 감성적 지지를 대체할 수 없음

2. AI 시대의 교육적 변화와 발전

❶ AI 시대의 교육적 변화

AI 시대가 도래하면서 자녀 교육의 방식이 근본적으로 변화하고 있다. 이제 전통적인 교사 중심의 일률적인 교육에서 벗어나, 자녀 개개인의 필요와 능력에 맞춘 맞춤형 교육이 중심이 되고 있다. 이러한 변화는 AI 기술의 발전 덕분에 가능해졌으며, 부모로서 우리는 자녀의 학습을 보다 효과적으로 지원할 수 있는 새로운 도구들을 활용할 수 있게 되었다.

AI는 자녀의 학습 데이터를 분석하여 각 아이의 강점과 약점을 파악하고, 그에 맞춘 최적화된 학습 경로를 제공한다. 이는 자녀가 자신의 학습 스타일과 속도에 맞추어 보다 효과적으로 학습할 수 있게 도와준다. 부모님들은 이러한 기술을 활용해 자녀의 학습 과정에 더욱 적극적으로 참여할 수 있으며, 실시간으로 자녀의 학습 진척을 모니터링하고, 필요한 피드백을 제공할 수 있다.

AI 기반의 맞춤형 학습 시스템 외에도, 가상 현실(VR)과 증강 현실(AR) 같은 기술들이 교육 현장에 도입되면서 자녀의 학습 경험은 더욱 몰입감 있고 실질적으로 변하고 있다. 이러한 기술들은 자녀가 역사 수업에서 실제로 역사적 사건을 체험하거나, 과학 수업에서 복잡한 개념을 시각적으로 이해하는 데 큰 도움이 된다. 부모님들은 이와 같은 도구들을 활용하여 자녀의 학습을 더욱 풍부하게 만들어줄 수 있다.

결국, AI 시대의 교육적 변화는 우리 아이들이 주도적으로 학습할 수 있는 환경을 조성해준다. 이 변화에 발맞추기 위해, 부모로서 우리는 AI에 대한 이해와 활용 방법을 학습하고, 이를 자녀 교육에 적극적으로 적용할 필요가 있다. 자녀가 AI 시대에 필요한 역량을 갖추고, 자신의 잠재력을 최대한 발휘할 수 있도록, 이제 우리가 할 수 있는 모든 지원을 아끼지 말아야 할 때이다.

❷ AI 활용 교육의 발전

(1) AI 활용 교육이란?

AI 활용 교육은 AI 기술을 이용해 교육의 여러 측면을 혁신하는 접근 방식을 의미한다. AI는 맞춤형 학습, 학습 분석, 자동화된 피드백, 그리고 학습 경험의 개인화를 통해 교육을 더 효과적이고 효율적으로 만드는 데 기여한다.

발전 단계	주요 특징
1950~1960년대	• 기초 이론: 앨런 튜링의 튜링 테스트 개념 등장 • 초기 연구: 논리와 추론을 중심으로 한 기초연구
1980~1990년대	• 전문가 시스템: 특정 분야의 전문가 지식을 구현한 시스템 • 뉴럴네트워크 기초: 뉴럴네트워크 개념 제안
2000년대 이후	• 머신러닝과 딥러닝: 데이터와 컴퓨팅 파워의 증가로 급속한 발전 • 딥러닝 혁신: 알렉스넷(AlexNet)과 알파고(AlphaGo) 등의 성과

최근	• 자연어 처리(NLP): 챗봇, 음성 비서 등 • 자율주행: 자율주행차 기술 • 의료진단: AI 기반의 의료진단 시스템 • 생성적 적대 신경망(GAN): 이미지 생성 및 변환 기술

(2) AI 활용 교육 사례

AI는 작문 과제를 위한 주제나 첫 문장을 제시해 주어, 학생들이 이를 바탕으로 글을 이어서 쓸 수 있도록 돕는다. 또한, 역사 수업에서는 AI가 특정 사건에 대한 시나리오를 생성하여 학생들이 다양한 시각에서 사건을 분석할 수 있게 해 준다.

과학 수업에서는 AI가 특정 실험의 가설을 제시하거나 실험 결과를 예측하는 데 도움을 줄 수 있다. 수학 수업에서는 문제를 풀기 위한 단서를 제공하거나 복잡한 문제를 생성해 주어, 학생들이 다양한 문제 해결 경험을 쌓도록 돕는다. 이러한 방식은 학생들이 다양한 문제를 접하고, 스스로 해결해 보는 과정을 통해 창의적이고 비판적인 사고를 기를 수 있도록 한다.

AI 기술은 학생들의 창의성 발달에도 중요한 역할을 한다. 예술 수업에서 AI는 특정 주제에 맞는 예술 작품을 생성하여, 학생들이 이를 바탕으로 새로운 작품을 창조할 수 있도록 영감을 제공한다. 이는 학생들의 창의적 사고를 촉진하고, 다양한 시각을 탐구하는 데 도움을 준다.

3. AI 시대의 핵심 역량 이해

❶ AI 시대에 필요한 핵심 역량

AI 시대에 자녀가 성공적으로 성장하고 미래 사회에서 자신의 잠재력을 최대한 발휘하기 위해서는 몇 가지 중요한 역량을 갖추는 것이 필수적이다. 이 시대의 변화에 발맞춰 자녀에게 필요한 5가지 핵심 역량을 소개하고자 한다. 이 역량들은 복잡하고 빠르게 변화하는 현대 사회에서 자녀가 스스로 문제를 해결하고, 창의적인 아이디어를 실현하며, 다른 사람들과 효과적으로 협력하는 데 큰 도움이 될 것이다. 지금부터 자녀에게 필요한 핵심 역량과 이를 함께 쉽게 실천할 수 있는 방법들을 소개한다.

❷ 핵심 역량 소개 및 실천 방법

(1) 비판적 사고력과 문제해결능력

AI 시대에는 단순히 정보를 받아들이는 것만으로는 충분하지 않다. 자녀가 AI가 제공하는 정보를 분석하고 평가하며, 논리적으로 문제를 해결하는 능력을 갖추는 것이 매우 중요하다. 비판적 사고력은 다양한 관점에서 문제를 바라보고, 논리적인 추론을 통해 결론을 도출하는 능력이다. 이는 자녀가 복잡한 문제를 해결하고, 창의적인 아이디어를 현실화하는 데 필수적인 도구가 될 것이다.

1) 뉴스를 함께 보며 토론하기

자녀와 함께 뉴스를 시청한 후, 뉴스에서 다루는 사건이나 주제에 대해 이야기 나누는 시간을 가질 수 있다. 예를 들어, "이 뉴스에서 어떤 사건이 일어났니? 이 사건에 대해 너는 어떻게 생각하니?"라고 질문을 던져보자. 자녀가 자신의 생각을 말할 수 있도록 격려하고, 그 생각의 근거를 설명하도록 유도하는 것이 중요하다. 이런 대화를 통해 자녀는 정보를 비판적으로 분석하고, 자신의 의견을 논리적으로 정리하는 능력을 키울 수 있다.

2) 일상적인 문제 해결하기

가정에서 발생하는 작은 문제들을 자녀와 함께 해결해 보자. 예를 들어, "오늘 저녁 메뉴를 정해볼까? 우리 모두가 좋아하는 음식을 선택하려면 어떤 방법이 좋을까?"와 같은 질문을 던져보자. 자녀가 다양한 선택지를 고려하고, 각각의 장단점을 분석하며, 최종 결정을 내리는 과정을 경험하도록 도울 수 있다. 이를 통해 자녀는 문제해결과정을 이해하고, 논리적인 사고를 연습하게 된다.

3) 독서 후 이야기 나누기

자녀가 읽은 책에 대해 이야기 나누는 것도 좋은 방법이다. 책의 주인공이 직면한 문제나 결정을 중심으로 "만약 네가 주인공이라면 어떻게 했을 것 같니?"라고 물어보자. 자녀가 책 속의 상황을 분석하고, 자신만의 해결책을 제시하도록 격려하면, 비판적 사고력과 문제해결능력을 자연스럽게 키울 수 있다.

4) 가족 게임을 통해 논리력 키우기

보드 게임이나 퍼즐 게임을 통해 자녀의 논리적 사고를 키울 수 있다. 예를 들어, 체스나 스도쿠 같은 게임은 자녀가 전략을 세우고, 결과를 예측하며 결정을 내리는 과정을 연습할 수 있게 합니다. 이러한 활동은 자녀의 문제해결능력을 자연스럽게 발전시키는 데 도움이 된다.

5) 일상의 선택과 결정을 함께 하기

자녀와 함께 일상의 작은 선택과 결정을 내리는 경험을 공유해 보자. 예를 들어, 주말에 어떤 활동을 할지 결정할 때, 자녀에게 여러 가지 선택지를 제시하고, 각각의 장단점을 함께 분석해 보자. 자녀가 최종 결정을 내릴 때, 그 이유를 설명하도록 유도하면, 비판적 사고와 문제해결능력을 동시에 키울 수 있다.

(2) 창의성과 혁신능력

21세기에 가장 중요한 역량 중 하나는 창의성과 혁신능력이다. AI는 반복적이고 예측 가능한 작업을 잘 수행하지만, 창의적이고 혁신적인 아이디어를 생성하는 것은 인간의 몫이다. 자녀가 새로운 아이디어를 생각해내고, 문제를 혁신적으로 해결할 수 있는 능력을 갖추는 것이 매우 중요하다.

부모로서 우리는 자녀가 자유롭게 상상하고 실험할 수 있는 환경을 제공해야한다. 다음과 같은 방법들을 통해 자녀의 창의성을 자극하고, 혁신적인 사고를 키울 수 있다.

1) 예술 활동을 통해 상상력 키우기

자녀가 그림을 그리고, 조형물을 만들거나, 음악을 작곡하는 등의 예술 활동을 하도록 격려해보자. 예를 들어, 자녀에게 "오늘은 하늘을 그려볼까? 하늘을 꼭 파란색으로만 그릴 필요는 없어. 네가 상상하는 색으로 그려보자!"라고 말해보자. 이렇게 자녀가 자유롭게 표현할 수 있는 기회를 주면, 창의적인 사고가 자연스럽게 발달한다.

2) 과학 실험으로 탐구 정신 키우기

간단한 과학 실험 키트를 사용해 자녀와 함께 실험을 해보자. 예를 들어, 물과 식초, 베이킹 소다를 이용해 화산 폭발 실험을 할 수 있다. "이 실험을 통해 무엇을 배우게 될까? 만약 다른 재료를 사용하면 어떻게 될까?"라고 질문을 던지며 자녀의 호기심을 자극하고, 실험을 통해 새로운 것을 발견하는 즐거움을 느끼게 해주자. 실험 과정에서 실수나 실패가 발생할 수 있지만, 이를 통해 자녀는 시도와 실패가 자연스러운 학습 과정이라는 것을 배우게 된다.

3) 자유로운 놀이를 통한 창의성 발달

블록, 레고, 모래놀이 등 자녀가 상상력을 발휘할 수 있는 자유로운 놀이 시간을 충분히 주어보자. 예를 들어, "오늘은 블록으로 우리가 상상하는 도시를 만들어볼까? 이 도시에는 어떤 건물이나 구조물이 있을까?"라고 물어보며, 자녀가 자신만의 세계를 창조할 수 있도록 도와줄 수 있다. 놀이를 통해 자녀는 자신의 상상력을 현실로 옮기는 경험을 하게 된다.

4) 문제 해결을 위한 창의적 생각 유도하기

일상생활에서 자녀가 직접 문제를 해결하도록 도와주자. 예를 들어, "오늘 가족 피크닉을 가는데, 어떤 음식을 준비할까? 네가 상상할 수 있는 가장 맛있는 피크닉 음식을 생각해 보자!"라고 물어보자. 자녀가 새로운 아이디어를 내고, 창의적인 방법으로 문제를 해결해 보는 경험을 통해 혁신적인 사고를 키울 수 있다.

5) 독특한 아이디어 존중하고 격려하기

자녀가 독특한 아이디어나 새로운 생각을 제시할 때, 그 아이디어를 존중하고 격려해 주자. 예를 들어, 자녀가 "저는 날아다니는 자동차를 만들고 싶어요!"라고 말한다면, "정말 흥미로운 생각이구나! 어떻게 만들 수 있을지 한번 생각해 볼까?"라고 반응해 보자. 자녀의 창의적인 아이디어를 긍정적으로 받아들이고, 더 발전시킬 수 있는 기회를 제공하는 것이 중요하다.

(3) 협업과 의사소통능력

현대 사회에서는 혼자서 모든 일을 해내는 것이 점점 더 어려워지고 있다. 협업과 의사소통능력은 다양한 배경과 관점을 가진 사람들과 효과적으로 상호작용하고, 공동의 목표를 달성하는 데 필수적인 역량이다. AI 시대에도 이러한 능력은 여전히 중요한 역할을 하며, 특히 다양한 분야의 전문가들과 협력하여 AI 시스템을 개발하고 운영하는 과정에서 필요하다.

1) 가족 회의를 통해 의사소통 연습하기

가족 구성원들이 모여 주말 계획이나 집안일 분담 같은 주제에 대해 함께 논의하는 가족 회의를 정기적으로 열어보자. 예를 들어, "이번 주말에 어디로 소풍을 갈지 같이 정해볼까?"라고 자녀에게 의견을 묻고, 다른 가족 구성원들의 의견을 듣게 해주자. 자녀가 자신의 생각을 표현하고, 다른 사람의 의견을 경청하며, 최종 결정을 함께 내리는 과정을 통해 협업과 의사소통 능력을 자연스럽게 연습할 수 있다.

2) 팀 프로젝트를 통한 협력 경험 제공하기

자녀와 함께 간단한 팀 프로젝트를 계획해보자. 예를 들어, 가족이 함께 할 수 있는 작은 요리 프로젝트를 정해보자. "오늘 저녁 샐러드를 만들어 보자! 각자 어떤 재료를 준비할지 정하고, 같이 만들면서 협력해 보자!"라고 제안해 보자. 자녀는 가족과 함께 역할을 분담하고, 서로 소통하며, 하나의 결과물을 완성하는 경험을 통해 협업의 중요성을 배우게 된다.

3) 협동 게임으로 팀워크 연습하기

자녀와 함께 팀워크가 필요한 보드 게임이나 퍼즐 게임을 즐겨보자. 예를 들어, 협동형 보드 게임에서 가족이 한 팀이 되어 목표를 달성하는 게임을 통해 자녀는 팀워크와 의사소통의 중요성을 배울 수 있다. 게임 중에는 각자의 의견을 나누고, 서로의 생각을 존중하며, 함께 전략을 세워보자. 이런 활동은 자녀에게 즐거운 경험을 제공하면서 협력 능력을 향상시키는 좋은 방법이다.

4) 친구들과의 놀이에서 협력 배우기

자녀가 친구들과 함께하는 놀이에서 협력을 배울 수 있도록 유도해 보자. 예를 들어, 친구들과 함께 역할극 놀이를 할 때, "너희들 중 한 명이 선생님 역할을 하고, 나머지는 학생 역할을 해보자. 선생님은 어떻게 학생들을 가르칠지 생각해 보자!"라고 제안해 보자. 친구들과의 놀이를 통해 자녀는 자연스럽게 서로 협력하고 의사소통하는 방법을 배울 수 있다.

5) 의사소통의 기본 예절 가르치기

자녀가 다른 사람과 대화할 때 사용하는 언어와 태도에 대해 기본적인 예절을 가르쳐주자. 예를 들어, "다른 사람이 말할 때는 끝까지 경청하고, 네 생각을 말할 때는 차분하게 이야기해 보자."라고 알려주자. 또한, 비언어적 의사소통의 중요성에 대해서도 이야기해 볼 수 있다. 자녀가 상대방의 표정이나 몸짓을 통해 감정을 읽고, 공감하는 방법을 배우도록 도와주자.

(4) 디지털 리터러시와 AI 활용 능력

디지털 리터러시는 21세기 핵심 역량 중 하나로, 자녀가 디지털 기기와 인터넷을 능숙하게 활용할 수 있는 능력을 말한다. AI 시대에는 AI와 같은 첨단 기술을 이해하고 이를 효과적으로 활용할 수 있는 능력이 더욱 중요해졌다. 자녀가 AI 도구를 사용해 데이터를 분석하거나, AI가 제공하는 정보를 활용해 문제를 해결하는 능력을 갖추는 것이 필요하다.

부모로서 우리는 자녀가 디지털 환경에서 안전하게 활동할 수 있도록 가이드라인을 제공하고, AI 기술에 대한 기본적인 이해를 돕는 교육을 지원할 수 있다.

1) 안전한 인터넷 사용 습관 가르치기

자녀가 인터넷을 사용할 때, 기본적인 안전 수칙을 가르치는 것이 중요하다.

예를 들어, 자녀와 함께 인터넷 사용 규칙을 정해보자. "인터넷에서 모르는 사람이 보내는 메시지나 링크는 클릭하지 않기", "개인 정보를 절대 공유하지 않기"와 같은 간단한 규칙을 통해 자녀가 디지털 환경에서 안전하게 활동할 수 있도록 도울 수 있다. 자녀가 인터넷에서 마주할 수 있는 위험을 이해하고 스스로 보호할 수 있는 능력을 키우는 것이 중요하다.

2) 디지털 기기 사용 시간 관리하기

자녀와 함께 디지털 기기 사용 시간을 관리하는 습관을 길러보자. 예를 들어, "하루에 30분씩 학습 앱을 사용하고, 나머지 시간에는 책을 읽거나 밖에서 놀아보자."라고 제안해 보자. 자녀가 디지털 기기를 사용하는 시간을 효율적으로 관리하는 방법을 배우도록 도와주면, 건강한 디지털 습관을 형성할 수 있다.

3) 기본적인 코딩 교육 제공하기

자녀에게 간단한 코딩을 가르쳐 디지털 리터러시를 향상시킬 수 있다. 예를 들어, 스크래치(Scratch)와 같은 초등학생을 위한 코딩 프로그램을 사용해 보자. 자녀가 블록 코딩을 통해 간단한 게임이나 애니메이션을 만들어보도록 격려해 보자. 이러한 활동은 자녀에게 논리적 사고를 기르고, AI 기술의 기본 원리를 이해하는 데 도움이 된다.

4) AI와 관련된 교육 콘텐츠 함께 보기

자녀와 함께 AI와 관련된 교육 콘텐츠를 시청하며, AI가 무엇인지, 어떻게 작동하는지에 대해 이야기 나눠보자. 예를 들어, "AI는 어떻게 생각할까? 우리가 AI를 어떻게 사용할 수 있을까?"라고 질문을 던지며, 자녀가 AI에 대한 기본 개념을 자연스럽게 익힐 수 있도록 도와주자. 유튜브나 교육용 앱에서 제공하는 AI 관련 동영상이나 인터랙티브 콘텐츠를 활용할 수 있다.

5) 디지털 도구를 활용한 창작 활동 격려하기

자녀가 디지털 도구를 활용해 창의적인 활동을 할 수 있도록 격려해보자. 예를 들어, 그림 그리기 앱이나 사진 편집 앱을 사용해 자녀가 자신의 작품을 만들어보도록 해보자. 자녀가 디지털 도구를 사용해 무언가를 창작하는 경험을 통해, 디지털 환경에서의 창의적인 가능성을 탐구하게 된다.

(5) 윤리적 판단력과 책임감

AI 기술이 발전함에 따라, 윤리적 판단력과 책임감이 점점 더 중요한 역할을 하게 되었다. 자녀가 AI와 관련된 윤리적 문제를 인식하고, 책임감 있는 결정을 내릴 수 있는 능력을 기르는 것이 필요하다. AI 기술이 사회에 미치는 영향을 고려하고, 윤리적으로 올바른 선택을 할 수 있는 능력이 요구된다.

부모로서 우리는 자녀가 윤리적 딜레마를 분석하고, 다양한 관점을 고려해 합리적인 결정을 내릴 수 있도록 지도해야 한다. 이를 통해 자녀는 책임 있는 시민으로 성장할 수 있다.

1) 일상생활에서 윤리적 문제 토론하기

자녀와 함께 일상에서 발생하는 작은 윤리적 문제에 대해 토론해보자. 예를 들어, "만약 친구가 학교에서 남의 물건을 가져갔다면, 어떻게 해야 할까?"라고 질문을 던져보자. 자녀가 다양한 관점에서 문제를 생각해 보고, 올바른 결정을 내릴 수 있도록 도와주는 과정에서 윤리적 판단력이 자연스럽게 길러진다. 이런 대화를 통해 자녀는 책임감 있는 행동이 무엇인지 깨닫게 될 것이다.

2) 책이나 영화에서 윤리적 딜레마 찾기

자녀가 읽는 책이나 함께 보는 영화에서 등장하는 윤리적 딜레마를 함께 이야기해보자. 예를 들어, "이 이야기에서 주인공이 어려운 결정을 해야 했을 때, 네가 주인공이라면 어떻게 했을 것 같아?"라고 물어보자. 자녀가 이야기 속의 상황을 통해 윤리적 판단력을 연습하고, 다양한 상황에서 올바른 선택을 하는 방법을 배울 수 있다.

3) 온라인 활동에서의 책임감 교육

자녀가 인터넷을 사용할 때, 온라인에서의 행동이 어떤 영향을 미칠 수 있는지 이야기해보자. 예를 들어, "온라인에서 누군가에게 상처를 주는 말을 하는 건

왜 나쁜 걸까? 우리가 댓글을 달 때 어떤 점을 생각해야 할까?"라고 물어보자. 자녀가 디지털 환경에서도 윤리적 행동을 실천하고, 다른 사람에게 미치는 영향을 고려하는 책임감을 가질 수 있도록 도와줄 수 있다.

4) 가족 활동에서의 윤리적 결정 연습

자녀와 함께 하는 가족 활동에서 윤리적 결정을 내리는 연습을 해보자. 예를 들어, "이번 주말에 가족이 어디로 갈지 정할 때, 모든 가족 구성원의 의견을 어떻게 반영할 수 있을까?"라고 물어보자. 자녀가 다양한 의견을 조율하고, 모두에게 공정한 결정을 내리는 연습을 통해 윤리적 판단력과 책임감을 키울 수 있다.

5) 작은 일에서부터 책임감 길러주기

자녀에게 작은 책임을 맡겨보자. 예를 들어, "이번 주에는 네가 식물에 물을 주는 일을 책임져보자. 매일 물을 주는 것을 잊지 않고 잘 해낼 수 있을까?"라고 제안해보자. 자녀가 작은 일부터 책임을 다하는 경험을 통해 책임감을 기르고, 이를 통해 더 큰 윤리적 결정을 내리는 데 필요한 능력을 키울 수 있다.

❸ 핵심 역량과 부모 역할의 중요성

오늘날 우리는 급변하는 세상 속에서 자녀들이 성공적으로 성장하고, 미래 사회에서 중요한 역할을 할 수 있도록 돕기 위해 여러 가지 핵심 역량을 강조해왔다. 비판적 사고력과 문제해결능력, 창의성과 혁신능력, 협업과 의사소통능력, 디지털 리터러시와 AI 활용 능력, 그리고 윤리적 판단력과 책임감은 모두 AI 시대에 요구되는 필수적인 역량들이다.

부모로서 우리는 이러한 역량들이 단순히 교실에서 배우는 지식에 그치는 것이 아니라, 자녀가 일상생활 속에서 자연스럽게 익히고 실천할 수 있도록 도와주는 것이 중요하다. 각 역량을 키울 수 있는 다양한 실천 방법들을 통해 자녀들이 더 넓은 시야와 깊이 있는 사고를 가진 인재로 성장하도록 지원할 수 있다.

이 시대가 원하는 인재는 단순히 정보를 많이 아는 사람이 아니다. 대신, 비판적으로 사고하고 창의적으로 문제를 해결하며, 다른 사람들과 협력하고, 디지털 환경에서 능숙하게 활동할 수 있는 사람이다. 또한, 윤리적 책임감을 가지고 사회에 긍정적인 영향을 미칠 수 있는 사람이다.

이제 우리는 자녀가 이러한 역량을 잘 갖출 수 있도록 일상생활에서 작은 실천들을 지속적으로 함께하며, 자녀의 성장을 도와주어야 한다. 이 과정에서 부모의 역할은 매우 중요하다. 자녀에게 필요한 도구와 환경을 제공하고, 그들의 성장을 격려하며, 책임감 있는 시민으로 성장할 수 있도록 이끌어주는 것이 우리의 역할이다.

미래 사회에서 자녀가 자신의 잠재력을 최대한 발휘할 수 있도록, 오늘 우리가 함께 키워가는 이 핵심 역량들이 자녀의 성공과 행복에 큰 밑거름이 될 것이다. 함께 실천하고, 함께 성장해가는 여정을 통해, 우리 자녀들이 이 시대가 필요로 하는 훌륭한 인재로 자라나길 바란다.

4. 디지털 리터러시와 AI 리터러시

지금까지 21세기에 필요한 핵심 역량들과 실천 방법에 대해 다뤄봤는데, 그중에서도 우리 자녀들에게 디지털 리터러시와 AI 리터러시 역량은 특히 중요하기 때문에 좀 더 깊이 있게 알아보려고 한다. 미래 사회에서 성공하기 위해서는 단순히 컴퓨터를 다루는 것을 넘어, 디지털 환경에서 정보를 안전하고 효율적으로 활용하며, AI 기술을 이해하고 문제 해결에 활용할 수 있는 능력이 필수적이다.

디지털 리터러시와 AI 리터러시는 다른 모든 핵심 역량의 기초가 된다. 비판적 사고력, 창의성, 협업 능력 등 모든 역량이 디지털 및 AI 기술과 결합될 때 더 큰 힘을 발휘할 수 있다. 반면, 이 기술들을 제대로 이해하지 못하면, 자녀들은 정보의 홍수 속에서 혼란을 겪고 중요한 윤리적 문제에 직면할 수 있다.

부모로서 우리는 자녀들이 이 두 가지 역량을 제대로 갖추도록 돕는 것이 중요하다. 이는 자녀가 복잡한 디지털 세상에서 안전하고 책임감 있게 활동하며, 혁신을 주도하는 미래 인재로 성장하는 데 필수적인 토대가 될 것이다.

이제, 디지털 리터러시와 AI 리터러시의 중요성과 이를 자녀에게 어떻게 키워줄 수 있는지에 대해 구체적으로 다뤄보겠다.

❶ 디지털 리터러시란 무엇인가?

디지털 리터러시는 오늘날 필수적인 역량으로 자리 잡고 있다. 이는 단순히 컴퓨터나 스마트폰을 사용하는 기술을 넘어, 디지털 환경에서 정보를 검색하고, 평가하며, 창의적으로 활용하는 능력을 의미한다. 특히 자녀들이 디지털 기기를 사용하는 일상 속에서, 디지털 리터러시는 그들의 정보처리능력과 비판적 사고능력을 길러준다. 디지털 리터러시는 이 모든 활동을 윤리적으로 수행할 수 있는 능력도 포함한다.

예를 들어, 초등학생들은 스마트폰을 통해 다양한 정보를 접하게 된다. 하지만 이 정보들이 항상 정확하지 않으며, 때로는 잘못된 정보가 포함될 수 있다. 이때 자녀들에게 디지털 리터러시를 교육하면, 그들이 인터넷에서 정보를 검색하는 방법을 배우는 것뿐만 아니라, 그 정보의 신뢰성을 판단하는 능력을 기를 수 있다. 이는 올바른 정보 선별 능력을 키워주어 디지털 세상에서의 올바른 시민으로 성장할 수 있도록 돕는다.

또한 디지털 리터러시는 자녀가 디지털 환경에서의 예절을 배우는 데도 중요한 역할을 한다. 예를 들어, 온라인상에서 타인을 존중하는 법, 사이버 폭력에 대한 인식, 저작권 보호와 같은 디지털 윤리를 함께 가르쳐야 한다. 이러한 교육은 자녀가 인터넷에서 올바르게 행동하고 타인과 건강하게 상호작용할 수 있도록 도울 것이다.

디지털 리터러시는 또한 자녀들이 기술을 비판적으로 사용하게 하여, 디지털 세계에서 발생할 수 있는 위험을 인식하고 그에 맞는 대응책을 마련할 수 있도록 한다. 예를 들어, 개인정보 보호 문제나 사이버 범죄와 같은 주제를 통해 자녀들이 온라인에서 자신을 안전하게 보호할 수 있도록 교육하는 것도 디지털 리터러시의 중요한 부분이다.

❷ AI 리터러시란 무엇인가?

AI 리터러시는 AI 기술을 이해하고 이를 효과적으로 활용할 수 있는 능력을 의미한다. 이는 디지털 리터러시와 밀접하게 연결되어 있으며, 미래 사회에서 더욱 중요한 역할을 하게 될 것이다. 오늘날 AI는 음성 인식 비서, 맞춤형 학습 플랫폼, 게임 속 AI 캐릭터 등 다양한 형태로 우리 생활 속에 깊이 들어와 있다. 따라서 AI 리터러시는 단순히 기술을 사용하는 것에서 나아가, 이를 이해하고 비판적으로 사고할 수 있는 능력을 기르는 것이 핵심이다.

AI 리터러시는 자녀들이 AI 기술의 기본 원리와 이를 바탕으로 한 결정 과정에 대해 이해할 수 있도록 돕는다. 예를 들어, 자녀가 AI 기반의 학습 플랫폼을 사용할 때, AI가 학습자의 성향과 성과를 분석해 맞춤형 콘텐츠를 제공하는 과정을 이해하게 하는 것은 AI 리터러시 교육의 중요한 부분이다. AI 리터러시는 AI 기술이 항상 완벽하지 않으며, 그 결과가 공정하지 않을 수 있다는 점도 인식하게 해야 한다. 이를 통해 자녀는 AI 기술을 맹신하지 않고 비판적으로 접근하는 능력을 기를 수 있다.

또한, AI 리터러시는 AI 기술이 윤리적으로 사용되어야 한다는 점을 강조하는 교육이 필요하다. AI가 편향되거나 부당한 결정을 내릴 가능성이 있기 때문에, 자녀들이 AI의 윤리적 문제를 이해하고 이를 비판적으로 평가할 수 있는 능력을 기르는 것이 중요하다.

❸ 디지털 리터러시와 AI 리터러시의 중요성

디지털 리터러시와 AI 리터러시는 자녀의 미래를 준비하는 데 필수적인 요소이다. 현대 사회는 정보의 홍수 속에 있으며, 올바른 정보를 선별하고 이를 비판적으로 분석하는 능력은 이제 필수적인 역량이 되었다. 특히, 자녀들이 인터넷을 통해 다양한 정보에 쉽게 접근할 수 있는 시대에, 이 정보를 비판적으로 이해하는 능력은 매우 중요하다.

디지털 리터러시와 AI 리터러시는 자녀의 직업적 경쟁력을 높이는 데에도 중요한 역할을 한다. 많은 직업이 자동화되고 있으며, AI 기술을 기반으로 한 새로운 직업들이 등장하고 있다. 예를 들어, 자녀가 미래에 선택할 직업에서 AI 기술을 이해하고 이를 활용할 수 있는 능력은 큰 경쟁력이 될 것이다. 이는 단순히 기술적 능력을 넘어서, 창의적 문제해결능력과 비판적 사고력을 요구하는 시대의 변화에 대비할 수 있는 중요한 역량이다.

또한, 디지털 리터러시와 AI 리터러시는 자녀가 올바른 디지털 시민으로 성장하는 데 중요한 역할을 한다. 자녀가 디지털 기기를 올바르게 활용하고, 온라인에서 자신을 보호하며, 타인을 존중하고 윤리적인 디지털 환경을 조성하는 능력을 기르도록 돕는 것은 부모로서의 중요한 역할이다.

❹ 디지털 리터러시와 AI 리터러시를 가르치는 방법

디지털 리터러시와 AI 리터러시는 이론적인 교육만으로는 충분하지 않다. 이를 실생활에서 어떻게 적용할 수 있는지를 가르치는 것이 중요하다. 여기에는 다음과 같은 방법들이 포함될 수 있다.

(1) 정보 검색 및 평가 방법 가르치기

자녀에게 인터넷에서 정보를 검색하는 방법을 가르칠 때, 단순히 검색어를 입력하는 방법만을 알려주기보다는, 검색 결과를 평가하고 신뢰할 수 있는 정보를 선별하는 능력을 가르쳐야 한다. 예를 들어, 뉴스 기사를 읽을 때 그 출처를 확인하고, 동일한 주제에 대해 여러 출처에서 정보를 비교하는 방법을 알려줄 수 있다. 이를 통해 자녀는 정보를 비판적으로 분석하는 능력을 기를 수 있다.

이 과정에서 부모는 자녀에게 출처의 중요성을 강조하고, 정보의 정확성을 평가하는 기준을 제시할 수 있다. 예를 들어, 학술적인 출처와 일반적인 웹사이트의 차이점, 저자의 신뢰성, 최신 정보 여부 등을 고려하여 자녀가 정보를 평가할 수 있도록 가르쳐야 한다.

(2) 디지털 윤리 교육

자녀들이 인터넷을 사용할 때 타인을 존중하고 예의를 지키는 방법을 가르치는 것도 중요하다. 온라인상에서의 행동은 실제 생활에서의 행동과 동일하게 중요하다는 것을 인식시키고, 사이버 폭력이나 부적절한 콘텐츠의 생산 및 공유를 방지하는 방법을 교육해야 한다. 이와 같은 윤리적 교육은 자녀가 디지털 환경에서 윤리적 시민으로 성장할 수 있도록 돕는다.

부모는 자녀에게 디지털 환경에서의 윤리적인 행동이 왜 중요한지 설명하고, 구체적인 사례를 통해 자녀가 더 나은 선택을 할 수 있도록 지도할 수 있다. 예를 들어, 온라인 댓글 작성 시 상대방의 감정을 고려하거나, 저작권을 존중하는 태도를 가르치는 것이 필요하다.

(3) AI 기술에 대한 이해와 활용

자녀가 AI 기술을 이해하고 활용할 수 있도록 돕기 위해서는, 일상에서 AI가 어떻게 사용되고 있는지 알려주는 것이 중요하다. 예를 들어, 자녀가 자주 사용하는 앱이나 게임에서 AI가 어떻게 적용되고 있는지를 설명해줄 수 있다. 또한, AI 기반의 교육 도구나 학습 플랫폼을 활용해 자녀의 학습 효과를 높이는 방법도 고려할 수 있다. AI 기반 학습 도구는 학습자의 성향을 파악하여 맞춤형 학습 경험을 제공하며, 이를 통해 자녀가 AI 기술을 직접 체험하고 학습할 수 있는 기회를 제공한다.

AI 리터러시를 교육할 때는 AI의 작동 원리뿐만 아니라, AI 기술이 인간의 삶에 어떤 영향을 미치는지도 함께 설명해야 한다. 예를 들어, AI가 어떻게 데이터를 수집하고 분석하는지, 그리고 이를 통해 어떤 결과가 도출되는지 이해하게 함으로써 자녀가 AI 기술을 더 깊이 이해할 수 있도록 도울 수 있다.

(4) 창의적인 활동 격려

디지털 리터러시와 AI 리터러시는 단순히 기술을 이해하고 사용하는 데 그치지 않고, 이를 창의적으로 활용할 수 있는 능력을 기르는 데 중점을 두어야 한다.

자녀가 디지털 도구를 활용해 자신의 아이디어를 표현하거나, AI 기술을 활용해 새로운 프로젝트를 시도하도록 격려하는 것이 필요하다. 예를 들어, 자녀가 코딩을 배우거나, 간단한 AI 프로그램을 만들어보는 활동을 통해 창의적 사고를 키울 수 있다.

부모는 자녀에게 창의적인 문제 해결 과제를 제시하거나, 디지털 도구를 활용해 자녀가 자신의 아이디어를 실현할 수 있도록 지원할 수 있다. 예를 들어, 자녀가 원하는 주제에 대해 디지털 프레젠테이션을 만들거나, 간단한 코딩 프로젝트를 진행해보는 활동을 통해 자녀의 창의적 사고를 자극할 수 있다. 이러한 활동들은 자녀가 단순히 디지털 기기를 사용하는 것을 넘어서, 디지털 도구를 통해 자신의 아이디어를 구체화하고 문제를 해결하는 데 도움을 줄 수 있다.

❺ 디지털 리터러시와 AI 리터러시를 발전시키기 위한 추가 활동들

(1) 디지털 스토리텔링 프로젝트

자녀가 자신의 이야기를 디지털 미디어를 통해 표현하도록 격려할 수 있다. 예를 들어, 그림을 그린 후 이를 디지털화하여 애니메이션으로 만들거나, 사진과 텍스트를 결합해 멀티미디어 형식의 이야기를 제작할 수 있다. 이러한 활동은 자녀가 디지털 도구를 창의적으로 활용하는 능력을 발전시키는 동시에, 이야기 구조를 계획하고 문제를 해결하는 사고 능력을 키워준다.

(2) AI 기반 학습 도구 활용

학부모는 자녀에게 AI 기반 학습 도구를 통해 학습 효율성을 높이는 방법을 안내할 수 있다. 예를 들어, 자녀가 특정 과목에서 어려움을 겪고 있을 때, 맞춤형 피드백을 제공하는 AI 기반 튜터링 시스템을 활용해 학습의 질을 향상시킬 수 있다. 이러한 도구들은 자녀가 스스로 학습 계획을 세우고, 학습 과정을 AI 기술로 모니터링하며 개선할 수 있도록 돕는다.

(3) 코딩과 로봇 교육

코딩은 창의적 문제해결능력을 발전시키는 훌륭한 도구이다. 자녀가 간단한 프로그래밍 언어를 배우고 이를 사용해 간단한 게임이나 로봇을 프로그래밍해 보는 활동은 디지털 리터러시와 AI 리터러시를 함께 발전시키는 좋은 방법이다. 이 과정에서 자녀는 논리적 사고를 배우고, 문제를 체계적으로 접근하는 능력을 기르게 된다.

(4) 데이터 분석 프로젝트

자녀가 데이터 분석의 기본 개념을 배우고 이를 통해 간단한 AI 모델을 구축하는 경험을 하도록 할 수 있다. 예를 들어, 자녀가 일상생활에서 발생하는 데이터를 수집하고 이를 분석해 트렌드를 파악하는 프로젝트를 진행하면, 데이터 과학의 기초를 다질 수 있다. 이는 디지털 리터러시와 AI 리터러시를 실생활에서 자연스럽게 접목할 수 있는 훌륭한 기회이다.

❻ 미래 지향적 시각: 디지털 리터러시와 AI 리터러시의 지속적 발전

디지털 리터러시와 AI 리터러시는 기술의 발전과 함께 끊임없이 변화하고 있다. 자녀가 이러한 변화에 적응하고, 새로운 기술에 대한 개방적인 태도를 가지도록 돕는 것이 부모의 중요한 역할이다. 이는 자녀가 평생 학습자로서의 자세를 유지하며, 변화하는 사회에서 경쟁력을 유지할 수 있도록 하는 데 중요한 기반이 된다.

(1) 지속적인 학습 환경 제공

부모는 자녀가 최신 기술 트렌드를 학습할 수 있는 환경을 제공하는 것이 중요하다. 이를 위해 다양한 온라인 학습 플랫폼, 오프라인 워크숍, 코딩 캠프 등을 활용할 수 있다. 이러한 경험은 자녀가 새로운 기술을 빠르게 습득하고, 변화에 유연하게 대응할 수 있는 능력을 기르는 데 도움이 된다.

(2) 기술과 윤리의 조화

기술이 발전함에 따라 윤리적 문제 역시 중요해지고 있다. 부모는 자녀에게 기술이 사회와 개인에게 미치는 영향을 고려하도록 가르쳐야 하며, AI 기술이 윤리적으로 사용되어야 한다는 점을 강조할 필요가 있다. 자녀가 단순히 기술을 사용하는 데 그치지 않고, 이를 올바르게 활용하는 방법을 배우도록 돕는 것이 중요하다.

(3) 창의성과 협업 능력 강화

디지털 리터러시와 AI 리터러시는 기술적인 능력뿐만 아니라 창의성과 협업 능력도 요구한다. 자녀가 디지털 도구를 활용해 다른 사람들과 협력하고, 공동으로 문제를 해결하는 경험을 쌓도록 지원할 수 있다. 이를 통해 자녀는 창의적으로 사고하고, 다른 사람들과 협력하는 능력을 키울 수 있다.

❼ 미래를 대비하는 교육: 디지털 리터러시와 AI 리터러시의 역할

디지털 리터러시와 AI 리터러시는 단순히 기술적인 역량을 넘어서, 자녀의 전반적인 성장과 미래 성공을 위한 중요한 기초를 제공한다. 이 두 가지 리터러시는 자녀가 단순히 디지털 기기를 사용하는 것에서 벗어나, 디지털 환경에서 올바르게 사고하고 행동할 수 있도록 돕는다. 디지털 리터러시는 자녀가 올바른 정보를 찾고, 비판적으로 분석하며, 디지털 윤리를 실천할 수 있는 능력을 기르는 데 초점을 맞춘다. AI 리터러시는 자녀가 미래의 기술 환경에 적응하고, AI 기술을 창의적으로 활용할 수 있는 능력을 기르는 데 중요한 역할을 한다.

학부모로서 자녀에게 디지털 리터러시와 AI 리터러시를 가르치는 것은 단순히 기술을 가르치는 것을 넘어, 자녀가 올바르게 성장할 수 있는 방향을 제시하는 것이다. 자녀가 디지털 환경에서 스스로 문제를 해결하고, 창의적으로 사고하며, 윤리적인 디지털 시민으로 성장할 수 있도록 지원하는 것은 부모로서의 중요한 역할이다.

이러한 노력은 자녀의 미래를 밝게 만들어줄 것이며, 자녀가 변화하는 사회에서 능동적이고 창의적인 역할을 할 수 있도록 준비시킬 것이다.

5. AI와 함께하는 효과적인 학습 전략

① AI 학습의 중요성

AI 기술이 교육에 도입되면서 학습 방식에도 큰 변화가 일어나고 있다. AI는 학생 개개인의 학습 스타일과 속도에 맞춘 맞춤형 학습을 제공하며, 전통적인 교육 방식을 보완하는 역할을 하고 있다. 예를 들어, AI는 학생의 학습 데이터를 분석하여 맞춤형 학습 자료를 제공하거나, 학생이 어려움을 겪는 부분을 파악해 보충 자료를 제시할 수 있다. 이를 통해 학생들은 학습 과정에서 느끼는 어려움을 줄이고 성취감을 높일 수 있다.

미래 사회에서 AI와 협력할 수 있는 능력은 필수적인 역량이 될 것이다. AI는 정보 처리뿐만 아니라 창의적 사고와 문제해결능력도 강화하는 데 기여할 수 있기 때문이다. 따라서 학습 과정에서 AI를 효과적으로 활용하는 것은 자녀들이 미래에 더 나은 기회를 가질 수 있도록 돕는 중요한 요소가 된다.

② AI와 함께하는 학습 전략

(1) 개인화된 학습(Personalized Learning)

AI는 학생 개개인의 학습 패턴을 분석해 맞춤형 학습을 제공하는 데 탁월하다. 예를 들어, DreamBox Learning과 같은 AI 기반 수학 학습 도구는 학생이 문제를 푸는 방식을 분석해 그에 맞는 난이도의 문제를 제공한다. 이를 통해 학생들은 자신에게 맞는 학습 속도로 진행할 수 있으며, 학습 과정에서 느끼는 스트레스를 줄일 수 있다.

맞춤형 학습은 학습 동기를 높이는 데도 중요한 역할을 한다. 학생들은 자신의 학습 진도를 정확하게 파악하고 성취감을 느끼게 되면 학습에 대한 긍정적인 태도를 유지할 수 있다. AI는 학습자의 약점을 파악하고, 필요한 경우 보충 자료나 추가 연습 문제를 제공해 학습의 지속성을 높인다.

(2) 즉각적인 피드백(Real-time Feedback)

AI 학습 도구의 강점 중 하나는 실시간으로 피드백을 제공한다는 점이다. 예를 들어, 듀오링고(Duolingo)와 같은 언어 학습 앱은 학습자가 문제를 푸는 즉시 정답 여부를 알려주고, 틀린 답에 대한 설명을 제공한다. 이러한 즉각적인 피드백은 학습자가 실수를 빠르게 수정하고, 올바른 학습 방향으로 나아갈 수 있도록 돕는다.

즉각적인 피드백은 학습 효과를 극대화하는 중요한 요소이다. 전통적인 교육 방식에서는 과제를 제출하고 피드백을 받기까지 시간이 걸리지만, AI 학습 도구는 실시간으로 피드백을 제공해 학습자가 자신의 학습 진도를 바로 확인하고 개선할 수 있게 한다. 이를 통해 학생들은 학습 과정을 더 효과적으로 관리할 수 있다.

(3) 반복 학습(Repetitive Learning)과 강화 학습(Adaptive Learning)

AI는 반복 학습과 강화 학습을 통해 학습자의 성과를 극대화할 수 있다. 반복 학습은 학생이 개념을 완전히 이해할 때까지 지속적으로 연습할 수 있는 기회를 제공하고, 강화 학습은 학생이 어려워하는 부분을 더 많이 연습할 수 있도록 돕는다. 칸 아카데미(Khan Academy)와 같은 플랫폼은 학습자의 데이터를 분석해 개인화된 연습 문제를 제공하고, 학습 과정에서 겪는 어려움을 보완할 수 있다.

AI는 실시간으로 학습자의 학습 패턴과 성향을 파악하며, 필요한 경우 학습 방법을 조정해 제안한다. 학생이 특정 개념을 완전히 이해하지 못했을 때, AI는 추가 설명이나 관련 문제를 제공해 그 개념을 보완할 수 있게 한다.

❸ AI와 인간 교사의 협력

AI 학습 도구가 발전하면서 교사의 역할도 변화하고 있다. AI는 반복적이고 기계적인 작업을 대신 처리하지만, 교사는 여전히 감정적 지원과 창의적 사고를 길러주는 중요한 역할을 맡고 있다. AI와 인간 교사의 협력을 통해 학생들은 더 나은 학습 환경을 경험할 수 있다.

혼합 학습(Blended Learning) 방식은 AI와 교사의 협력을 극대화할 수 있는 좋은 예이다. 교사는 학생들이 이해하기 어려운 개념을 직접 설명해주고, AI는 그 설명을 바탕으로 맞춤형 연습 문제를 제공해 학생들이 학습한 내용을 반복적으로 연습할 수 있게 한다. 이처럼 AI와 교사는 상호 보완적인 역할을 통해 학생의 학습 효과를 극대화할 수 있다.

④ AI 학습의 형평성과 접근성

AI 학습 도구는 다양한 장점을 제공하지만, 디지털 격차 문제도 고려해야 한다. 모든 가정이 AI 도구에 접근할 수 있는 환경을 갖추고 있지 않기 때문에, 이러한 문제를 해결하기 위한 사회적 노력이 필요하다. 학교는 디지털 격차를 줄이기 위해 학생들에게 필요한 기기를 제공하거나, 공공 도서관과 같은 장소에서 AI 도구를 사용할 수 있는 기회를 마련할 수 있다.

AI는 다양한 학습자에게 맞춤형 학습을 제공함으로써 포용적인 학습 환경을 조성할 수 있다. 예를 들어, 특수 교육이 필요한 학생들은 AI 도구를 통해 자신만의 속도와 방식으로 학습할 수 있으며, 이를 통해 학습의 효과를 극대화할 수 있다.

⑤ AI 학습의 글로벌 트렌드

AI 기술은 전 세계적으로 교육 시스템에 통합되면서 학생들의 학습 경험을 크게 변화시키고 있다. 각국은 AI를 활용해 교육 환경을 혁신하고 있으며, 이는 학생들에게 더욱 개인화되고 효과적인 학습 경험을 제공하고 있다. 이러한 글로벌 트렌드를 통해 학부모들은 AI를 활용한 학습이 단순한 유행이 아니라 자녀의 미래를 대비하는 중요한 도구임을 이해하게 된다.

캐나다, 핀란드, 중국, 영국, 일본 등 여러 나라에서 AI 기반 학습 도구와 시스템을 도입하여 학생들의 학습 효과를 높이고 있다. 이러한 글로벌 사례들은 AI가 학습 환경에 가져오는 긍정적인 변화를 보여주며, 각국에서 AI 기술을 교육에 어떻게 적용하고 있는지를 보여준다. AI를 통한 맞춤형 학습은 전통적인 일률적인 교육 방식에서 벗어나, 학생 개개인의 필요에 맞춘 교육을 제공할 수 있는 가능성을 열어준다.

❻ AI와 함께하는 학습의 미래

AI 기술은 교육 분야에서 필수적인 도구로 자리 잡고 있으며, 앞으로도 그 중요성은 더욱 커질 것이다. AI는 학습자에게 맞춤형 교육을 제공하고, 실시간 피드백을 통해 학습 성과를 극대화하며, 학생들이 자신의 학습 과정을 스스로 관리할 수 있도록 돕는다. 이와 함께, AI는 교사와 협력해 학생들에게 보다 창의적이고 개별화된 학습 경험을 제공할 수 있다.

그러나 AI 기반 학습 도구를 활용하는 데 있어 윤리적 문제와 디지털 격차를 해결하기 위한 노력이 필요하다. AI 기술의 이점을 극대화하기 위해서는 학생들의 데이터 프라이버시를 보호하고, AI 알고리즘의 공정성을 확보하는 것이 중요하다. 또한, 모든 학생이 AI 학습 도구에 접근할 수 있도록 기술적 지원을 제공하는 것도 필수적이다.

미래 사회에서 AI와 협력할 수 있는 능력은 자녀들이 경쟁력을 갖추는 데 중요한 요소가 될 것이다. 학부모들은 자녀들이 AI 기반 학습 도구를 효과적으로 활용할 수 있도록 지원해야 하며, AI와 함께하는 학습 전략이 자녀의 성장과 성공에 큰 도움이 될 수 있다는 점을 인식해야 한다. AI와 함께하는 학습은 자녀들이 변화하는 사회에서 주도적인 역할을 할 수 있도록 준비시켜줄 것이다.

6. AI 시대의 윤리적 학습 가이드라인

그림 1-1 ▸ AI 시대의 윤리적 학습

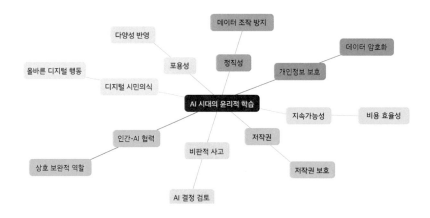

❶ AI 활용 학습에서 정직성과 윤리의 중요성

AI를 활용한 학습에서 윤리적 고려사항은 매우 중요하며, 학부모들이 자녀의 AI 활용 학습을 지원하면서 실천할 수 있는 윤리적 활동들은 다양하다. 이러한 활동들은 단순히 규칙을 따르는 것을 넘어, AI 시대에 필요한 비판적 사고력, 창의성, 윤리의식을 갖춘 디지털 시민으로 성장하는 데 기여할 수 있다.

❷ AI 활용 학습에서 윤리적 고려사항

(1) 정직성과 학문적 진실성

정직성과 학문적 진실성 유지는 AI를 활용한 학습에서 가장 기본적이면서도 중요한 윤리적 원칙이다. 학부모는 자녀가 AI를 사용하여 과제를 수행할 때, AI의 도움을 받은 부분을 명확히 표시하도록 지도해야 한다. 예를 들어, 중학생 민수가 역사 에세이를 쓰기 위해 AI 챗봇을 사용했다고 가정해 보자. 학부모는 민수에게 AI가 제공한 정보를 그대로 복사하지 않고, 자신의 언어로 재구성하도록 격려할 수 있다. 또한, 에세이 말미에 "이 에세이 작성에 AI 챗봇 (이름)의 도움을 받았음"이라고 명시하도록 안내할 수 있다. 이러한 과정을 통해 민수는 AI를 도구로 활용하면서도 학문적 정직성을 유지하는 방법을 배울 수 있다.

(2) 개인정보 보호와 데이터 윤리

개인정보 보호와 데이터 윤리 또한 중요한 고려사항이다. 학부모는 자녀가 AI 학습 도구를 사용할 때 개인정보 설정을 함께 검토하고, 필요 이상의 정보를 제공하지 않도록 주의를 기울여야 한다. 예를 들어, 초등학생 지영이가 AI 기반 영어 학습 앱을 사용하려 할 때, 학부모는 지영이와 함께 앱의 개인정보 설정을 살펴보고, 꼭 필요한 정보만 제공하도록 할 수 있다. 또한, 가족 간 데이터 공유 규칙을 만들어 실천하는 것도 좋은 방법이다. 예를 들어, "가족의 사진이나 개인정보는 AI 앱에 올리기 전에 반드시 부모와 상의한다."와 같은 규칙을 정할 수 있다. 이러한 활동을 통해 자녀는 디지털 세계에서의 개인정보 보호의 중요성을 자연스럽게 익힐 수 있다.

(3) 비판적 사고와 편향성 인식

비판적 사고와 AI 편향성 인식은 AI 시대에 더욱 중요해지는 능력이다. 학부모는 자녀가 AI가 제공한 정보를 무조건 신뢰하지 않고, 다른 출처와 비교 검증하는 습관을 기르도록 도와야 한다. 예를 들어, 고등학생 준호가 AI 챗봇을 사용해 과학 과제를 하고 있다면, 학부모는 "AI가 제공한 정보가 교과서의 내용과 일치하니? 차이가 있다면 왜 그럴까?"와 같은 질문을 던져 준호의 비판적 사고를 자극할 수 있다. 또한, AI의 추천이나 예측에 대해 "왜 그렇게 생각하니?"라고 물어보며, 자녀의 비판적 사고를 촉진할 수 있다. 더 나아가, 다양한 관점을 제시하는 AI 도구를 함께 사용하며, AI의 편향성에 대해 토론할 수 있다. 이러한 활동은 자녀가 AI를 맹목적으로 신뢰하지 않고, 정보를 비판적으로 평가하는 능력을 기르는 데 도움이 될 것이다.

(4) 포용성과 다양성 존중

포용성과 다양성 존중은 AI 활용 학습에서도 중요한 가치다. 학부모는 다양한 문화와 관점을 다루는 AI 학습 콘텐츠를 선택하여 사용하도록 지도할 수 있다. 예를 들어, 초등학생 수민이가 AI 기반 역사 학습 프로그램을 사용한다면, 학부모는 수민이와 함께 프로그램이 다루는 역사적 사건들이 다양한 문화와 관점을 포함하고 있는지 살펴볼 수 있다. 또한, AI가 특정 집단에 대해 편견을 가지고 있지 않은지 자녀와 함께 점검하고 토론하는 것도 중요하다. 예를 들어, "AI가 특정 직업을 설명할 때 성별 고정관념을 보이지 않는지" 등을 확인해볼 수 있다. 이러한 활동은 자녀가 AI를 사용하면서도 다양성과 포용성의 가치를 인식하고 실천하는 데 도움이 될 것이다.

(5) 지속가능성

지속가능한 AI 활용도 중요한 윤리적 고려사항이다. 학부모는 자녀가 AI 도구를 사용할 때 에너지 소비와 환경적 영향을 고려하도록 지도할 수 있다. 예를 들어, 중학생 민지가 AI 기반 학습 프로그램을 사용할 때, 학부모는 민지와 함께 사용 시간을 계획하고, 불필요하게 프로그램을 켜놓지 않도록 할 수 있다. 또한, 불필요한 데이터 저장을 줄이고, 주기적으로 데이터를 정리하는 습관을 기르도록 도울 수 있다. 월말마다 사용하지 않는 AI 앱의 데이터를 정리하는 '디지털 청소의 날'을 정해 실천할 수도 있다. 이러한 활동은 자녀가 기술 사용의 환경적 영향을 인식하고, 책임감 있는 디지털 시민으로 성장하는 데 도움이 될 것이다.

(6) 인간과 AI 협력의 균형 유지

인간-AI 협력의 균형을 유지하는 것도 중요한 윤리적 고려사항이다. 학부모는 자녀가 AI를 도구로 활용하되, 최종 결정은 인간이 내리는 것의 중요성을 강조해야 한다. 예를 들어, 고등학생 현우가 AI 작문 도구를 사용해 소설을 쓰고 있다면, 학부모는 현우에게 AI의 제안을 참고하되, 최종적인 스토리 전개와 캐릭터 설정은 현우 자신의 창의성을 발휘하여 결정하도록 격려할 수 있다. 또한, AI와 함께하는 창의적 활동을 장려하여 인간의 창의성을 발휘하도록 할 수 있다. 예를 들어, AI가 생성한 이미지를 바탕으로 가족이 함께 이야기를 만들어보는 활동을 할 수 있다. 이러한 활동은 자녀가 AI의 능력을 인정하면서도, 인간의 창의성과 감성의 가치를 이해하는 데 도움이 될 것이다.

(7) 저작권과 지적재산권 존중

저작권과 지적재산권 존중도 AI 시대의 중요한 윤리적 이슈이다. 학부모는 자녀에게 AI가 생성한 콘텐츠의 저작권 문제에 대해 설명하고, 이에 대해 함께 토론할 수 있다. 예를 들어, 중학생 지훈이가 AI 이미지 생성 도구로 만든 그림을 학교 미술 대회에 출품하려 한다면, 학부모는 지훈이와 함께 이것이 윤리적으로 적절한지, 어떻게 AI의 도움을 명시해야 할지 논의할 수 있다. 또한, 온라인에서 찾은 정보나 이미지를 사용할 때 출처를 밝히는 습관을 기르도록 지도해야 한다. 예를 들어, 가족이 함께 블로그를 운영한다면, 포스팅에 사용된 모든 이미지와 정보의 출처를 명확히 밝히는 규칙을 정할 수 있다. 이러한 활동은 자녀가 디지털 세계에서의 저작권과 지적재산권의 중요성을 이해하고 존중하는 태도를 기르는 데 도움이 될 것이다.

(8) 디지털 시민의식 함양

마지막으로, 디지털 시민의식 함양은 AI 시대의 윤리적 학습에서 매우 중요하다. 학부모는 자녀가 온라인에서 예절을 지키고 책임감 있게 행동하도록 지도해야 한다. 예를 들어, 가족이 함께 "우리 가족의 온라인 에티켓" 규칙을 만들어 실천할 수 있다. 여기에는 "AI 챗봇과 대화할 때도 예의를 지킨다.", "온라인에서 다른 사람을 존중하는 언어를 사용한다." 등의 규칙이 포함될 수 있다. 또한, 가짜 뉴스 식별하기 게임 등을 통해 정보 리터러시를 향상시킬 수 있다. 예를 들어, 주말마다 가족이 모여 그 주에 접한 뉴스 중 하나를 선택하여 진위 여부를 함께 확인해보는 활동을 할 수 있다. 이러한 활동은 자녀가 책임감 있는 디지털 시민으로 성장하는 데 도움이 될 것이다.

이론편

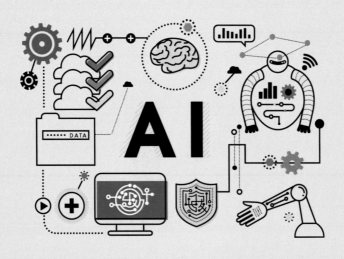

CHAPTER

02

미래 인재 양성을 위한 부모의 역할

CHAPTER 02 / 미래 인재 양성을 위한 부모의 역할

1. AI 시대의 학습 방법론

AI 시대의 학습 방법론은 학습자가 자신의 학습을 주도하고, 실질적인 문제를 해결하며, 맞춤형 학습 경험을 통해 학습 성과를 극대화하는 데 중점을 둔다. 이 글에서는 이러한 AI 시대의 학습 방법론을 세 가지 주요 측면에서 다룬다. 첫째, 자기주도학습의 중요성을 살펴보고, 학습자가 자신의 학습 과정을 스스로 관리하고 주도하는 능력을 어떻게 기를 수 있는지 논의한다. 둘째, 프로젝트 기반 학습(PBL)의 활용을 통해 창의성과 문제해결능력을 강화하고, 협업과 의사소통 능력을 향상시키는 방법을 탐구한다. 마지막으로, AI 도구를 활용한 개인화 학습이 학습자의 수준과 관심사에 맞춘 맞춤형 학습 경험을 제공함으로써 학습 효과를 극대화하는 방식을 살펴본다. 이러한 접근법들은 AI 시대의 학습자들이 변화하는 환경에 능동적으로 대응하고, 자신의 분야에서 경쟁력을 유지할 수 있도록 돕는다.

❶ 자기주도학습의 중요성

AI 시대에 자기주도학습은 그 어느 때보다 중요해지고 있다. 자기주도학습이란 학습자가 자신의 학습 과정을 스스로 관리하고 주도하는 능력을 의미한다. 이는 학습자가 스스로 학습 목표를 설정하고, 학습 계획을 수립하며, 학습 과정을 평가하고 수정하는 과정을 포함한다. AI 기술의 발전으로 정보와 지식에 대한 접근이 더욱 용이해지면서, 자기주도학습은 학습자의 학습 경험을 극대화하는 데 필수적인 요소로 자리 잡고 있다.

자기주도학습의 중요성은 AI 시대의 급속한 변화와 지식의 폭발적 증가에서 비롯된다. 기술의 발전과 함께 새로운 지식과 정보가 끊임없이 생성되기 때문에, 학습자는 단순히 지식을 암기하는 것이 아니라, 끊임없이 학습하고 새로운 정보에 적응할 수 있는 능력을 갖추어야 한다. 자기주도학습은 학습자가 변화하는 환경에 능동적으로 대응할 수 있도록 돕고, 학습자가 자신의 학습을 주도적으로 이끌어가는 능력을 길러준다.

자기주도학습은 학습자의 학습 동기를 높이는 데 중요한 역할을 한다. 학습자가 스스로 목표를 설정하고, 그 목표를 달성하기 위해 계획을 세우고 실행하는 과정에서 학습의 주체로서의 자각이 높아지며, 학습에 대한 책임감이 강화된다. 이는 학습자가 학습 과정에 더 깊이 참여하게 하고, 학습 성과를 극대화하는 데 기여한다.

또한, AI 기술은 자기주도학습을 촉진하는 다양한 도구와 자원을 제공한다. 예를 들어, 학생이 AI 기반 학습 플랫폼에서 학습 진도를 분석한 후, "분수 덧셈"에서 점수가 낮다는 결과를 바탕으로 해당 개념을 설명하는 영상을 추천받고, 관련 문제를 5개 이상 풀었을 때 다음 단원으로 넘어가라는 명령으로 자신의 학습을 더 효과적으로 관리하고, 목표를 달성할 수 있다. 또한 사회 단원의 '촌락', '교류'와 같은 어려운 단어도 생성형 AI에게 그 단어들로 구성된 아이가 주인공인 짧은 이야기를 작성하라는 식의 명령을 통해 이야기 속 주인공들의 역할을 파악함으로써 쉽게 이해할 수 있게 된다.

자기주도학습의 또 다른 중요한 측면은 평생학습의 가능성을 열어준다는 점이다. AI 시대에는 지식의 유효기간이 짧아지면서, 학습자가 지속적으로 새로운 지식과 기술을 습득해야 한다. 자기주도학습은 학습자가 변화하는 사회에서 평생학습자로서 성장할 수 있는 기반을 마련해 준다. 학습자는 자신의 학습 과정을 스스로 관리함으로써, 새로운 지식에 대한 호기심을 유지하고, 자신이 속한 분야에서 경쟁력을 유지할 수 있게 된다.

자기주도학습 능력을 키우기 위한 5가지 전략

1. 명확한 학습 목표 설정

구체적이고 측정 가능한 학습 목표를 설정하고, 이를 달성하기 위한 계획을 세운다.

2. 다양한 학습 전략 활용

다양한 학습 방법을 시도해 보고, 자신에게 가장 효과적인 학습 방법을 찾는다.

3. 메타인지 활용

자신의 학습 과정을 되돌아보고, 어떤 부분이 잘되었고 어떤 부분을 개선해야 할지 분석한다.

4. 학습 환경 조성

집중력을 높이고 효율적인 학습이 가능하도록 학습 공간을 정리하고, 방해 요소를 최소화한다.

5. 꾸준한 학습 습관 형성

매일 조금씩이라도 꾸준히 학습하는 습관을 들인다.

---

② 프로젝트 기반 학습의 활용

프로젝트 기반 학습(PBL)은 AI 시대의 교육 환경에서 중요한 학습 방법론 중 하나로 부상하고 있다. PBL은 학생들이 실제적인 문제를 해결하는 프로젝트를 통해 학습하는 방식을 의미한다. 이는 학습자들이 이론적 지식을 실제로 적용하고, 문제를 해결하는 과정을 통해 깊이 있는 이해와 실질적인 학습 경험을 얻을 수 있게 한다.

AI 기술의 발전은 PBL을 더욱 풍부하고 효과적으로 만들고 있다. 예를 들어, AI 기반의 데이터 분석 도구를 활용하여 복잡한 문제를 분석하고, 다양한 해결책을 모색하는 과정에서 학습자는 문제해결능력을 기를 수 있다. 또한, AI 시뮬레이션을 통해 다양한 시나리오를 실험하고, 그 결과를 예측해 볼 수 있다. 이러한 과정은 학습자에게 현실 세계에서 직면할 수 있는 복잡한 문제를 해결할 수 있는 능력을 기르는 데 큰 도움이 된다.

PBL은 협력과 팀워크를 강조한다는 점에서도 중요한 학습 방법이다. 현대 사회의 많은 문제들은 하나의 정답이 없는 복잡한 성격을 띠고 있다. 이러한 문제를 해결하기 위해서는 다양한 관점과 지식을 가진 사람들이 협력하여 해결책을 도출해야 한다. PBL은 학습자들이 팀을 이루어 협력하고, 각자의 역할을 분담하여 공동의 목표를 달성하는 과정을 경험하게 함으로써, 협력과 의사소통 능력을 기르는 데 중요한 역할을 한다.

AI는 이러한 협력 과정을 더욱 원활하게 만들어준다. 예를 들어, 학습자들은 AI 기반의 협업 도구를 사용하여 실시간으로 의견을 교환하고, 프로젝트를 진행할 수 있다. 또한, AI는 팀 내에서 발생하는 의사소통 문제를 분석하고, 개선할 수 있는 방안을 제시함으로써, 협력의 효과를 극대화할 수 있다.

PBL은 또한 창의성과 비판적 사고를 기르는 데 효과적이다. 학습자들은 프로젝트를 수행하면서 다양한 해결책을 모색하고, 창의적인 아이디어를 제시하게 된다. AI 기반 도구는 학습자들이 더 창의적이고 혁신적인 해결책을 탐색할 수 있도록 돕는다. 예를 들어, 초등학교 학생들이 "학교의 낭비되는 에너지를 줄이는 방법"이라는 주제를 선택했다고 하자. 학생들은 먼저 AI 도구를 사용해 학교의 전기 사용량을 분석하는 간단한 데이터를 확인한다. 그런 다음, 교실에서 자주 사용하지 않는 전등이나 전기 제품이 켜져 있는 시간대를 조사하고, 이러한 에너지 낭비를 줄이는 창의적인 방법을 제안한다.

학생들은 "전등을 켜고 끄는 시간표"를 만들어 각 교실에 배포하거나, AI가 제안하는 에너지 효율적인 제품(LED 전구 등)을 도입하는 방안을 발표한다. 또한, 친구들과 함께 "에너지 절약 캠페인" 포스터를 제작하고, 학교 전역에 붙여 홍보하는 활동을 진행할 수 있다.

이와 같은 프로젝트를 통해 학생들은 창의적인 문제 해결 방안을 도출하는 동시에 데이터를 활용해 실질적인 변화를 만들 수 있다. 활동은 간단하지만, 학습자들에게 자신의 아이디어가 실제 환경에 기여할 수 있다는 자신감을 심어준다. 이는 단순한 지식 습득을 넘어, 학습자가 실제 상황에서 문제를 해결할 수 있는 능력을 기르는 데 중요한 역할을 한다. PBL은 학습자들이 실제로 사용할 수 있는 실용적인 기술과 지식을 제공하며, 학습자가 자신의 분야에서 경쟁력을 갖추는 데 큰 도움이 된다.

❸ AI 도구를 활용한 개인화 학습

AI 도구를 활용한 개인화 학습은 AI 시대의 학습 방법론에서 중요한 위치를 차지하고 있다. 개인화 학습이란 학습자의 수준, 관심사, 학습 스타일에 맞춰 교육 콘텐츠와 학습 경로를 조정하는 것을 의미한다. AI 기술의 발전은 이러한 개인화 학습을 더욱 효과적이고 정교하게 만드는 데 기여하고 있다.

AI 기반 개인화 학습은 학습자의 학습 경험을 극대화하는 데 중요한 역할을 한다. AI 도구는 학습자의 학습 데이터를 실시간으로 분석하여, 학습자의 강점과 약점을 파악하고, 그에 맞는 맞춤형 학습 콘텐츠를 제공한다. 예를 들어, 학습자가 특정 주제에서 어려움을 겪고 있다면, AI는 추가적인 설명이나 연습 문제를 제공하여 학습자가 해당 주제를 더 잘 이해할 수 있도록 돕는다. 반대로, 학습자가 특정 주제를 빠르게 습득할 경우, AI는 더 높은 수준의 학습 콘텐츠를 제공하여 학습의 깊이를 더할 수 있다.

AI 도구는 또한 학습자의 학습 속도에 맞춘 학습 경로를 제공할 수 있다. 이는 학습자가 자신의 페이스에 맞춰 학습할 수 있도록 도와주며, 학습자가 더 효과적으로 학습 목표를 달성할 수 있도록 지원한다. 예를 들어, AI 기반 학습 플랫폼은 학습자의 학습 진도를 실시간으로 확인하고, 필요한 학습 자료를 제공하여 학습자가 자신의 학습을 주도적으로 관리할 수 있게 한다. 이러한 개인화된 학습 경험은 학습자의 학습 동기를 높이고, 학습 성과를 극대화하는 데 중요한 역할을 한다.

AI 도구를 활용한 개인화 학습은 또한 특수교육에서도 큰 가능성을 보인다. 학습 장애가 있는 학생들에게 맞춤형 학습 경험을 제공할 수 있기 때문이다. 예를 들어, 읽기에 어려움을 겪는 학생에게는 텍스트를 음성으로 변환해 주는 기능을 제공하고, ADHD가 있는 학생에게는 집중력을 유지할 수 있도록 짧은 학습 세션과 자주 쉬는 시간을 제공할 수 있다. 이러한 맞춤형 학습 경험은 학습 장애가 있는 학생들이 자신의 학습 잠재력을 최대한 발휘할 수 있도록 도와준다.

그러나 AI 도구를 활용한 개인화 학습에는 윤리적 고려사항도 존재한다. 예를 들어, 학습자의 개인정보 보호 문제는 매우 중요한 이슈로 대두되고 있다. AI 시스템은 학습자의 개인 데이터를 수집하고 분석하기 때문에, 이 데이터를 안전하게 보호하는 것이 필수적이다. 또한, AI 알고리즘의 편향성 문제도 중요한 고려사항이다. AI 시스템이 특정 집단에 불리한 방식으로 작동할 가능성이 있기 때문에, AI 알고리즘의 공정성을 지속적으로 모니터링하고 개선할 필요가 있다.

AI 도구를 활용한 개인화 학습은 학습 분석(Learning Analytics)과 함께 발전하고 있다. 학습 분석은 학습자가 학습하는 과정을 실시간으로 분석하고, 그 결과를 바탕으로 학습 경험을 개선하는 데 중요한 역할을 한다. 예를 들어, AI 기반 학습 분석 도구는 학습자의 학습 패턴을 파악하고, 어떤 학습 방법이 효과적인지, 어떤 부분에서 어려움을 겪고 있는지를 파악하는 데 도움을 준다. 이를 통해 학습자는 자신의 학습 패턴을 이해하고, 더 효과적인 학습 전략을 개발할 수 있게 된다.

2. 인성 교육의 중요성

❶ 공감 능력 키우기

AI 시대를 살아가는 우리 아이들에게 공감 능력은 매우 중요한 역량이다. 기술이 급속도로 발전하는 현 시대에 인간만이 가질 수 있는 고유한 능력인 공감은 미래 사회에서 우리 아이들의 경쟁력이 될 것이다.

공감 능력이란 단순히 타인의 감정을 이해하는 것을 넘어, 그 감정을 함께 느끼고 적절히 반응하는 능력을 말한다. 이는 인간 관계의 기본이 되는 핵심 요소로, 사회적 상호작용과 협력의 토대가 된다. 아이들의 공감 능력 발달은 생애 초기부터 시작된다. 영유아기의 아이들은 타인의 감정을 인식하고 반응하는 기본적인 능력을 갖추기 시작한다. 이러한 초기의 공감 능력은 성장하면서 더욱 정교하게 발달한다.

공감 능력을 키우기 위한 첫 번째 단계는 자신의 감정을 인식하고 표현하는 능력을 기르는 것이다. 두 번째 단계로, 다양한 상황에서 타인의 감정을 추측해 보고 그 이유를 생각해보는 연습이 필요하다.

역할극은 공감 능력을 키우는 데 특히 효과적인 방법이다. 봉사 활동이나 사회 참여 활동도 공감 능력을 키우는 좋은 방법이다. 디지털 시대에 맞는 공감 능력 교육도 필요하다. 공감 능력을 키우는 데 있어 부모와 교육자의 역할 모델링도 매우 중요하다. 아이들의 공감 행동을 칭찬하고 격려하는 것도 중요하다. 공감 능력 교육에 있어 감정 어휘를 풍부하게 하는 것도 중요하다. 미디어 리터러시 교육과 공감 능력 교육을 연계하는 것도 효과적이다. 공감 능력은 문화적 다양성을 이해하고 존중하는 능력과도 밀접하게 연관된다. 또한 공감 능력은 리더십 발달에도 중요한 역할을 한다.

공감 능력 교육에 있어 주의해야 할 점도 있다. 과도한 공감은 오히려 개인의 정서적 소진을 초래할 수 있기 때문이다. 디지털 기기의 과도한 사용이 공감 능력 발달에 미치는 부정적 영향에 대해서도 주의를 기울여야 한다.

❷ 윤리적 판단력 향상

AI 시대를 살아가는 우리 아이들에게 윤리적 판단력은 매우 중요한 능력이다. 단순히 옳고 그름을 구분하는 것을 넘어, 복잡한 상황에서 여러 관점을 고려하고 최선의 선택을 할 수 있는 능력을 말한다.

윤리적 판단력을 기르는 첫 걸음은 아이들과 함께 윤리적 딜레마에 대해 이야기를 나누는 것이다. 아이의 나이에 따라 윤리적 판단 능력이 다르다는 점을 이해하는 것도 중요하다.

역할극은 아이들이 다른 사람의 입장을 이해하는 데 매우 효과적인 방법이다. 현대 사회에서 미디어는 아이들의 가치관 형성에 큰 영향을 미친다. 따라서 미디어를 비판적으로 바라보는 눈을 기르는 것이 중요하다. 봉사활동은 윤리적 가치를 실천하는 좋은 방법이다. AI 시대에는 새로운 윤리적 문제들이 등장하고 있다. 이런 주제에 대해 아이들과 함께 이야기를 나누는 것이 중요하다.

윤리적 판단을 할 때는 체계적인 접근이 도움이 된다. '윤리적 의사결정의 4단계 모델'을 아이들에게 가르쳐줄 수 있다. 윤리적으로 모범이 되는 인물들의 이야기를 들려주는 것도 효과적이다.

윤리적 판단력을 기르는 데는 일관성과 지속성이 중요하다. 부모님들이 먼저 윤리적인 행동의 모범을 보이고, 일상생활에서 꾸준히 윤리적 대화를 나누는 것이 핵심이다.

실제 사례를 살펴보면, 미국의 한 초등학교에서는 '윤리 카페'라는 프로그램을 운영하고 있다. 이 프로그램에서 아이들은 매주 윤리적 딜레마 상황을 토론하고, 자신의 의견을 발표한다. 또 다른 연구에서는 봉사활동에 정기적으로 참여한 청소년들이 그렇지 않은 또래들에 비해 더 높은 수준의 도덕적 추론 능력을 보였다는 결과가 나왔다. 이는 실제 경험이 윤리적 판단력 향상에 큰 영향을 미친다는 것을 보여준다.

종합적으로 볼 때, 윤리적 판단력은 AI 시대를 살아갈 우리 아이들에게 필수적인 능력이다. 이는 단순한 지식 전달로는 길러지지 않으며, 일상생활에서의 지속적인 대화와 경험을 통해 발달한다.

아이들이 겪을 수 있는 윤리적 딜레마 상황 5

1. 잃어버린 물건을 발견했을 때
- 상황: 운동장에서 비싼 펜이나 지갑 같은 물건을 발견했는데 주인이 누군지 모를 때, 어떻게 해야 할까? 친구가 "이거 우리가 가져가자."라고 말하면 어떻게 행동해야 할까?
- 학습 포인트: 정직, 책임감, 배려

2. 친구가 잘못된 행동을 했을 때
- 상황: 친구가 쉬는 시간에 교실에서 다른 친구의 필통을 장난으로 숨기는 것을 봤다. 이 사실을 선생님이나 숨긴 친구에게 말해야 할까, 아니면 그냥 지켜봐야 할까?
- 학습 포인트: 용기, 정의, 우정

3. 조별 활동 중 공정성 문제
- 상황: 조별 발표를 준비하는데 어떤 친구는 아무 일도 하지 않고, 그 친구도 같은 점수를 받으려고 한다. 이 상황에서 어떻게 해야 공정성을 유지할 수 있을까?
- 학습 포인트: 협력, 공정성, 책임감

4. 비밀을 지킬 때와 말할 때
- 상황: 친구가 "비밀인데, 이거 말하면 안 돼."라고 하면서 부모님께 거짓말을 하겠다는 계획을 알려준다. 이 비밀을 지켜야 할까, 아니면 부모님이나 선생님께 알려야 할까?
- 학습 포인트: 신뢰, 정직, 타인의 안전

5. 놀이에서 친구를 배제하는 문제
- 상황: 함께 놀던 친구들이 특정 친구를 놀이에서 빼자고 제안한다. "너도 우리처럼 하지 않으면 놀 수 없어."라고 말한다면 어떻게 행동해야 할까?
- 학습 포인트: 배려, 공감, 다양성 존중

❸ 다양성 존중 교육

21세기의 복잡한 사회에서 다양성 존중 교육은 우리 아이들이 미래 사회에서 성공적으로 살아가기 위해 필수적인 요소이다. 이는 단순히 차이를 인정하는 것을 넘어, 다양한 배경과 관점을 가진 사람들과 조화롭게 살아가는 능력을 키우는 것을 의미한다.

학교 교육에서 다양성 존중은 매우 중요한 과제이다. 오늘날 다문화 가정의 증가와 국제화로 인해 교실 환경이 점점 더 다양해지고 있다. 교사들은 학생들이 서로의 차이를 이해하고 존중할 수 있도록 도와야 한다.

AI 전문가들은 다양성 존중이 AI 시스템 개발에서 중요한 의미를 가진다고 강조한다. AI 시스템은 학습 데이터에 크게 의존하며, 데이터의 편향성은 AI 결과의 편향성으로 이어질 수 있다. 따라서 AI 개발 과정에서 다양한 데이터셋을 포함시키는 것이 필수적이다.

가정에서도 다양성 존중 교육이 시작되어야 한다. 부모는 아이들에게 다양한 문화와 가치관을 소개하고, 편견 없이 타인을 대하는 모습을 보여주어야 한다. 미래 사회는 더욱 글로벌화되고 다문화 사회가 보편화될 것이다. 이로 인해 다양한 배경을 가진 사람들과 효과적으로 소통하고 협력하는 능력이 더욱 중요해질 것이다.

다양성 존중 교육에 있어서 논리적 사고는 매우 중요한 요소이다. 다양한 관점을 고려하고 비교 분석하는 과정을 통해 아이들은 더 논리적이고 객관적인 사고를 할 수 있게 된다. 그리고 다양성 존중은 효과적인 의사소통의 기본이다. 다양한 배경을 가진 사람들과 소통하기 위해서는 상대방의 문화와 가치관을 이해하고 존중하는 태도가 필요하다.

구성주의 학습 이론에 따르면, 학습은 학습자가 능동적으로 지식을 구성하는 과정에서 이루어지며, 이는 단순한 정보 암기를 넘어 실제 경험을 통해 지식을 내면화하는 과정을 의미한다. 다양한 배경과 경험을 가진 친구들과 상호작용하면서 아이들은 더 풍부하고 깊이 있는 학습을 경험할 수 있는데, 이는 자기주도학습과도 밀접한 관련이 있다. 다양한 관점과 방법을 접하면서 아이들은 자신에게 가장 적합한 학습 방식을 찾아갈 수 있게 되며, 이 과정에서 개인의 특성과 강점을 인식하고 발전시키는 데 도움을 받게 된다.

다양성 존중 교육은 인성 발달의 핵심 요소로, 타인을 이해하고 존중하는 태도를 통해 공감 능력, 배려심, 관용 등 인성의 중요한 부분을 형성한다. 이러한 태도는 사회생활에서 필수적이며 긍정적인 인간관계 형성의 기초가 되는데, 더 나아가 윤리적 가치관 형성과도 밀접하게 연관된다. 다양성을 인정하고 존중하는 것은 평등, 정의, 인권 등의 보편적 가치와 연결되어 아이들이 더 넓은 세계관을 형성하고 사회적 책임감을 기르는 데 기여한다.

아이들의 정서 발달과 자아 정체성 형성에도 다양성 존중 교육이 중요한 역할을 하는데, 다양한 문화와 가치관을 접하면서 아이들은 자신의 정체성을 더 명확히 인식하고 타인과의 관계 속에서 자신을 위치시킬 수 있게 되며, 이는 건강한 자아 존중감 형성에도 도움이 된다. 이처럼 다양한 관점에서 볼 때, 다양성 존중 교육은 우리 아이들의 전인적 성장을 위해 필수적이라고 할 수 있다.

그렇다면 부모와 교육자들은 어떻게 아이들에게 다양성 존중을 가르칠 수 있을까? 먼저, 일상생활 속에서 다양성을 경험할 수 있는 기회를 제공하는 것이 중요한데, 다양한 문화의 음식을 맛보거나 다른 나라의 전통 의상을 입어보는 등의 활동을 통해 아이들은 자연스럽게 문화적 다양성을 체험할 수 있다. 이러한 경험은 호기심을 자극하고 다른 문화에 대한 개방적인 태도를 기르는 데 도움이 되며, 더불어 다양성을 주제로 한 책이나 영화를 함께 보고 토론하는 것도 좋은 방법이다. 이를 통해 아이들은 다양한 삶의 모습과 가치관을 간접적으로 경험하고 이에 대해 생각해볼 수 있는 기회를 갖게 되어 비판적 사고력과 공감 능력을 키울 수 있다.

학교에서는 다문화 교육 프로그램을 통해 다양성 존중 교육을 실시할 수 있는데, 세계 여러 나라의 문화를 소개하는 수업이나 다양한 배경의 친구들과 함께하는 협동 학습 등을 통해 아이들은 다양성을 직접 체험하고 이해할 수 있게 된다. 이는 실제 생활에서 다양성을 존중하는 태도로 이어질 수 있으며, 아이들에게 편견과 고정관념에 대해 생각해볼 수 있는 기회를 제공하는 것도 중요하다. "왜 우리는 특정 집단에 대해 이런 생각을 가지고 있을까?"와 같은 질문을 던져 아이들이 자신의 생각을 비판적으로 돌아볼 수 있도록 하면, 아이들은 자신의 편견을 인식하고 개선할 수 있는 능력을 기를 수 있다.

다양성 존중 교육에서 중요한 것은 단순히 차이를 인정하는 것을 넘어, 그 차이가 가져오는 가치와 이점을 이해하도록 하는 것이다. 다양성이 어떻게 우리 사회를 풍요롭게 만드는지, 다양한 관점이 어떻게 문제 해결에 도움이 되는지 등을 아이들이 깨닫도록 도와야 하며, 이는 창의적 사고와 혁신적 문제해결능력 개발에도 도움이 된다. 또한, 다양성 존중 교육은 꾸준히 지속되어야 하는데, 한 번의 수업이나 활동으로 끝나는 것이 아니라 일상생활 속에서 지속적으로 이루어져야 효과적이다. 부모와 교육자들이 먼저 다양성을 존중하는 모습을 보이고 아이들의 질문과 호기심에 열린 자세로 대응하는 것이 중요하다.

마지막으로, 다양성 존중 교육은 단순히 '다름'을 인정하는 것을 넘어 '공통점'을 찾는 능력도 키워주어야 한다. 서로 다른 점만큼이나 우리 모두가 공유하는 인간성과 보편적 가치가 있다는 것을 이해하도록 돕는 것이 중요한데, 이를 통해 아이들은 다양성 속에서 연대감과 공동체 의식을 형성할 수 있게 된다.

3. 자녀의 창의적 문제해결능력 기르기

❶ 창의적 문제해결능력의 중요성

창의적 문제해결능력은 현대 사회에서 중요한 역량으로 자리 잡고 있다. 기술의 발전과 정보의 급격한 증가로 인해 단순히 지식을 암기하고 반복하는 방식으로는 더이상 성공할 수 없다. 대신, 창의적 문제해결능력은 복잡하고 예측할 수 없는 상황에서 유연하게 대처하고, 독창적인 해결책을 모색하는 데 필요한 핵심 역량이다. 자녀가 이러한 능력을 갖추게 하는 것은 부모와 교육자의 중요한 역할이다.

❷ 창의적 문제 해결의 기본 개념

창의적 문제 해결이란 기존의 틀을 깨고 새로운 방식으로 문제에 접근하는 능력이다. 이는 단순히 정답을 찾는 것이 아니라, 문제를 다양한 각도에서 분석하고 독창적인 해결책을 제시하는 능력이다. 창의적 문제 해결은 논리적 사고, 비판적 사고, 그리고 창의적 사고의 결합을 통해 이루어진다. 이러한 능력은 학습뿐만 아니라 일상생활에서도 자주 사용된다. 예를 들어, 친구와의 갈등을 해결하거나, 학업에서 직면한 어려움을 극복할 때 창의적 문제해결능력이 중요한 역할을 한다.

❸ 창의적 문제해결능력을 기르기 위한 방법

(1) 자율성을 통한 창의적 사고 촉진

창의적 문제해결능력을 기르기 위해서는 자녀에게 자율성을 부여하는 것이 중요하다. 자율성은 아이가 스스로 결정을 내리고 문제를 해결할 수 있도록 돕는 역할을 한다. 자녀가 스스로 문제를 해결해 보도록 격려하면, 창의적 사고를 발휘할 기회를 제공하게 된다. 예를 들어, 학교 과제나 일상적인 문제를 해결할 때, 부모는 정답을 제공하는 대신 자녀가 스스로 생각하고 결론에 도달할 수 있도록 유도해야 한다.

자율성을 기르기 위해서는 부모가 자녀에게 신뢰를 보여주는 것이 중요하다. 자녀가 결정을 내릴 때 실수를 하더라도, 이를 문제로 여기지 않고 학습의 기회로 삼도록 도와준다. 자녀가 자신의 판단을 믿고 실행에 옮길 수 있도록 지원하는 것이 필요하다. 이는 자녀가 창의적 문제해결과정에서 자신감을 가지게 하고, 더 나아가 독립적인 사고력을 기르는 데 큰 도움이 된다.

(2) 다양한 경험 제공하기

다양한 경험은 창의적 문제해결능력을 기르는 데 중요한 역할을 한다. 자녀가 다양한 경험을 통해 여러 상황에 노출되면, 문제를 해결할 때 사용할 수 있는 도구와 아이디어가 풍부해진다. 다양한 경험은 자녀가 고정된 사고 방식에서 벗어나 새로운 시각으로 문제를 바라볼 수 있도록 돕는다.

다양한 경험을 제공하기 위해서는 여행, 예술 활동, 과학 실험 등 다양한 분야에 자녀를 노출시키는 것이 효과적이다. 이러한 경험은 자녀가 여러 가지 관점에서 문제를 접근하는 능력을 키우는 데 도움이 된다. 예를 들어, 예술 활동을 통해 창의적인 표현 방법을 배우고, 과학 실험을 통해 논리적 사고와 문제해결능력을 키울 수 있다.

또한, 부모는 자녀가 일상생활에서 경험할 수 있는 다양한 도전에 직면하도록 돕는 것이 중요하다. 예를 들어, 집에서 요리하기, 정원 가꾸기, 친구와의 갈등 해결 등은 자녀가 문제를 해결하는 과정에서 창의적 사고를 발휘할 수 있는 기회를 제공한다. 이러한 경험을 통해 자녀는 다양한 상황에서 창의적인 해결책을 모색하는 능력을 자연스럽게 기르게 된다.

(3) 질문을 통한 사고력 자극

질문은 창의적 사고를 자극하는 강력한 도구이다. 부모는 자녀에게 다양한 질문을 던짐으로써 창의적 문제해결능력을 키울 수 있다. 단순한 지식 확인이 아닌, 깊이 있는 사고를 요구하는 질문을 통해 자녀는 문제를 다각도로 분석하고, 새로운 해결책을 찾는 과정을 경험하게 된다.

예를 들어, 자녀가 학교에서 배운 내용을 이야기할 때, "왜 그렇게 생각하니?",

"다른 방법으로도 해결할 수 있을까?", "이 문제를 해결할 때 어떤 도전이 있었니?"와 같은 질문을 던질 수 있다. 이러한 질문은 자녀가 문제를 더 깊이 이해하고, 다양한 해결책을 고려하게 만든다. 또한, 자녀가 자신의 생각을 명확하게 표현하고, 논리적으로 설명하는 능력을 기를 수 있게 된다.

질문을 통해 사고력을 자극하는 것은 자녀의 창의적 문제해결능력을 기르는 데 필수적이다. 자녀가 질문에 답하면서 스스로 문제를 해결하는 과정을 경험하게 되고, 이를 통해 창의적 사고력이 자연스럽게 향상된다.

(4) 실패를 학습의 기회로 삼기

실패는 창의적 문제해결과정에서 중요한 역할을 한다. 자녀가 실패를 두려워하지 않고, 이를 학습의 기회로 삼을 수 있도록 도와주는 것이 중요하다. 실패는 창의적 해결책을 찾기 위한 과정에서 불가피하게 발생할 수 있는 요소이며, 실패를 통해 자녀는 문제를 더 깊이 이해하고, 더 나은 해결책을 찾는 방법을 배울 수 있다.

부모는 자녀가 실패를 경험할 때 이를 비난하거나 실망하지 않고, 실패에서 무엇을 배울 수 있는지 생각해 보도록 격려해야 한다. 예를 들어, 자녀가 시도한 방법이 실패했을 때, "이번 시도가 잘 안 되었지만, 무엇을 배웠니?", "다음에는 어떻게 해볼 생각이니?"와 같은 질문을 통해 자녀가 실패를 긍정적으로 받아들이고, 새로운 해결책을 모색하도록 도울 수 있다.

실패를 학습의 기회로 삼는 태도는 자녀가 창의적 문제해결능력을 기르는 데 필수적이다. 실패를 통해 자녀는 더 나은 방법을 찾기 위해 노력하게 되고, 이는 결국 더 창의적이고 효과적인 해결책을 찾는 데 기여하게 된다.

(5) 협력과 팀워크 강조하기

창의적 문제해결능력은 협력과 팀워크를 통해 더욱 강화될 수 있다. 자녀가 다른 사람들과 함께 문제를 해결하는 경험을 통해 다양한 관점을 배우고, 창의적인 아이디어를 나누는 능력을 기를 수 있다. 협력은 자녀가 자신의 아이디어를 표현하고, 다른 사람의 의견을 듣고, 이를 종합하여 더 나은 해결책을 도출하는 과정에서 중요한 역할을 한다.

부모는 자녀가 팀 프로젝트나 그룹 활동에 참여할 기회를 제공하는 것이 중요하다. 예를 들어, 학교에서 팀으로 수행하는 과제나, 가정에서 가족과 함께하는 프로젝트 활동은 자녀가 협력과 팀워크를 통해 창의적 문제해결능력을 기르는 데 큰 도움이 된다. 이러한 경험을 통해 자녀는 협력의 중요성을 깨닫고, 함께 일하는 과정에서 더 나은 해결책을 찾는 방법을 배울 수 있다.

협력과 팀워크는 창의적 문제해결능력뿐만 아니라, 사회적 기술과 의사소통능력도 함께 기르는 데 중요한 요소이다. 자녀가 다른 사람들과 협력하여 문제를 해결하는 과정에서 얻는 경험은 장차 다양한 사회적 상황에서도 유용하게 활용될 수 있다.

(6) 도전 과제 제공하기

창의적 문제해결능력을 기르기 위해서는 자녀에게 적절한 도전 과제를 제공하는 것이 필요하다. 도전 과제는 자녀가 현재의 능력을 넘어서 새로운 문제를 해결할 수 있는 기회를 제공한다. 도전 과제를 통해 자녀는 자신의 한계를 시험하고, 새로운 방법을 모색하며, 창의적 사고력을 키울 수 있다.

부모는 자녀의 수준에 맞는 도전 과제를 제공해야 한다. 너무 쉬운 문제는 자녀의 창의적 사고를 자극하지 못하고, 너무 어려운 문제는 자녀가 포기하게 만들수 있다. 적절한 난이도의 도전 과제를 제공함으로써 자녀는 문제를 해결하는 과정에서 자신의 창의적 능력을 최대한 발휘할 수 있게 된다.

도전 과제는 학업뿐만 아니라 일상생활에서도 제공될 수 있다. 예를 들어, 자녀에게 새로운 요리법을 시도하게 하거나, 방을 꾸미는 아이디어를 내게 하는 것은 창의적 문제해결능력을 기르는 좋은 방법이 될 수 있다. 이러한 도전 과제는 자녀가 자신감을 가지고 새로운 상황에 도전할 수 있도록 돕는다.

(7) 창의적 환경 조성하기

창의적 문제해결능력을 기르기 위해서는 자녀가 창의성을 발휘할 수 있는 환경을 조성하는 것이 중요하다. 창의적 환경은 자녀가 자유롭게 생각하고, 실험하며,

실수를 두려워하지 않는 분위기를 제공한다. 자녀가 자신의 아이디어를 자유롭게 표현할 수 있는 환경에서는 창의적 문제해결능력이 자연스럽게 발달하게 된다.

부모는 자녀가 창의성을 발휘할 수 있는 공간과 시간을 제공하는 것이 중요하다. 예를 들어, 자녀가 자신의 방에서 자유롭게 그림을 그리거나, 레고 블록으로 다양한 구조물을 만들 수 있는 시간을 주는 것이 좋다. 또한, 부모는 자녀의 아이디어를 존중하고, 이를 격려하는 태도를 보여야 한다. 자녀가 자신의 아이디어에 자부심을 느낄 수 있도록 지지해 주는 것이 필요하다.

창의적 환경을 조성하는 또 다른 방법은 자녀가 다양한 창의적 활동에 참여할 수 있도록 하는 것이다. 예를 들어, 미술, 음악, 연극 등 다양한 예술 활동은 자녀의 창의성을 자극하고, 창의적 문제해결능력을 키우는 데 큰 도움이 된다. 이러한 활동을 통해 자녀는 다양한 방식으로 자신의 생각을 표현하고, 새로운 아이디어를 탐구할 수 있게 된다.

(8) 모델링을 통한 창의적 사고 학습

부모는 자녀에게 창의적 문제 해결의 모델을 보여줄 수 있다. 부모가 일상생활에서 창의적 사고를 발휘하는 모습을 자주 보여준다면, 자녀는 이를 통해 창의적 문제해결능력을 자연스럽게 배우게 된다. 예를 들어, 부모가 집안의 물이 새는 수도꼭지를 고쳐야 하는 상황에 직면했다고 하자. 이때, 부모는 문제를 즉시 해결하기 위해 단순히 전문가를 부르는 것이 아니라, 먼저 자녀와 함께 문제를 분석한다. 부모는 자녀에게 "물이 왜 새는 걸까?", "우리가 직접 고쳐볼 방법은 없을까?"라고 질문한다. 이어서 인터넷이나 DIY 동영상을 함께 찾아보며, 필요한 도구와 재료를 정리하고, 고치는 방법을 단계별로 시도한다. 예를 들어, 새는 부분을 임시로 막기 위해 방수테이프를 사용하는 방법이나, 오래된 부품을 교체하는 과정을 직접 보여준다.

문제를 해결한 후에는 자녀에게 "이 방법이 잘 작동했어. 다음번에는 너도 할 수 있을 것 같아?"와 같은 질문을 던지며, 문제 해결의 경험을 정리하고 자녀가 성취감을 느끼도록 한다.

또한, 부모가 요리를 할 때 창의적인 방식을 시도할 수 있다. 예를 들어, 가족이 남긴 재료들을 활용해 새로운 요리를 만들면서 "우리가 이 재료로 맛있는 것을 만들려면 어떻게 해야 할까?"라고 묻는다. 이후 자녀와 함께 재료를 조합하며 맛의 조화를 탐색하고, 완성된 요리를 가족과 함께 평가한다.

이러한 모델링을 통해 자녀는 문제를 다양한 관점에서 분석하고, 창의적인 해결책을 탐색하는 방법을 배운다. 동시에 부모의 문제 해결 과정을 관찰하며, 창의적 사고의 중요성을 실생활에 적용하는 방법을 이해하게 된다.

4. 비판적 사고와 협업 능력 강화

비판적 사고와 협업 능력은 현대 사회에서 중요한 역량으로 자리 잡고 있다. 정보의 양이 기하급수적으로 증가하고 있는 디지털 시대에, 단순히 정보를 받아들이는 것을 넘어, 정보를 분석하고 평가하는 능력이 필수적이다. 또한, 복잡한 문제를 해결하기 위해서는 혼자만의 힘으로는 한계가 있을 수밖에 없기 때문에, 다른 사람들과 효과적으로 협력하는 능력 역시 중요하다. 이러한 능력들은 개인의 성공뿐만 아니라, 조직의 성공에도 직접적인 영향을 미친다.

비판적 사고는 단순히 정보를 받아들이는 것이 아니라, 그 정보를 분석하고, 그 안에 담긴 논리나 가정, 결론을 평가하는 능력을 말한다. 비판적 사고는 논리적 사고, 창의적 사고와 함께 문제해결능력을 구성하는 핵심 요소이다. 비판적 사고를 통해 우리는 주어진 정보를 의심해보고, 다양한 관점에서 접근할 수 있으며, 이를 바탕으로 합리적인 결론을 도출할 수 있다.

비판적 사고는 특히 정보의 홍수 속에서 잘못된 정보나 편향된 주장을 구별하는 데 필수적이다. 인터넷과 소셜 미디어의 발달로 인해 누구나 정보를 쉽게 공유할 수 있게 되었지만, 그만큼 잘못된 정보도 확산될 가능성이 커졌다. 비판적 사고를 통해 우리는 정보를 비판적으로 평가하고, 정확한 결론에 도달할 수 있는 능력을 기를 수 있다.

협업 능력은 개인이 다른 사람들과 효과적으로 협력하여 목표를 달성하는 능력을 말한다. 현대 사회에서는 혼자서 모든 문제를 해결하는 것이 불가능한 경우가 많기 때문에, 협업은 필수적인 역량으로 여겨진다. 협업은 다양한 사람들의 지식과 경험을 통합하여 더 나은 해결책을 도출할 수 있게 하며, 이를 통해 복잡한 문제를 효율적으로 해결할 수 있다.

협업 능력은 또한 사회적 기술과 의사소통능력을 포함한다. 다른 사람들과의 협력 과정에서 우리는 타인의 의견을 존중하고, 효과적으로 소통하며, 팀의 목표를 달성하기 위해 노력해야 한다. 이러한 능력은 직장에서 뿐만 아니라, 일상생활에서도 중요한 역할을 한다.

❶ 비판적 사고 기르기

비판적 사고는 자연스럽게 발달하지 않는다. 이는 교육과 훈련을 통해 의도적으로 길러야 하는 능력이다. 자녀가 비판적 사고를 기를 수 있도록 부모와 교육자는 다양한 방법을 활용할 수 있다.

(1) 질문을 통한 비판적 사고 자극

비판적 사고를 기르는 가장 효과적인 방법 중 하나는 질문을 통해 사고를 자극하는 것이다. 자녀에게 다양한 질문을 던짐으로써, 자녀가 문제를 다각도로 분석하고, 논리적 결론을 도출하도록 도울 수 있다. 예를 들어, 자녀가 읽은 책이나 본 영화를 두고 "이 이야기의 주제가 무엇이라고 생각하니?", "이 인물의 행동이 왜 중요하다고 생각하니?"와 같은 질문을 던질 수 있다. 이러한 질문은 자녀가 단순히 내용을 기억하는 것을 넘어, 그 안에 담긴 의미를 분석하고 평가하는 능력을 키우는 데 도움이 된다.

또한, 자녀가 다양한 관점에서 문제를 바라볼 수 있도록 도와야 한다. 한 가지 질문에 여러 가지 답이 있을 수 있다는 사실을 인식하게 하고, 다른 사람의 의견을 들어보도록 격려한다. 이는 자녀가 편향된 사고에 빠지지 않고, 객관적이고 논리적인 판단을 내릴 수 있도록 돕는다.

(2) 비판적 사고를 위한 독서와 토론

독서는 비판적 사고를 기르는 데 매우 효과적인 방법이다. 다양한 책을 읽고, 그 안에 담긴 주제나 메시지를 분석하는 과정을 통해 자녀는 비판적 사고를 자연스럽게 익히게 된다. 특히, 논리적 사고를 요구하는 책이나, 여러 가지 해석이 가능한 문학 작품은 비판적 사고를 기르는 데 큰 도움이 된다.

독서 후에는 부모와 자녀 간의 토론을 통해 사고를 더욱 깊이 있게 발전시킬 수 있다. 자녀가 책의 내용을 분석하고, 자신의 의견을 논리적으로 표현할 수 있도록 격려한다. 이 과정에서 부모는 자녀의 의견을 존중하고, 다양한 질문을 통해 자녀의 사고를 더욱 확장할 수 있도록 돕는다.

(3) 비판적 사고를 위한 미디어 리터러시 교육

현대 사회에서 미디어는 우리의 사고에 큰 영향을 미친다. 따라서 자녀가 미디어를 비판적으로 수용할 수 있는 능력을 기르는 것이 중요하다. 미디어 리터러시 교육은 자녀가 뉴스를 비롯한 다양한 미디어 콘텐츠를 분석하고 평가하는 능력을 기르는 데 중점을 둔다.

부모는 자녀와 함께 뉴스를 보면서 그 내용이 사실인지, 어떤 편견이 담겨 있는지 분석하는 연습을 할 수 있다. 예를 들어, "이 뉴스가 어떤 정보를 전달하고자 하는지 생각해 보자.", "이 정보가 신뢰할 만한 근거가 있는지 살펴보자."와 같은 질문을 통해 자녀가 미디어를 비판적으로 수용할 수 있도록 돕는다.

❷ 협업 능력 강화하기

협업 능력은 개인의 사회적 성공에 중요한 영향을 미치는 요소이다. 자녀가 협업 능력을 기를 수 있도록 부모와 교육자는 다양한 방법을 사용할 수 있다.

(1) 팀워크를 통한 협업 능력 기르기

자녀가 다른 사람들과 협력하여 문제를 해결하는 경험을 많이 쌓을수록 협업 능력이 강화된다. 학교에서의 팀 프로젝트나 그룹 활동은 자녀가 협업 능력을 기르는 데 좋은 기회가 된다. 부모는 자녀가 이러한 활동에 적극적으로 참여할 수 있도록 격려하고, 필요할 때 도움을 제공해야 한다.

협업 과정에서 자녀는 다른 사람의 의견을 존중하고, 자신의 의견을 명확하게 전달하는 방법을 배울 수 있다. 또한, 협업을 통해 다양한 관점을 이해하고, 이를 바탕으로 더 나은 결론에 도달할 수 있는 능력을 기르게 된다. 협업은 자녀가 혼자서는 해결할 수 없는 문제를 팀과 함께 해결하면서 사회적 기술과 의사소통능력을 키우는 데도 중요한 역할을 한다.

(2) 협업을 위한 의사소통능력 개발

의사소통능력은 협업의 핵심이다. 자녀가 다른 사람들과 효과적으로 협력하려면, 자신의 생각을 명확하고 논리적으로 표현할 수 있어야 하며, 동시에 다른 사람의 의견을 경청하고 이해하는 능력도 필요하다.

부모는 자녀가 의사소통능력을 기를 수 있도록 다양한 대화를 유도하는 것이 중요하다. 자녀가 자신의 생각을 표현할 때, 부모는 그 의견을 존중하고, 논리적이고 명확하게 전달할 수 있도록 도와야 한다. 또한, 자녀에게 다른 사람의 의견을 경청하고, 이를 바탕으로 자신의 생각을 발전시킬 수 있는 기회를 제공해야 한다.

의사소통능력을 기르기 위해 부모는 자녀에게 다양한 대화 주제를 제공하고, 자녀가 그 주제에 대해 자유롭게 이야기할 수 있는 환경을 조성하는 것이 좋다. 이를 통해 자녀는 자신의 의견을 논리적으로 표현하는 능력을 기르고, 다른 사람과 효과적으로 협력할 수 있는 능력을 강화하게 된다.

(3) 공동 목표 설정과 협력

협업 능력을 강화하기 위해서는 자녀에게 공동 목표를 설정하고, 그 목표를 달성하기 위해 협력하는 경험을 제공하는 것이 필요하다. 부모와 자녀가 함께 목표를 설정하고, 그 목표를 달성하기 위한 계획을 세우며, 협력하는 과정에서 자녀는 협업의 중요성을 배우게 된다.

예를 들어, 가족이 함께 집안일을 분담하거나, 여행 계획을 세우는 과정에서 자녀가 다른 가족 구성원과 협력하는 경험을 할 수 있다. 이 과정에서 자녀는 자신의 역할과 책임을 이해하고, 팀의 목표를 달성하기 위해 다른 사람들과 협력하는 방법을 배운다. 또한, 자녀는 협력을 통해 얻는 성취감을 느끼게 되며, 협업의 중요성을 체득하게 된다.

❸ 비판적 사고와 협업의 결합

비판적 사고와 협업 능력은 별개로 존재하는 것이 아니라, 서로 상호작용하며 강화될 수 있는 능력들이다. 비판적 사고를 통해 자녀는 협업 과정에서 주어진 정보를 분석하고 평가하며, 논리적이고 합리적인 결론을 도출할 수 있다. 동시에, 협업을 통해 다양한 관점을 접하고, 자신의 사고를 더욱 깊이 있게 발전시킬 수 있다.

(1) 비판적 사고를 통한 협업의 효율성 증대

협업 과정에서 비판적 사고는 매우 중요한 역할을 한다. 팀의 목표를 달성하기 위해서는 다양한 의견을 분석하고, 그중에서 가장 효과적인 방법을 선택하는 과정이 필요하다. 비판적 사고를 통해 자녀는 팀 내에서 주어진 정보를 객관적으로 분석하고, 다양한 해결책을 평가하며, 최선의 결론에 도달할 수 있게 된다.

예를 들어, 자녀가 학교에서 "학교를 더 친환경적으로 만드는 방안"이라는 주제로 팀 프로젝트를 하고 있다고 하자. 이때 부모는 자녀에게 다음과 같은 단계를 제안할 수 있다.

팀원이 제안한 아이디어(예: 종이 사용 줄이기, 전등 교체, 재활용 캠페인)를 각기 다른 기준(비용, 실행 가능성, 환경적 효과 등)으로 비교표를 작성한다. 각 항목에 점수를 매긴 후, 팀원들과 함께 가장 높은 점수를 받은 아이디어를 선택한다. 선택된 아이디어에 대해 "이 아이디어가 정말 효과적일까?" 또는 "다른 방법과 비교했을 때 장단점은 무엇일까?"와 같은 질문을 통해 추가적으로 검토한다.

이 과정을 통해 자녀는 팀 내 다양한 의견을 객관적으로 분석하고, 논리적으로 결론을 도출하는 법을 배우게 된다.

(2) 협업을 통한 비판적 사고의 강화

협업은 비판적 사고를 강화하는 데 중요한 역할을 한다. 자녀가 다른 사람들과 협력하는 과정에서 다양한 관점을 접하게 되면, 자신이 미처 생각하지 못했던 새로운 아이디어나 접근 방식을 배우게 된다. 이러한 경험은 자녀의 비판적 사고를 더욱 풍부하게 만들어준다.

예를 들어, 자녀가 친구들과 "학교 행사 아이디어 제안" 팀 활동을 하고 있다고 하자. 이 과정에서 팀원들이 각각 다른 아이디어를 제안한다. 한 친구는 "학교 운동회"를, 또 다른 친구는 "미술 전시회"를, 자녀는 "음악 공연"을 제안했다.

자녀는 팀원들과 함께 각 아이디어의 장점과 단점을 분석하면서 비판적 사고를 발휘한다. 예를 들어, 운동회는 체육 활동 참여를 높일 수 있지만 날씨에 영향을 받을 수 있다는 점, 미술 전시회는 준비 시간이 많이 걸릴 수 있다는 점, 음악 공연은 공연 장비와 연습이 필요하다는 점을 논의한다.

이후 자녀는 팀원들과 결론적으로 "운동회와 음악 공연을 결합한 야외 행사"라는 새로운 아이디어를 도출한다. 이를 통해 자녀는 협업을 통해 자신의 사고를 확장하고, 논리적으로 생각하며 더 깊이 있는 논리적 사고를 발전시킬 수 있다.

❹ 비판적 사고와 협업 능력 기르기 위한 도전 과제

비판적 사고와 협업 능력을 기르기 위해서는 자녀에게 적절한 도전 과제를 제공하는 것이 필요하다. 도전 과제는 자녀가 현재의 능력을 넘어서 새로운 문제를 해결할 수 있는 기회를 제공하며, 이를 통해 두 가지 능력을 함께 강화할 수 있다.

(1) 복잡한 문제 해결을 위한 팀 프로젝트

복잡한 문제를 해결하기 위한 팀 프로젝트는 비판적 사고와 협업 능력을 동시에 기르는 데 매우 효과적이다. 이러한 프로젝트를 통해 자녀는 다양한 정보를 분석하고 평가하며, 팀과 함께 최선의 해결책을 도출하는 경험을 할 수 있다.

부모는 자녀가 이러한 팀 프로젝트에 참여할 수 있는 기회를 제공하는 것이 중요하다. 예를 들어, 학교에서 제공하는 팀 프로젝트나 지역 사회에서 진행되는 봉사 활동에 참여할 수 있도록 격려하고 지원하는 것이 좋다. 이를 통해 자녀는 다양한 관점에서 문제를 분석하고, 협력하여 해결책을 모색하는 경험을 쌓게 된다.

(2) 시뮬레이션과 롤플레잉을 통한 학습

시뮬레이션과 롤플레잉은 자녀가 비판적 사고와 협업 능력을 동시에 기르는 데 효과적인 방법이다. 시뮬레이션은 실제 상황과 유사한 환경을 제공하여 자녀가 복잡한 문제를 해결하는 경험을 쌓게 한다. 롤플레잉은 자녀가 다른 사람의 입장이 되어 생각해보는 경험을 통해 비판적 사고와 공감 능력을 동시에 기를 수 있게 한다. 부모는 자녀에게 이러한 학습 기회를 제공하기 위해 가정에서 다양한 시뮬레이션 활동을 계획할 수 있다.

표 2-1 ▸ 가정에서 할 수 있는 시뮬레이션과 롤플레잉 활동 예시

활동 유형	구체적 내용
시뮬레이션 활동	• 문제 설정: "가족이 일주일 동안 물과 전기를 절약하려면 어떻게 해야 할까?"라는 문제를 제시 • 역할 분담: 자녀는 "절약 관리자", 부모는 "일반 사용자" 역할을 맡아 매일 절약 점수를 측정 • 결과 분석: 일주일 후 전기 사용량 감소율 등을 분석하고 성공 요인과 개선점을 논의
롤플레잉 활동	• 문제 상황: "학교에서 친구가 다른 친구를 놀리고 있는 것을 목격했을 때 어떻게 행동해야 할까?"라는 상황을 설정 • 역할 나누기: 부모는 놀리는 친구 역할, 자녀는 목격자 역할 • 실행: 자녀가 개입 방법을 선택해 대화 시뮬레이션 진행 • 토론: 롤플레잉 후 다른 방식으로 행동했을 때의 결과를 논의

⑤ 비판적 사고와 협업 능력 강화를 위한 환경 조성

비판적 사고와 협업 능력을 강화하기 위해서는 자녀가 이를 실천할 수 있는 환경을 조성하는 것이 중요하다. 자녀가 자유롭게 생각하고, 다른 사람들과 협력할 수 있는 환경에서는 두 가지 능력이 자연스럽게 발달하게 된다.

(1) 비판적 사고를 위한 개방적 환경 조성

부모는 자녀가 자신의 생각을 자유롭게 표현하고, 다양한 관점에서 문제를 분석할 수 있는 개방적 환경을 제공해야 한다. 이를 위해서는 자녀의 의견을 존중하고, 다양한 사고를 허용하는 태도가 필요하다.

예를 들어, 가정 내에서 열린 토론 문화를 조성하는 것이 좋다. 자녀가 자신의 생각을 표현할 때, 부모는 이를 경청하고, 다양한 질문을 통해 자녀의 사고를 더욱 깊이 있게 발전시킬 수 있도록 돕는다. 이러한 개방적 환경은 자녀가 비판적 사고를 발휘할 수 있는 기회를 제공하며, 이를 통해 비판적 사고 능력이 자연스럽게 강화된다.

(2) 협업 능력을 위한 협력적 환경 조성

협업 능력을 강화하기 위해서는 자녀가 다른 사람들과 협력할 수 있는 환경을 조성하는 것이 필요하다. 부모는 자녀가 다양한 협력 활동에 참여할 수 있도록 기회를 제공하고, 이를 통해 협업 능력을 기를 수 있게 해야 한다.

예를 들어, 가족이 함께하는 활동이나 팀으로 수행하는 과제를 통해 자녀가 협력의 중요성을 배우게 할 수 있다. 또한, 자녀가 친구들과 함께 프로젝트를 수행할 수 있는 기회를 제공하여, 팀워크와 협력의 가치를 체득하게 할 수 있다.

5. 자기관리 및 감정조절능력 함양

자기관리와 감정조절능력은 현대 사회에서 필수적인 삶의 기술이다. 이러한 능력은 개인의 전반적인 행복과 성공에 중요한 역할을 한다. 자기관리는 자신의 시간, 에너지, 자원을 효율적으로 사용하여 목표를 달성하는 능력을 의미하며, 감정 조절은 스트레스나 갈등 상황에서도 평정심을 유지하고 적절히 반응하는 능력을 말한다. 이 두 가지 능력은 특히 복잡하고 스트레스가 많은 현대 사회에서 개인의 정신적, 정서적 안정을 유지하는 데 중요한 역할을 한다.

자기관리능력은 개인이 자신의 삶을 효율적으로 조직하고 관리할 수 있는 능력을 의미한다. 이는 시간 관리, 목표 설정, 자원 배분, 자기 통제 등의 요소를 포함한다. 자기관리능력은 개인이 자신의 목표를 달성하고, 스트레스를 줄이며, 전반적인 삶의 질을 향상시키는 데 필수적이다.

자기관리를 잘하는 사람은 자신의 일정을 효과적으로 계획하고, 우선순위를 정하여 중요한 일을 먼저 처리하며, 불필요한 스트레스를 피할 수 있다. 또한, 자기관리능력은 개인이 자신의 한계를 인식하고, 적절한 휴식과 자원을 사용하여 지친 몸과 마음을 회복하는 데 중요한 역할을 한다.

감정조절능력은 개인이 자신의 감정을 인식하고, 이를 적절하게 표현하며, 필요할 때 감정을 조절하는 능력을 의미한다. 감정조절능력은 스트레스가 많은 상황에서도 평정심을 유지하고, 다른 사람들과 건강한 관계를 유지하는 데 필수적이다.

감정조절능력이 뛰어난 사람은 갈등 상황에서도 침착하게 문제를 해결하고, 감정에 휘둘리지 않고 이성적으로 대처할 수 있다. 이는 개인의 정신적 건강뿐만 아니라, 대인 관계에서도 중요한 역할을 한다. 감정 조절은 또한 자기 이해와 자기 수용의 중요한 부분이며, 이는 자기 존중감을 높이고, 전반적인 삶의 만족도를 향상시키는 데 기여한다.

❶ 자기관리능력 함양하기

자기관리능력은 학습과 훈련을 통해 발전시킬 수 있다. 자녀가 자기관리능력을 기를 수 있도록 부모와 교육자는 다양한 방법을 활용할 수 있다.

(1) 시간 관리 기술 습득

시간 관리는 자기관리능력의 핵심 요소이다. 자녀가 시간을 효과적으로 관리할 수 있도록 도와주는 것은 매우 중요하다. 시간을 잘 관리하면 자녀는 학업, 여가, 휴식을 균형 있게 배분할 수 있으며, 이는 전반적인 삶의 질을 향상시키는 데 도움이 된다.

부모는 자녀가 일정을 계획하고, 중요한 일과 덜 중요한 일을 구분할 수 있도록 가르쳐야 한다. 예를 들어, 자녀에게 매일의 할 일 목록을 작성하게 하고, 이를 바탕으로 우선순위를 정하여 계획적으로 시간을 배분하도록 지도할 수 있다. 또한, 부모는 자녀가 시간을 잘 활용했을 때 이를 칭찬하고, 성취감을 느낄 수 있도록 격려하는 것이 중요하다.

시간 관리 기술을 습득하기 위해 자녀가 다양한 도구를 사용할 수 있도록 돕는 것도 필요하다. 예를 들어, 캘린더, 플래너, 타이머 등을 사용하여 일정을 관리하고, 목표를 설정하며, 진행 상황을 체크할 수 있도록 도와준다. 이러한 도구들은 자녀가 시간을 효율적으로 활용하고, 자기관리능력을 기르는 데 중요한 역할을 한다.

(2) 목표 설정과 계획 수립

목표 설정은 자기관리의 중요한 부분이다. 자녀가 명확한 목표를 설정하고, 그 목표를 달성하기 위한 계획을 세우는 방법을 배우는 것은 매우 중요하다. 목표 설정을 통해 자녀는 무엇을 이루고자 하는지를 명확히 하게 되고, 이를 위해 필요한 행동을 계획할 수 있게 된다.

부모는 자녀가 SMART 목표(구체적, 측정 가능, 달성 가능, 현실적, 시간 제한이 있는 목표)를 설정하도록 도와야 한다. 예를 들어, 자녀가 학업에서 어떤 성취를 이루고자 한다면, 구체적인 목표를 설정하고, 그 목표를 달성하기 위한 단계별 계획을 수립하도록 지도할 수 있다. 이를 통해 자녀는 목표에 집중하고, 자신이 설정한 목표를 달성하기 위해 필요한 행동을 계획적으로 수행할 수 있다.

목표 설정 후에는 계획을 실천하는 것이 중요하다. 부모는 자녀가 계획을 실천하는 과정에서 발생하는 어려움을 극복할 수 있도록 지원하고, 계획을 수정하거나 보완할 필요가 있을 때 이를 조언해 주는 역할을 해야 한다. 이를 통해 자녀는 목표 달성을 위한 계획 수립과 실행 과정에서 자기관리능력을 기르게 된다.

(3) 자원 관리와 자기 통제

자기관리능력의 또 다른 중요한 요소는 자원 관리와 자기 통제이다. 자녀가 자신의 자원(시간, 에너지, 물질적 자원 등)을 효율적으로 관리하고, 자기 통제를 통해 불필요한 낭비를 피할 수 있도록 가르치는 것이 필요하다.

자원 관리를 위해 자녀에게 예산을 관리하는 방법을 가르칠 수 있다. 예를 들어, 자녀가 용돈을 관리하고, 필요에 따라 저축하고, 지출을 계획하는 방법을 배우도록 도울 수 있다. 이를 통해 자녀는 자신의 자원을 책임감 있게 관리하는 능력을 기를 수 있다.

자기 통제는 충동적인 행동을 억제하고, 장기적인 목표를 달성하기 위해 필요한 노력을 지속하는 능력을 의미한다. 부모는 자녀가 자기 통제를 기를 수 있도록 도와야 한다. 예를 들어, 자녀가 게임이나 소셜 미디어 사용을 적절히 조절할 수 있도록 지도하고, 자기 통제력을 발휘하여 학업이나 다른 중요한 활동에 집중할 수 있도록 격려하는 것이 필요하다.

❷ 감정조절능력 함양하기

감정조절능력은 개인의 정신적 건강과 대인 관계에 중요한 영향을 미친다. 자녀가 감정조절능력을 기를 수 있도록 부모와 교육자는 다양한 방법을 활용할 수 있다.

(1) 감정 인식과 표현

감정 조절의 첫 단계는 자신의 감정을 인식하는 것이다. 자녀가 자신의 감정을 정확히 인식하고, 이를 적절하게 표현할 수 있도록 돕는 것이 중요하다. 부모는 자녀가 다양한 감정을 인식하고, 이를 표현할 수 있는 언어를 배울 수 있도록 도와야 한다.

예를 들어, 자녀가 화가 나거나 슬플 때, 부모는 자녀가 자신의 감정을 표현할 수 있도록 "너 지금 화가 났구나. 왜 그런지 말해줄래?"와 같은 질문을 통해 감정 인식을 도울 수 있다. 이를 통해 자녀는 자신의 감정을 명확히 이해하고, 이를 적절하게 표현하는 방법을 배울 수 있다.

감정 표현을 통해 자녀는 자신의 감정을 억누르지 않고, 건강하게 표현하는 방법을 배우게 된다. 이는 자녀가 감정적으로 더 안정되고, 스트레스 상황에서도 평정심을 유지하는 데 도움이 된다.

(2) 스트레스 관리 기술

감정조절능력을 기르기 위해서는 스트레스 관리 기술을 배우는 것이 중요하다. 스트레스는 일상생활에서 피할 수 없는 부분이지만, 이를 어떻게 관리하느냐에 따라 개인의 정신적 건강과 감정조절능력이 달라질 수 있다.

자녀가 스트레스를 효과적으로 관리할 수 있도록 다양한 기술을 가르치는 것이 필요하다. 예를 들어, 깊은 호흡, 명상, 운동, 긍정적 자기 대화 등의 스트레스 관리 기술을 활용할 수 있다. 이러한 기술들은 자녀가 스트레스를 받는 상황에서도 평정심을 유지하고, 감정을 조절하는 데 도움이 된다.

부모는 자녀가 스트레스를 받을 때 이를 표현하도록 격려하고, 적절한 스트레스 관리 기술을 적용할 수 있도록 도와야 한다. 또한, 자녀가 스트레스를 받을 때 휴식을 취하거나, 취미 활동을 통해 스트레스를 해소할 수 있는 시간을 제공하는 것도 중요하다. 이를 통해 자녀는 스트레스를 건강하게 관리하고, 감정조절능력을 강화할 수 있게 된다.

(3) 감정 조절을 위한 자기 대화

자기 대화는 감정 조절에 중요한 역할을 한다. 자녀가 긍정적이고 건설적인 자기 대화를 통해 자신의 감정을 조절할 수 있도록 가르치는 것이 필요하다. 자기 대화는 자녀가 자신의 감정을 인식하고, 이를 긍정적으로 조절하는 데 도움을 줄 수 있다.

부모는 자녀가 부정적인 감정이나 스트레스를 느낄 때, 긍정적인 자기 대화를 통해 이를 극복하도록 지도할 수 있다. 예를 들어, 자녀가 시험에서 실망스러운 결과를 받았을 때, "나는 더 잘할 수 있어. 다음 번에는 더 열심히 공부해서 좋은 결과를 얻을 거야."와 같은 긍정적인 자기 대화를 하도록 격려할 수 있다. 이를 통해 자녀는 어려운 상황에서도 긍정적인 태도를 유지하고, 감정을 효과적으로 조절할 수 있는 능력을 기르게 된다.

❸ 자기관리와 감정조절능력의 결합

자기관리와 감정조절능력은 상호 보완적인 관계에 있다. 두 가지 능력이 함께 발달할 때, 자녀는 더욱 건강하고 균형 잡힌 삶을 살 수 있게 된다.

(1) 균형 잡힌 삶을 위한 자기관리와 감정 조절

균형 잡힌 삶을 위해서는 자기관리와 감정조절능력이 필수적이다. 자녀가 자신의 시간을 효율적으로 관리하고, 목표를 달성하기 위한 계획을 수립하며, 자신의 감정을 조절할 수 있을 때, 자녀는 전반적인 삶의 질을 높일 수 있게 된다.

부모는 자녀가 자기관리와 감정조절능력을 동시에 기를 수 있도록 다양한 방법을 활용해야 한다. 예를 들어, 자녀가 학업과 여가 활동, 휴식을 균형 있게 배분할 수 있도록 지도하고, 스트레스 상황에서도 평정심을 유지할 수 있도록 도와주는 것이 필요하다. 이를 통해 자녀는 자기관리와 감정조절능력을 모두 갖춘 균형 잡힌 삶을 살 수 있게 된다.

(2) 자기 효능감 향상을 위한 자기관리와 감정 조절

자기 효능감은 개인이 자신의 능력에 대해 느끼는 신념으로, 목표를 달성할 수 있다는 자신감을 의미한다. 자기관리와 감정조절능력은 자녀의 자기 효능감을 높이는 데 중요한 역할을 한다.

자녀가 자기관리와 감정조절능력을 통해 목표를 달성하고, 어려운 상황에서도 감정을 잘 조절할 수 있을 때, 자녀는 자신의 능력에 대한 자신감을 가지게 된다. 이는 자녀가 더 큰 도전에 직면했을 때, 스스로를 믿고 노력할 수 있는 동기를 제공한다. 부모는 자녀가 작은 목표를 달성하고, 이를 통해 자신감을 키울 수 있도록 돕는 것이 중요하다.

❹ 자기관리 및 감정조절능력 함양을 위한 환경 조성

자녀가 자기관리와 감정조절능력을 기를 수 있도록 부모와 교육자는 적절한 환경을 조성하는 것이 필요하다. 자녀가 이러한 능력을 자연스럽게 발달시킬 수 있는 환경에서는 자녀의 전반적인 성장과 발달이 촉진된다.

(1) 지지적 환경 조성

부모는 자녀가 자기관리와 감정조절능력을 기를 수 있도록 지지적 환경을 제공해야 한다. 자녀가 자신의 감정을 표현하고, 어려운 상황에서 도움을 요청할 수 있는 안전한 환경을 조성하는 것이 중요하다.

지지적 환경은 자녀가 실패를 두려워하지 않고, 자신의 감정을 자유롭게 표현할 수 있도록 도와준다. 부모는 자녀의 감정을 존중하고, 이를 이해하며, 자녀가 자기관리를 통해 목표를 달성할 수 있도록 격려해야 한다. 이러한 환경에서 자녀는 자기관리와 감정조절능력을 자연스럽게 발달시킬 수 있게 된다.

(2) 일관된 규칙과 루틴

일관된 규칙과 루틴은 자녀가 자기관리능력을 기르는 데 중요한 역할을 한다. 부모는 자녀에게 일관된 규칙과 루틴을 제공하여, 자녀가 자신의 시간을 효과적으로 관리하고, 목표를 달성할 수 있도록 도와야 한다.

예를 들어, 자녀가 매일 같은 시간에 학습하고, 규칙적으로 휴식을 취하며, 적절한 시간에 잠자리에 들도록 지도할 수 있다. 일관된 규칙과 루틴은 자녀가 자기관리능력을 습득하고, 이를 통해 일상 생활에서 효율적으로 행동할 수 있도록 도와준다.

(3) 감정 표현을 존중하는 문화 조성

부모는 자녀가 자신의 감정을 자유롭게 표현할 수 있는 가정 문화를 조성해야 한다. 자녀가 자신의 감정을 표현할 때 이를 존중하고, 자녀가 감정을 표현하는 것을 두려워하지 않도록 도와주는 것이 중요하다.

감정 표현을 존중하는 문화는 자녀가 감정을 억누르지 않고, 건강하게 표현할 수 있는 환경을 제공한다. 부모는 자녀가 감정을 표현할 때 이를 경청하고, 자녀가 감정을 조절하는 방법을 배울 수 있도록 지원해야 한다. 이러한 문화를 통해 자녀는 감정조절능력을 자연스럽게 발달시킬 수 있게 된다.

6. 윤리적 의사결정과 책임감 교육

현대 사회는 복잡하고 빠르게 변화하고 있다. 이러한 환경 속에서 자녀가 올바르게 성장하고 사회의 일원으로서 책임감 있는 행동을 할 수 있도록 하는 것은 매우 중요하다. 윤리적 의사결정과 책임감은 개인의 삶뿐만 아니라, 공동체와 사회 전체의 건강한 발전을 위해 필수적인 요소이다. 윤리적 의사결정은 도덕적 원칙과 가치를 바탕으로 올바른 선택을 하는 능력을 의미하며, 책임감은 그 선택의 결과에 대해 책임을 지는 태도를 말한다. 자녀가 이러한 능력을 갖추게 하는 것은 부모와 교육자의 중요한 역할이다.

윤리적 의사결정은 옳고 그름을 판단하고, 도덕적 가치와 원칙에 따라 선택을 내리는 과정을 의미한다. 이는 단순한 규칙 준수에서 벗어나, 상황에 따라 적절한 행동을 선택하고 그에 따른 결과를 고려하는 능력을 포함한다. 윤리적 의사결정은 자녀가 올바른 행동을 할 수 있도록 도와주며, 더 나아가 사회적 신뢰와 인간관계를 구축하는 데 중요한 역할을 한다.

윤리적 의사결정은 개인의 일상생활에서 다양한 상황에서 필요하다. 예를 들어, 학교에서 친구들과의 갈등 상황에서 어떻게 대처할지, 학업에서 정직하게 행동할지, 또는 사회적 문제에 대해 어떤 입장을 취할지에 이르기까지 윤리적 판단이 요구된다. 이러한 능력은 자녀가 성인이 되어 사회의 일원으로서 책임 있는 행동을 할 수 있도록 하는 데 필수적이다.

책임감은 자신의 행동과 그 결과에 대해 책임을 지는 태도를 말한다. 이는 자녀가 자신의 선택이 다른 사람들에게 미칠 영향을 고려하고, 그에 따라 적절한 행동을 하는 능력을 포함한다. 책임감은 개인의 신뢰를 높이고, 사회적 관계를 강화하는 데 중요한 역할을 한다.

책임감은 또한 자아 존중감과 자기 효능감의 중요한 요소이다. 자녀가 자신의 행동에 대해 책임을 질 때, 자아 존중감이 높아지고, 자신의 능력에 대한 신뢰가 형성된다. 이는 자녀가 더 큰 도전에 직면했을 때, 스스로를 믿고 노력할 수 있는 동기를 제공한다. 책임감은 자녀가 어려운 상황에서도 도덕적 원칙을 지키고, 사회적 규범을 준수하는 데 중요한 역할을 한다.

❶ 윤리적 의사결정능력 함양하기

윤리적 의사결정능력은 학습과 경험을 통해 발전시킬 수 있다. 자녀가 윤리적 의사결정을 잘 할 수 있도록 부모와 교육자는 다양한 방법을 활용할 수 있다.

(1) 도덕적 가치와 원칙 교육

윤리적 의사결정의 기초는 도덕적 가치와 원칙에 대한 이해이다. 부모는 자녀에게 올바른 가치관을 심어주고, 이를 바탕으로 윤리적 판단을 내릴 수 있도록 도와야 한다. 예를 들어, 정직, 공정성, 존중, 배려 등의 가치를 강조하고, 이러한 가치가 일상생활에서 어떻게 적용될 수 있는지에 대해 자녀와 함께 논의하는 것이 중요하다.

부모는 자녀에게 도덕적 가치와 원칙을 가르칠 때, 이를 일상생활의 구체적인 사례에 적용하여 설명하는 것이 효과적이다. 예를 들어, 자녀가 학교에서 친구와의 갈등 상황을 겪었을 때, 그 상황에서 어떤 가치가 중요했는지, 그리고 그 가치를 바탕으로 어떤 행동이 적절했는지를 함께 이야기할 수 있다. 이를 통해 자녀는 도덕적 가치와 원칙이 실제 상황에서 어떻게 적용될 수 있는지를 이해하게 된다.

(2) 윤리적 딜레마에 대한 논의

윤리적 딜레마는 두 가지 이상의 가치가 충돌하는 상황에서 어떤 선택이 옳은지 판단하기 어려운 문제를 의미한다. 이러한 상황은 윤리적 의사결정을 연습하는 데 매우 유익한 도구가 된다. 부모는 자녀와 함께 윤리적 딜레마에 대해 논의하고, 다양한 관점에서 문제를 분석하며, 가능한 해결책을 탐색하는 과정을 통해 자녀의 윤리적 판단력을 기를 수 있다.

예를 들어, 자녀에게 "만약 네 친구가 시험 중에 답을 물어본다면, 너는 어떻게 할 거니?"와 같은 상황을 제시하고, 이에 대해 함께 논의할 수 있다. 이 과정에서 자녀는 자신의 도덕적 가치와 원칙을 다시 생각해 보고, 그에 따라 어떻게 행동할지 결정하는 방법을 배우게 된다. 또한, 다양한 관점을 고려하고, 그 결과에 대해 책임을 지는 태도를 기르게 된다.

(3) 롤모델을 통한 윤리적 의사결정 학습

롤모델은 윤리적 의사결정을 학습하는 데 중요한 역할을 한다. 자녀는 부모나 교사 또는 역사적 인물이나 문학 작품 속의 인물들을 통해 윤리적 행동의 예시를 보고 배울 수 있다. 부모는 자녀에게 윤리적 의사결정을 잘하는 롤모델을 소개하고, 그들의 행동을 분석하며, 자녀가 이를 본받을 수 있도록 지도하는 것이 중요하다.

부모는 자신의 행동을 통해 자녀에게 윤리적 의사결정을 보여줄 수 있다. 예를 들어, 부모가 어려운 상황에서 도덕적 원칙을 지키고, 정직하게 행동하는 모습을 자녀가 본다면, 자녀는 이러한 행동을 본받아 자신의 윤리적 판단력을 키울 수 있게 된다.

❷ 책임감 교육

책임감은 윤리적 의사결정과 밀접하게 연결되어 있다. 자녀가 자신의 선택과 행동에 대해 책임을 지는 능력을 기를 수 있도록 부모와 교육자는 다양한 방법을 사용할 수 있다.

(1) 책임감의 중요성 강조

책임감 교육의 첫 번째 단계는 자녀에게 책임감의 중요성을 이해시키는 것이다. 부모는 자녀가 자신의 행동이 다른 사람들에게 미치는 영향을 고려하고, 그에 따라 책임 있는 행동을 할 수 있도록 가르쳐야 한다. 예를 들어, 자녀가 가족 내에서 자신의 역할과 책임을 이해하고, 이를 충실히 이행하는 것이 중요하다는 것을 강조할 수 있다.

부모는 자녀에게 책임감이란 단순히 해야 할 일을 하는 것이 아니라, 자신의 행동에 대해 다른 사람들에게 미치는 영향을 생각하고, 그에 따라 적절한 행동을 하는 것임을 이해시켜야 한다. 이를 통해 자녀는 자신의 행동이 타인에게 어떤 영향을 미칠 수 있는지를 고려하며, 책임 있는 행동을 할 수 있게 된다.

(2) 작은 책임부터 시작하기

책임감은 작은 책임을 통해 점진적으로 길러질 수 있다. 부모는 자녀에게 작은 책임을 맡기고, 이를 잘 수행할 수 있도록 격려하고 지원하는 것이 필요하다. 예를 들어, 자녀에게 가정에서의 작은 일이나 학교 과제를 책임지게 하여, 이를 통해 책임감을 기를 수 있게 한다.

작은 책임을 잘 수행했을 때 부모는 자녀를 칭찬하고, 그 성취감을 느낄 수 있도록 도와야 한다. 이를 통해 자녀는 책임감을 가지고 행동하는 것이 얼마나 중요한지 깨닫게 되고, 더 큰 책임을 맡을 준비를 하게 된다.

책임감을 기르는 과정에서 부모는 자녀가 실패했을 때 이를 학습의 기회로 삼을 수 있도록 도와야 한다. 자녀가 실수를 했을 때 이를 비난하거나 처벌하는 대신, 그 실수를 통해 무엇을 배울 수 있는지 함께 생각해보고, 다음에 더 나은 선택을 할 수 있도록 지도하는 것이 중요하다.

(3) 결과에 대한 책임 지기

책임감의 중요한 요소 중 하나는 자신의 행동에 대한 결과를 인식하고, 그 결과에 책임을 지는 태도이다. 자녀가 자신의 선택이 가져올 결과를 미리 생각하고, 그에 대한 책임을 질 수 있도록 가르치는 것이 필요하다.

부모는 자녀가 자신의 행동에 대한 결과를 명확히 인식할 수 있도록 도와야 한다. 예를 들어, 자녀가 규칙을 어겼을 때 그에 따른 결과를 설명하고, 자녀가 그 결과를 받아들일 수 있도록 지도하는 것이 중요하다. 이를 통해 자녀는 자신의 행동이 가져올 결과를 고려하고, 책임 있는 선택을 할 수 있게 된다.

또한, 부모는 자녀가 자신의 잘못을 인정하고, 이를 바로잡기 위해 노력할 수 있도록 격려해야 한다. 자녀가 실수를 했을 때 이를 숨기거나 변명하는 대신, 그 잘못을 인정하고, 이를 해결하기 위한 방안을 찾을 수 있도록 도와주는 것이 필요

PART 01

이론편

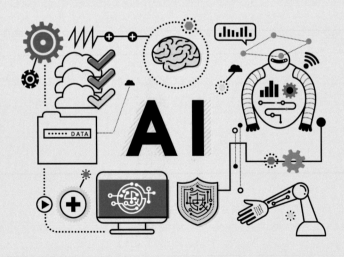

CHAPTER

03

AI 시대 학교와
교과서의 변화

CHAPTER 03 / AI 시대 학교와 교과서의 변화

1. 대한민국 교육부의 AI 디지털 교과서 도입 배경

교육부는 2025년부터 AI 디지털 교과서를 초등학교부터 고등학교까지 단계적으로 도입하겠다고 발표했다. 이는 최근 빠른 속도로 발전하고 있는 AI 등 첨단 디지털 AI 기술들이 일상 생활의 중심이 되는 시대적 변화의 흐름에 따라 공교육 시스템의 디지털 전환이 학생의 역량과 개별적 특성을 고려한 맞춤 교육 실현을 위해 새로운 희망으로 여겨 도입이 시급하다는 이유 때문이다. 또한, 지역과 계층 간의 교육 격차 등으로 학생 한 명 한 명을 인재로 키우기 위한 맞춤 교육의 중요성이 그 어느 때보다 중요함에도 지역과 계층 간의 교육 격차 해소 및 교실 환경에서 맞춤 교육을 실현하기 위한 대책이라는 설명도 덧붙였다. AI 디지털 교과서 도입은 엄청난 국가 예산과 행정 조직을 동원한 교육 정책 변화의 핵심이라 할 수 있다.

그림 3-1 ▶ 교사의 딜레마와 에듀테크

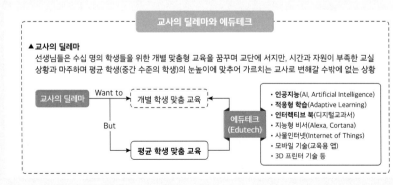

출처: AI 디지털교과서 추진방안(2023.06, 교육부)

교육부의 AI 디지털 교과서 도입이 준비가 부족한 상태에서 너무 성급하게 추진되고 있다는 비판도 있다. 교육 내적으로는 이 새로운 교과서가 미래 사회에 필요한 창의성과 디지털 리터러시와 같은 핵심 역량을 길러주지 못한다는 비판도 존재한다. 즉, AI와 디지털을 활용한다는 기술적 진보는 있으나 기존의 암기 위주의 성적 지상주의, 학생 줄 세우기라는 기존 교육의 병폐를 그대로 존속시키거나 오히려 더 심화시킬 것이라는 우려가 나온다.

그러나 그 정책적, 교육적 타당성에 대한 토론과는 별개로 AI 디지털 교과서 도입이 학교 교육에 근본적인 변화를 가져올 것이라는 사실은 부인할 수 없다. 따라서 학부모들은 AI 디지털 교과서가 자녀들에게 어떤 영향을 끼칠지 궁금할 수밖에 없다. 자녀들이 새로운 학교 교육 시스템에서 뒤쳐지지 않도록 하기 위해 먼저 AI 디지털 교과서가 정확히 무엇인지 알아야 한다. 이에 대한 설명을 하고, 도입 후 학교 교육이 기존과 어떻게 달라질지 예측해 보자.

❶ AI 디지털 교과서란?

AI 디지털 교과서란 무엇인가? 교육부는 AI 디지털 교과서를 모든 학생이 자신의 역량과 속도에 맞게 공부할 수 있도록 하는 '맞춤 학습 지원도구'이자 '똑똑한 보조교사'로 설명한다. AI가 학생의 학습 상황을 분석하여 교사에게 알려주면, 교사는 학생의 특성을 고려하여 맞춤 지도를 할 수 있고, 학생은 자신의 흥미에 맞는 콘텐츠로 학습하게 된다.

AI 디지털 교과서가 어떻게 이러한 역할을 할 수 있는지 학습자료와 학습지원이라는 두 가지 측면으로 나누어 살펴보자.

그림 3-2 ▸ AI 디지털 교과서의 추진방향과 개념

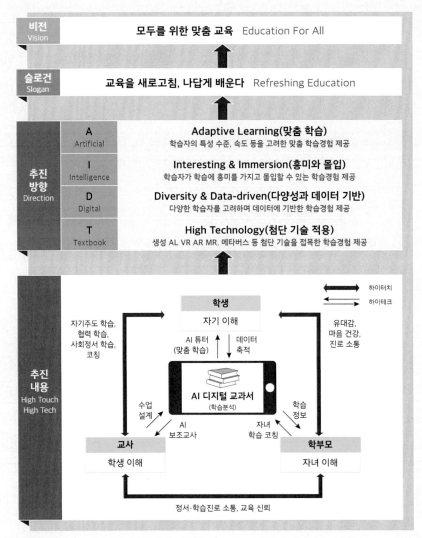

출처: 디지털 기반 교육혁신 방안(2023.02. 교육부)

(1) 학습 자료의 측면

AI 디지털 교과서는 학습 자료가 어떻게 제시될 것인가? 이해를 돕기 위해 기존 종이 교과서와의 차이점을 살펴보자.

표 3-1 ▸ AI 디지털 교과서와 종이 교과서의 학습 자료 차이

항목	종이 교과서	AI 디지털 교과서
멀티미디어 콘텐츠	주로 텍스트와 이미지로 구성	텍스트, 이미지, 동영상, 인터랙티브 콘텐츠 포함
실시간 업데이트 가능	재발행 전까지 내용 고정	최신 정보와 교육 자료를 실시간으로 업데이트 가능
인터랙티브 기능	인터랙티브 기능 없음	인터랙티브 퀴즈, 가상 실험, 시뮬레이션 등 제공
맞춤형 콘텐츠 제공	모든 학생에게 동일한 내용 제공(교사의 내용 재구성 불가)	학생의 학습 수준과 속도에 맞춘 맞춤형 콘텐츠 제공(교사의 내용 재구성 가능)

[표 3-1]을 통해 알 수 있는 것처럼, AI 디지털 교과서는 다양한 멀티미디어 콘텐츠와 실시간 업데이트, 인터랙티브 기능, 맞춤형 콘텐츠 제공, 교사의 내용 재구성 가능 등에서 차별화된 장점을 가지고 있다.

(2) 학습 지원의 측면

AI 디지털 교과서는 학습자료 측면에서 종이 교과서에 비해 크게 진일보한 교과서라는 점을 확인했다. 하지만 이 교과서의 진정한 차별성은 학습 지원의 측면에서 발견할 수 있다. 다음은 구체적인 사례를 통해 설명한다.

1) 개별 맞춤형 학습

AI 디지털 교과서는 학생 개별의 학습 패턴과 성과를 분석하여 맞춤형 학습 경로를 제공한다. 이를 통해 학생은 자신의 수준과 필요에 맞춘 학습을 할 수 있다.

예를 들어, 학생 A는 5학년 수학에서 분수의 덧셈을 어려워한다. AI 디지털 교과서는 학생 A의 학습 데이터를 분석하여 이를 파악하고, 분수 덧셈에 대한 추가 연습 문제와 설명 동영상을 제공한다. 학생 A는 자신의 학습 속도에 맞추어 해당 콘텐츠를 학습하고, 이해도를 높인다.

2) 실시간 피드백

학생이 문제를 풀거나 학습 활동을 하면, AI가 즉각적인 피드백을 제공한다. 이는 학생들이 자신의 학습 진행 상황을 실시간으로 파악하고, 개선할 수 있도록 도와준다.

학생 B는 과학 수업에서 화산 활동에 관한 인터랙티브 퀴즈를 푼다. 문제를 푼 후, AI 디지털 교과서는 즉각적으로 정답과 오답을 알려주고, 틀린 문제에 대한 해설을 제공한다. 이를 통해 학생 B는 즉각적인 피드백을 받고, 개념을 확실히 이해할 수 있다.

3) 인터랙티브(Interactive) 학습 활동

인터랙티브 퀴즈, 가상 실험, 시뮬레이션 등을 통해 학생들의 흥미를 유발하고 적극적인 참여를 유도한다. 이러한 활동은 학습 내용을 보다 깊이 있게 이해할 수 있게 한다.

예를 들어, 학생 C는 역사 수업에서 중세 시대 성의 구조를 배우고 있다. AI 디지털 교과서는 3D 모델과 가상 현실(VR) 투어를 통해 학생 C가 중세 성의 구조를 탐험할 수 있게 한다. 학생 C는 성의 각 부분을 가상으로 탐험하면서, 각 부분의 역할과 역사적 의미를 배운다.

4) 진행 상황 추적 및 관리

AI 디지털 교과서는 학생의 학습 진행 상황을 지속적으로 추적하고, 교사와 학부모에게 보고한다. 이를 통해 학습의 전반적인 관리가 가능하며, 필요한 경우 적절한 지원을 제공할 수 있다.

예를 들어, AI 디지털 교과서는 학생 D의 학습 데이터를 수집하여 분석한다. 이를 통해 학생 D가 분수의 덧셈 개념에 대한 이해도가 70%임을 파악하고, 추가적인 연습 문제와 동영상 강의를 제공한다. 학생 D의 학습 진행 상황은 대시보드에서 실시간으로 확인할 수 있다.

5) 대시보드를 통한 교사와 학부모에게 학생 데이터 분석 정보제공

교육의 주체인 교사와 학생, 학부모는 학생의 학습 진행 상황을 실시간으로 확인하고 상호 소통할 수 있다. AI 디지털 교과서는 주간 보고서를 생성하여 교사와 학부모에게 이메일로 전송한다. 예를 들어, "이번 주 학생 E는 수학 분수의 덧셈 단원에서 70%의 이해도를 보였습니다. 공통 분모 찾기에 어려움을 겪고 있으므로, 주말에 추가 학습을 권장합니다."라는 내용이 포함된 보고서를 받는다. 보편적 학습 설계인 UDL이나 다국어 지원 등을 통해 쉽고 편리한 UI/UX 구성 및 접근성 보장한다고 한다.

6) 교사의 역할

교사는 AI가 제공하는 데이터를 바탕으로 수업 설계 및 맞춤 처방 등의 학생 E를 위한 개별 학습 지원 계획을 수립한다.

교사는 학생 E에게 공통 분모 찾기 연습을 위한 추가 자료와 과제를 제공하고, 주간 목표를 설정한다. 예를 들어, "다음 주까지 분수의 덧셈 문제 20개 풀기, 공통 분모 찾기 연습 문제 10개 추가 제공"과 같은 구체적인 학습 계획을 세운다.

(3) AI 디지털 교과서의 가능성과 우려

AI 디지털 교과서의 학습 지원 기능은 학교 교육을 크게 발전시킬 수 있다. 그러나 현실적으로 여러 가지 어려움과 부작용도 따를 수 있다. AI 디지털 교과서가 이상적으로 만들어지고 활용되려면, 현실과 이상 사이의 괴리를 줄이는 것이 중요하다.

교육부는 2024년 기준 3,000억 원 이상의 예산을 들여 AI 디지털 교과서 교사 연수에 집중하고 있다. 그러나 교사 연수가 얼마나 실효성을 가질지는 미지수이다. AI 디지털 교과서가 학교에 정착하기까지는 더 오랜 시간이 필요할 것으로 보인다.

그럼에도 불구하고, AI 디지털 교과서는 우리 교육을 한 단계 더 발전시킬 기회가 된다. 따라서 자녀교육에 관심을 가진 학부모들은 AI 디지털 교과서의 도입에 따른 미래 교육의 방향성을 가늠해 보는 데 무게를 두는 것이 필요하다.

2. 디지털 교과서와 종이 교과서의 차이점

앞부분에서 AI 디지털 교과서에 대한 이론적인 설명을 했다. 그러나 학부모 입장에서 교과서 하나 바뀐다고 무엇이 달라지게 될지 피부로 체감하기는 쉽지 않다. 종이 교과서와 AI 디지털 교과서로 공부하는 가상의 두 학생의 모습을 비교해 보자.

❶ 김종이/이지털 학생의 수업 비교

(1) 1교시: 국어

■ 김종이 학생

1) **수업 장면**: 최 선생님이 국어 수업을 시작하며 교과서를 펼친다. "오늘은 윤동주 시인의 '별 헤는 밤'을 공부해보겠습니다." 최 선생님은 시 구절을 칠판에 적으며 설명을 시작한다. 학생들은 교과서를 읽으며 시의 상징과 의미를 이해하려 노력한다.

2) **학습 활동**: 종이 학생은 노트에 시의 중요한 구절을 필기하며, 선생님의 설명을 들으면서 시의 의미를 해석하려 한다. 이해가 되지 않는 부분은 수업후 질문하거나 집에서 교과서를 다시 읽어보며 복습한다.

3) **교사의 역할**: 최 선생님은 시의 주요 구절과 상징등의 문학적 표현 등을 설명하며, 학생들이 이해하지 못하는 부분을 질문받아 답변한다. 학생 개개인의 이해도를 일일이 파악하기 어려워, 수업 후 개별 지도가 제한적이다.

4) **특징**: 실시간 피드백이 부족하고, 시각적 자료가 제한적이다.

5) **학부모에게 전달되는 정보**: 종이 교과서를 통해 학부모에게 전달되는 정보는 주로 시험 결과와 학생의 성적표이다. 예를 들어, 학부모는 학기말 성적표에서 자녀가 국어 과목에서 시 해석 부분에서 몇 점을 받았는지, 전체적인 성취도가 어떤지 확인할 수 있다. 필요한 경우 학부모 상담을 통해 자녀가 어려워하는 부분에 대한 추가 설명을 듣는다.

■ 이지털 학생

1) **수업 장면**: 박 선생님이 디지털 교과서를 켜며 "오늘은 윤동주 시인의 '별 헤는 밤'을 공부해 보겠습니다."라고 말한다. 이지털 학생은 태블릿에서 시를 읽으며, AI가 제공하는 동영상 강의를 시청한다. 동영상에서는 시의 상징과 의미를 시각적으로 설명해준다.

2) **학습 활동**: 이지털 학생은 동영상을 보며 시의 의미를 이해하고, 인터랙티브 (Interactive) 퀴즈를 풀어본다. 퀴즈에서 틀린 문제는 AI가 즉시 피드백을 제공하고, 추가 자료를 추천한다. 또한, 학생의 학습 데이터를 분석하여 개인 맞춤형 학습 경로를 제시한다. 예를 들어, 시 해석에 어려움을 느끼는 학생에게는 관련된 다른 시와 비교 분석하는 과제가 추가로 제공된다.

3) **교사의 역할**: 박 선생님은 학생들의 학습 데이터를 실시간으로 모니터링하여, 이해가 부족한 학생들에게 맞춤형 자료를 제공한다. AI가 제공하는 피드백을 기반으로 추가 설명이 필요한 부분을 보완하여 지도한다.

4) **실시간 상호작용**: 박 선생님은 디지털 교과서의 채팅 기능을 활용해 학생들이 시에 대한 생각과 해석을 실시간으로 공유하게 한다. 학생들은 서로의 의견을 보며 토론을 하고, 이해가 부족한 부분에 대해 서로 질문하고 답변한다.

5) **학부모에게 전달되는 정보**: AI 디지털 교과서는 학부모에게 자녀의 학습 활동 데이터와 분석 자료를 주기적으로 제공한다. 예를 들어, 학부모 포털을 통해 자녀가 '별 헤는 밤' 시 해석 퀴즈에서 몇 점을 받았는지, 어느 부분에서 자주 틀렸는지 확인할 수 있다. 또한, AI가 분석한 결과를 바탕으로 자녀가 어려워하는 부분에 대한 맞춤형 학습 계획과 추가 학습 자료도 제공받는다.

(2) 2교시: 수학

■ 김종이 학생

1) **수업 장면:** 최 선생님이 칠판에 분수의 덧셈 문제를 적으며 설명을 시작한다. "오늘은 분수의 공통 분모를 찾아 덧셈을 해볼 거예요." 종이 학생은 교과서를 보며 예제 문제를 푼다.

2) **학습 활동:** 종이 학생은 교과서의 예제를 풀면서 필기한다. 공통 분모를 찾는 과정에서 헷갈려 질문하려 하지만, 시간이 부족해 다음 수업으로 넘어간다. 집에서 다시 문제를 풀어보며 이해하려 노력한다.

3) **교사의 역할:** 최 선생님은 칠판에 문제를 풀어가며 설명한다. 학생들이 이해하지 못하는 부분은 수업 중간에 질문을 받아 답변하지만, 모든 학생의 질문에 답하기 어려워 개별 지도가 제한적이다.

4) **특징:** 실시간 피드백이 부족하고, 이해가 어려운 부분은 혼자 해결해야 한다.

5) **학부모에게 전달되는 정보:** 종이 교과서를 사용하는 경우, 학부모는 시험 결과와 성적표를 통해 자녀의 학습 상태를 파악한다. 예를 들어, 학부모는 학기말 성적표에서 자녀가 수학 과목에서 분수 덧셈 문제를 몇 개 맞췄는지, 평균 점수가 몇 점인지 확인할 수 있다. 학부모 상담을 통해 자녀가 어려워하는 부분에 대해 추가적인 설명을 들을 수 있다.

■ 이지털 학생

1) **수업 장면:** 박 선생님이 디지털 교과서를 켜며 "오늘은 분수의 공통 분모를 찾아 덧셈을 해볼 거예요."라고 말한다. 이지털 학생은 태블릿에서 애니메이션을 보며 분수의 덧셈 과정을 학습한다.

2) **학습 활동:** 이지털 학생은 실시간으로 채점과 해설이 주어지는 문제를 풀면서 실시간 피드백을 받는다. 틀린 문제는 AI가 즉시 교정해 주고, 추가 연습 문제를 제공한다. 이해가 부족한 부분은 동영상 강의를 다시 보며 복습한다. 또한, AI는 학생의 문제 풀이 데이터를 분석하여 맞춤형 코스웨어를 제안한다. 예를 들어, 분수의 개념이 약한 학생에게는 기본 개념 강의를 추

가로 제공하고, 공통 분모 찾기 문제를 더 많이 제공한다.

3) **교사의 역할**: 박 선생님은 학생들이 문제를 풀 때 AI가 제공하는 피드백을 모니터링하여, 추가 설명이 필요한 부분을 실시간으로 파악하고 보충 설명을 제공한다. 맞춤형 연습 문제를 제공하여 학생들의 이해도를 높인다.

4) **실시간 상호작용**: 박 선생님은 온라인 화이트보드를 사용해 학생들이 분수의 덧셈 문제를 함께 풀게 한다. 학생들은 각자 해결 방법을 공유하고, 잘못된 부분을 서로 교정하며 협력 학습을 한다.

5) **학부모에게 전달되는 정보**: AI 디지털 교과서는 학부모 포털을 통해 자녀의 학습 데이터와 분석 자료를 제공한다. 예를 들어, 학부모는 포털을 통해 자녀가 분수 덧셈 퀴즈에서 몇 점을 받았는지, 틀린 문제 유형이 무엇인지 확인할 수 있다. 또한, AI가 제시하는 맞춤형 학습 계획과 추가 자료도 제공받는다. 예를 들어, 분수의 개념에 약한 학생에게는 추가 학습 자료와 연습 문제를 제안받는다.

(3) 3교시: 영어

▨ 김종이 학생

1) **수업 장면**: 최 선생님이 영어 교과서를 펴며 본문을 읽기 시작한다. "자, 모두 함께 본문을 따라 읽어보세요." 학생들은 교과서를 보며 본문을 읽는다.

2) **학습 활동**: 종이 학생은 본문을 큰 소리로 따라 읽으며 발음을 연습한다. 발음이 어려운 단어는 선생님이 교정해주지만, 한정된 시간 때문에 모든 단어를 교정받기 어렵다. 집에서 교과서를 다시 읽으며 연습한다.

3) **교사의 역할**: 최 선생님은 학생들이 본문을 읽을 때 발음이 틀린 단어를 교정해주며, 중요한 단어와 문법을 설명한다. 모든 학생의 발음을 교정하기 어려워, 개별 지도가 제한적이다.

4) **특징**: 실시간 발음 교정이 제한적이고, 추가 자료가 부족하다.

5) **학부모에게 전달되는 정보**: 종이 교과서를 사용하는 경우, 학부모는 자녀의 시험 결과와 성적표를 통해 학습 상태를 파악한다. 예를 들어, 학부모는 학

기말 성적표에서 자녀가 영어 과목에서 본문 읽기 부분에서 몇 점을 받았는지 확인할 수 있다. 학부모 상담을 통해 자녀의 발음 연습과 문법 이해에 대한 추가적인 설명을 들을 수 있다.

▨ 이지털 학생

1) **수업 장면**: 박 선생님이 디지털 교과서를 켜며 "자, 모두 본문을 따라 읽어 보세요."라고 말한다. 이지털 학생은 태블릿에서 원어민 발음을 들으며 본문을 따라 읽는다.

2) **학습 활동**: 이지털 학생은 AI가 제공하는 발음 교정을 받으며 본문을 읽는다. 발음이 어려운 단어는 AI가 반복해서 연습할 수 있도록 도와주고, 인터랙티브(Interactive) 퀴즈를 통해 단어와 문법을 학습한다. AI는 학생의 발음 데이터를 분석하여 발음이 취약한 부분을 파악하고, 발음 연습을 위한 맞춤형 자료를 제공한다. 예를 들어, 특정 발음이 어려운 학생에게는 그 발음을 집중적으로 연습할 수 있는 과제가 추가로 제공된다.

3) **교사의 역할**: 박 선생님은 AI가 제공하는 발음 교정 데이터를 모니터링하여, 발음이 어려운 학생들에게 추가 연습 자료를 제공한다. 실시간으로 발음을 교정해 주며, 개별 맞춤형 학습을 지원한다.

4) **실시간 상호작용**: 박 선생님은 디지털 교과서의 그룹 채팅 기능을 활용해 학생들이 본문을 읽고 토론하게 한다. 학생들은 서로의 발음을 듣고 피드백을 주며, 모르는 단어와 표현에 대해 질문하고 답변한다.

5) **학부모에게 전달되는 정보**: AI 디지털 교과서는 학부모 포털을 통해 자녀의 학습 데이터와 분석 자료를 제공한다. 예를 들어, 학부모는 포털을 통해 자녀가 영어 본문 읽기 퀴즈에서 몇 점을 받았는지, 어떤 단어와 문법에서 자주 틀렸는지 확인할 수 있다. 또한, AI가 제시하는 맞춤형 학습 계획과 추가 자료도 제공받는다. 예를 들어, 특정 발음에 약한 학생에게는 추가 발음 연습 자료와 과제를 제안받는다.

위의 과목별 수업 장면에서 발견할 수 있는 종이 교과서와 AI 디지털 교과서의 차이점은 다음과 같이 정리할 수 있다.

항목	종이 교과서	AI 디지털 교과서
수업 중 학습 자료	텍스트와 이미지 중심	동영상 강의, 3D 모델, 애니메이션, 가상 실험 등 다양한 멀티미디어
교사의 역할	칠판에 필기하며 설명, 개별 이해도 파악 어려움	AI 데이터를 모니터링, 맞춤형 학습 자료 제공
학생 활동	노트 필기, 교과서 읽기, 질문과 답변	태블릿을 통해 인터랙티브 퀴즈, 실시간 피드백, 동영상 시청
실시간 피드백	제한적, 수업 중 질문 가능하나 개별 지도 어려움	AI를 통한 즉각적 피드백과 문제 교정
학생 간 상호작용	교실 내 토론이나 발표	디지털 채팅, 온라인 화이트보드, 협업 기능을 통한 실시간 상호작용
가정학습 자료	교과서와 노트 필기 내용	AI 디지털 교과서, 동영상 강의, 인터랙티브 퀴즈, 3D 모델 등
가정학습 지원	혼자서 교과서를 읽고 이해, 부족한 부분 부모님이나 인터넷 활용	AI 피드백과 맞춤형 자료를 통해 학습, 취약한 부분 보완
추가 자료	도서관이나 인터넷에서 별도로 찾음	AI가 추천하는 맞춤형 학습 자료 제공
가정학습 피드백	다음 수업이나 학부모 상담을 통해 제한적으로 받음	AI가 실시간 피드백 제공, 학부모도 포털을 통해 학습 상태 확인
학부모 정보 제공	주로 시험 결과와 성적표, 학부모 상담을 통해 전달	포털을 통해 실시간 학습 데이터와 분석 자료 제공

3. AI 디지털 교과서의 도입 현황 및 장단점과 국내외 활용 사례 및 활용 방법

① AI 디지털 교과서의 도입 계획

교육부는 AI 디지털 교과서를 2025년부터 단계적으로 도입해 나갈 계획이다. 학교별, 학년별, 과목별 도입 시기는 다음과 같다.

표 3-2 ▸ AI 디지털 교과서의 학년별 적용 시기

학교급	과목	2025년	2026년	2027년	2028년
초등학교	국어		3~4학년	5~6학년	
초등학교	수학	3~4학년	5~6학년		
초등학교	영어	3~4학년	5~6학년		
초등학교	사회		3~4학년	5~6학년	
초등학교	과학		3~4학년	5~6학년	
초등학교	정보	3~4학년	5~6학년		
중학교	수학	1학년	2학년	3학년	
중학교	영어	1학년	2학년	3학년	
중학교	정보	정보			
중학교	국어		1학년	2학년	3학년
중학교	사회			사회①/②	
중학교	역사			역사①/②	
중학교	과학		1학년	2학년	3학년
중학교	기술·가정		기술·가정①/②		
고등학교	국어				공통국어 1/2
고등학교	수학	공통수학 1, 2			
고등학교	영어	공통영어 1, 2			

고등학교	정보	정보		
고등학교	사회			통합사회 1/2
고등학교	역사			한국사 1/2
고등학교	과학			통합과학 1/2
고등학교	기술·가정	기술·가정		

출처: AI 디지털교과서 추진방안(교육부, 2023.06.07.)

AI 디지털 교과서 도입을 위해 교육부는 학교 환경과 기술적 지원을 준비하는 다양한 노력을 기울이고 있다. 다음은 주요 준비 사항들이다.

첫째, 디지털 인프라 개선을 하고 있다. 2025년 AI 디지털 교과서 도입을 위해 정부는 학교 디지털 인프라의 물적·인적 지원을 강화하고 있다. 이를 위해 963억 원의 예산이 투입될 예정이다. 이 예산은 학교 내의 네트워크 인프라 구축, 고성능 디지털 기기 공급, 그리고 소프트웨어 설치 등에 활용된다.

둘째, 교원 연수 및 교육 프로그램을 실시하고 있다. AI 디지털 교과서를 효과적으로 활용하기 위해 교사들은 새로운 기술과 교육 방식을 학습해야 한다. 이를 위해 교육부는 교원 연수 프로그램을 개발하고 시행하고 있다. 교사들은 AI 디지털 교과서를 활용한 맞춤형 교수법, 학생 참여 중심의 수업 혁신 방안을 배우게 된다.

셋째, 디지털 기기 관리 인력을 양성하고 있다. 각 학교에서 디지털 기기를 관리하고 기술적 지원을 제공할 인력을 양성 중이다. 이를 위해 정부는 디지털 기기 관리 담당 인력 1,200명을 양성할 계획을 세웠다. 이들은 각 학교에서 디지털 교과서와 관련된 기술적 문제를 해결하고, 원활한 학습 환경을 조성하는 역할을 하게 된다.

넷째, 학생 맞춤형 학습 콘텐츠를 제공하기 위해 준비하고 있다. 학생 개개인의 학습 데이터를 기반으로 맞춤형 학습 콘텐츠를 제공하는 것을 목표로 하고 있다. 이를 위해 AI 기술이 적용된 학습 콘텐츠와 자료를 개발하고 있다. 이러한 콘텐츠는 각 학생의 학습 수준과 속도에 맞게 자동으로 조정된다.

다섯째, 시범 학교를 운영하고 있다. AI 디지털 교과서의 효과성과 실용성을 검증하기 위해 시범 학교를 운영 중이다. 이는 AI 디지털 교과서가 실질적으로 어떻게 활용될 수 있는지를 평가하고, 도입 시 발생할 수 있는 문제를 사전에 파악하기 위한 목적이다. 이 과정에서 개선점이 도출되면 이를 반영해 최적화된 교과서를 제공할 예정이다.

여섯째, 전문가 및 현장 교원과의 협력이 이루어지고 있다. 교육부는 AI 디지털 교과서 도입을 위해 교과별 전문가 및 현장 교원들과 협력하고 있다. 이를 통해 교과서의 내용과 사용 방법이 현장에 잘 탑재되고, 교육 효과를 극대화할 수 있도록 방안을 마련 중이다.

이와 같이, 교육부는 AI 디지털 교과서 도입을 위해 학교 환경 개선, 교원 연수, 기술적 인력 양성, 맞춤형 콘텐츠 개발, 테스트 베드 운영 등 다각적인 준비를 진행하고 있다. 이를 통해 AI 디지털 교과서가 성공적으로 도입되고, 교육의 디지털 전환에 큰 기여를 할 수 있도록 노력하고 있다.

이렇게 도입이 추진되고 있는 AI 디지털 교과서는 그 교과서를 활용한 수업은 물론 학교 교육 전체에 엄청난 변화를 가져올 가능성이 매우 크다. 하지만 그 진행 과정이 급하게 진행되는 과정에서 그 교육적 효과와 타당성에 대한 충분한 검토와 숙의가 부족한 면이 없지 않다. 따라서 AI 디지털 교과서 도입에 관한 반대 의견에 귀를 기울여 볼 필요가 있다. 이는 AI 디지털 교과서가 자녀가 학업을 더 잘 할 수 있는 환경을 만드는 데 관심이 높은 학부모들이 한 번 꼭 살펴보아야 할 내용이기 때문이다. 이런 반대 의견을 살펴봄으로써 변화된 학교 교육 환경에서 자녀가 잘 적응할 수 있도록 돕는 지혜와 통찰을 얻을 수 있다.

❷ 디지털 격차에 대한 우려

AI 디지털 교과서를 도입하게 되면 디지털 격차로 인한 문제가 심화될 것이라는 우려가 있다. 이런 우려의 이유와 근거가 무엇인지 살펴보자.

첫째, 디지털 접근성의 차이로 모든 학생이 같은 수준의 디지털 기기와 인터넷 환경을 갖추고 있지 않다는 것이다. 특히 농어촌 지역이나 저소득 가정의 학생들은 고속 인터넷이나 최신 디지털 기기를 갖추기 어려운 경우가 많다. 이로 인해 디지털 교과서 활용에 어려움을 겪게 될 수 있다. 학교에서 학생 1인당 1디바이스를 지급하겠다고 한다. 하지만 AI 디지털 교과서의 활용은 학교에서 자신의 태블릿이나 노트북만으로 이루어지지는 않는다. 학교에서 지급한 디바이스 외에 가정에 있는 다른 개인 디바이스를 추가로 활용하게 될 것이다. 이런 개인 디바이스를 활용할 수 있는 기회는 학생들의 가정 형편에 따라 차이가 생길 수밖에 없다. 또한 개인 디바이스의 차이뿐 아니라 인터넷 접속 환경에서도 학교마다, 가정마다 차이가 있을 수밖에 없다. 접속 속도가 빠르고 원활하게 이루어지는 학교나 가정과 그렇지 않은 경우에 AI 디지털 교과서 활용에서도 차이가 발생할 수밖에 없다.

둘째, 기존 인프라의 제한 문제가 있다. AI 디지털 교과서 도입을 위해 교육부는 그 사용환경을 갖추기 위해 노력을 집중하고 있다. 하지만 여전히 일부 학교는 디지털 교과서를 효과적으로 활용할 수 있는 인프라를 갖추지 못하고 있다. 예를 들어, 충분한 IT 지원 인력이나 고급 기술 장비가 부족한 학교에서는 AI 디지털 교과서의 효과적 활용이 어려울 수 있다. AI 디지털 교과서로 수업을 하는 도중 디바이스에 문제가 생길 경우 해당 문제에 대해 비전문가일 수밖에 없는 교사는 당황할 수밖에 없다. 이런 경험을 몇 번 하다보면 교사는 수업에서 AI 디지털 교과서를 활용하려는 시도를 포기하게 된다. 이런 문제가 발생하지 않으려면 디바이스 사용법 미숙이나 고장으로 사용이 어려울 때 지원할 수 있는 IT 지원 인력이 가능한 학교에 상주해야 한다. 또한 교실 내에서 와이파이가 원활하게 접속하게 하려면 고급 기술 장비를 설치, 관리해야 한다. 이러한 환경이 제대로 갖춰지지 않은 학교에서는 AI 디지털 교과서의 활용이 현실적으로 어렵게 되며, 이는 불가피하게 학교 간 격차가 생기게 만들 것이다.

셋째, 디지털 화이트보드와의 인터페이스 문제도 존재한다. 디지털 교과서가 교실 내에 있는 수업용 TV나 전자칠판, 모니터, 프로젝트 등 기존의 학습 도구와 얼마나 원활하게 연동될지에 대한 우려도 있다. 수업에 AI 디지털 교과서를 활용하려면 교사와 학생용 디바이스와 와이파이 환경뿐 아니라 관련된 기타 장비와의 연결성 문제도 해결해야 한다. 이렇게 좁게는 교실, 넓게는 학교 전체적으로 AI 디지털 교과서를 원활하게 사용할 수 있는 환경이 갖추어지려면 현재 교육부가 투입하고 있는 예산과 노력보다 훨씬 더 많은 대가를 치러야 할 것이다.

넷째, 교사 및 학부모의 디지털 리터러시 수준에 차이가 있다. 모든 교사나 학부모가 디지털 교육 도구를 원활하게 활용할 수 있는 것은 아니다. AI 디지털 교과서를 효과적으로 활용하기 위해서는 기술적인 이해와 활용 능력이 필수적이다. 교사들의 디지털 리터러시는 그야말로 천차만별이다. 거의 전문가 수준에 도달한 교사도 있으나 디지털 리터러시가 초보 수준에 머물러 있는 교사도 허다하다. 이로 인해 생기는 차이는 AI 디지털 교과서가 도입되면서 더 커질 수밖에 없다. 또한 가정에서 학부모의 디지털 리터러시 수준의 차이는 학생들에게 큰 영향을 줄 수밖에 없다. 이런 인적인 수준 차이 문제를 어떻게 해결할 수 있을 것인지에 대해서는 사실 뾰쪽한 해결책이 없다.

다섯째, 가정의 경제적 격차가 존재한다. 디지털 교과서를 제대로 활용하기 위해 최신 기기와 소프트웨어, 그리고 안정적인 인터넷 연결이 필요하다. 하지만 이는 경제적 여건에 따라 크게 차이가 날 수 있으며, 저소득층 가정의 학생들은 이러한 부분에서 불리할 수밖에 없다. 따라서 디지털 교과서 도입이 오히려 교육 불평등을 심화시킬 가능성도 있다.

❸ 종이 교과서와 전통적 학습 방식의 장점

디지털 교과서 도입에 반대하는 측에서는 종이 교과서의 중요성과 전통적 학습 방식의 장점을 강조하는 주장을 제기하고 있다. 이들은 디지털 교과서가 가지지 못한 몇몇 중요한 이점들을 지적하며, 전통적인 서책형 교과서의 유지 필요성을 주장한다.

첫째, 이동과 집중력 향상에 서책형 교과서가 더 좋다. 종이 교과서는 디지털 교과서와 달리 전자기기를 사용하지 않기 때문에 학생들이 오프라인 환경에서 학습에 집중할 수 있게 해준다. 디지털 교과서는 화면을 통해 제공되기 때문에 장시간 사용 시 눈 피로와 두통을 유발할 수 있다. 이와 관련해, 교육부는 AI 디지털 교과서를 도입하더라도 상호 보완적 방식으로 활용될 가능성을 고려하고 있다고 밝히고 있다.

둘째, 물리적 경험과 기억력 강화 측면에서 서책형 교과서가 더 효과적일 수 있다. 연구에 따르면, 종이로 읽는 것이 기억력을 더 잘 유지시킨다는 결과가 있다. 종이 교과서를 통해 학습하는 과정에서 학생들은 텍스트를 물리적으로 넘기고 밑줄을 긋는 등 다양한 촉각적 경험을 할 수 있으며, 이는 정보의 저장과 회상 과정에 긍정적인 영향을 줄 수 있다. 디지털 화면을 통해 정보의 대부분을 스크롤 하며 소비하는 것과는 다른 점이다.

셋째, 휴대성과 접근성에서 서책형 교과서가 우수하다. 종이 교과서는 누구나 쉽게 접근하고 활용할 수 있다. 전자기기와 인터넷이 필요 없기 때문에 전기 공급이나 인터넷 연결 문제로부터 자유롭다. 이 말은 특히 디지털 접근성이 제한된 저소득층 학생이나 농어촌 지역 학생들에게 중요하다. 이는 디지털 격차를 줄이기 위해 디지털 교과서와 종이 교과서를 병행 사용하는 것이 필요하다는 주장에 힘을 실어준다.

넷째, 전통적 학습 환경의 유익함이 있다. 전통적인 교실 환경에서의 학습은 교사와 학생 간의 직접적이고 즉각적인 상호작용을 가능하게 한다. 학생들은 질문을 바로 할 수 있고, 교사는 즉각적인 피드백을 제공할 수 있다. 이는 디지털 기기를 통한 학습에서 종종 간과되는 중요한 교육적 요소이다. 디지털 기기는 이러한 유형의 인간적인 상호작용을 대체할 수 없다.

다섯째, 개인정보 보호 및 보안 문제가 있다. 종이 교과서는 디지털 데이터와 달리 개인정보 유출이나 해킹의 위험이 없다. 디지털 교과서를 사용하면 학생들의 학습 데이터가 수집되고 분석되므로, 이 데이터를 어떻게 보호할 것인지에 대한 우려가 있다. 학생들의 학습 데이터가 유출되거나 오용될 가능성을 고려하면, 종이 교과서를 통한 전통적 학습 방식이 더 안전할 수 있다.

이와 같이, 종이 교과서의 중요성은 단순히 교육 도구로서의 기능 이상의 문제를 포함하고 있다. 전통적 학습 방식이 제공하는 여러 장점들을 고려하여 디지털 교과서를 서책 교과서와 병행하는 방식으로 도입하는 것이 필요할 수 있다. 이는 다양한 학습 환경과 학생들의 요구를 균형 있게 충족시키는 접근법이 될 수 있다.

❹ AI 디지털 교과서에 대한 찬반 입장

AI 등 첨단 기술사용(High Tech)은 그동안 객체화되어 수동적이었던 학습자를 다시 교육의 중심으로 옮겨 교육을 새롭게 바라본다고 하는 긍정적인 의견들로 현재 막대한 예산을 들여 교육부에서 AI 디지털 교과서 전면 도입을 추진 중이다. 다만, 신기술 등이 도입될 때마다 등장했던 낙관론에 대한 실패 사례를 보며 우려하는 목소리 또한 큰 현실이다. 그러므로, 실패 사례를 되풀이 하지 않기 위해서는 우선 교사의 역할 변화에 대한 고민이 중요하다.

교사는 학생이 학습을 통해 더 많은 '성공 경험'을 할 수 있도록 학생별 학습 경로와 지식수준을 이해하고, 이를 근거로 '데이터 기반 참여형 수업'을 설계하고 학생별 성취에 맞는 개별학습을 제공하며 성장을 기록하는 역할을 해내야 한다. 이를 위해 에듀테크 신기술의 도입으로 공교육에서 완전학습이 가능한 환경을 조성함으로써 가계의 사교육비 부담 완화 및 교육 격차 완화에 대한 찬성의 목소리도 높다.

그러나 이에 대한 반대급부로, 이러한 교육과정을 학교라는 공교육에서 시행하려고 하면, 이를 준비하려는 사교육이 성행할거라는 비판과 우려의 목소리 또한 적지 않다.

미래 교육은 앞선 기술의 장점을 사용하면서 가장 인간적인 교육을 제대로 구현하는 하이터치 하이테크 교육으로 변하하여야 한다. 이에, 2022 개정교육과정에서는 심미적, 감성적 영역을 중시하고, 사회 정서적 기능의 발달과 전인적인 인격 성장을 중시여기고 있는 흐름과 맥을 같이 한다

AI 디지털 교과서(High Tech)와 교사의 역할 변화(High Touch)가 함께 결합되어 시너지 효과를 가질 때, 세계가 주목하는 진정한 '모두를 위한 맞춤 교육' 실현에 한 발자국 다가가게 될 것이다.

⑤ 국내외 교육용 플랫폼의 도입 활용 사례

미래 사회를 위해 세계 주요국에서도 디지털 교육정책에 힘을 기울이고 있다.

(1) 미국 – 교육 콘텐츠 개발, 보급사업 ConnectED

미국은 연방정부 차원에서 교육 콘텐츠 개발, 보급 사업 ConnectED 등을 통해 디지털 교재 개발 및 활용을 촉진하고 있으며, 전미교재접근센터(NIMAC)를 통해 장애학생 및 디지털 기술에 취약한 학생들을 지원한다.

(2) 호주 – 교육용 플랫폼 Scootle

호주는 교육용 플랫폼 Scootle을 통해 국가교육과정 기반의 디지털 교육콘텐츠 제공하고, 학생의 학습 이력 관리 및 수업에 활용하며, 코스웨어 등을 활용하여 교사를 지원한다.

(3) 일본 – 민간 교육용 플랫폼 '학습 e포털'

일본은 디지털 교과서를 민간에서 개발하여 학교와 학생 대상으로 직접 유상 공급하고, 민간 교육용 플랫폼 ' 학습 e포털'을 통한 영어 디지털 교과서 및 다양한 교육 콘텐츠 무상 제공한다,

(4) 싱가포르의 SLS 교수학습플랫폼

싱가포르에서는 교육부가 SLS(Student Learning Space)라는 교수학습플랫폼을 구축하여 국가교육과정 기반의 디지털 교과서를 제공하고, 교사의 교안 및 평가문항 등 콘텐츠 공유를 촉진한다,

(5) 에스토니아의 교육용 플랫폼 Opiq

에스토니아는 교육용 플랫폼 Opiq을 통해 디지털 교과서 및 다양한 학습 콘텐츠를 제공하고 있으며 교사용과 학생용으로 구분하여 연간 구독형태로 서비스한다

(6) 영국 에듀테크 생태계 - BETT(British Educational Training and Training and Technology) Show의 시사점

영국 교육부장관 Gillian Keegan은 AI 강국인 한국으로부터 영국이 배울 점이 있다고 생각하며, 한국과의 지속적 협력을 기대한다고 BETT 글로벌 에듀테크 전시회에서 언급한 적이 있다. BETT(British Educational Training and Training and Technology) Show는 1985년 1월 첫 개최 이후 매년 진행되는 연례 전시례로 영국 런던에서 개최되며, 전 세계 에듀테크 기업이 참석하여 혁신 기술을 선보이고 정보를 교류하며, 매해 주요 교육 이슈를 다루는 세미나도 함께 진행하여 글로벌 에듀테크의 트렌드를 제시한다. 2023년에는 150개국 30,000명, 600개 이상 기업이 전시하였으며, Reconnect, Reinmagine, Renew를 콘셉트로 하여 교육 생태계와 다시 연결되고, 교육 분야에서 기술의 잠재력을 다시 상상하고, 모두에게 공평한 교육에의 기여를 새로이 시작한다는 모토이다.

영국에서는 공교육 현장을 다방면으로 지원할 수 있는 다양한 기술 체험이 가능하다. 민관협력 생태계 주도의 대표적 모델인 영국 사례를 통해 에듀테크 생태계 구축을 위한 바람직한 정부의 역할이 필수적이다. 영국은 에듀테크 활성화 전략(2019년)을 통해 수요자(교유기관, 학습자)와 공급자(기업) 간 선순환 생태계 조성과 이에 기반한 정책 사업을 추진 중이다. 또한, 교원 역량 개발을 지원하는 민관협력 연수 프로그램 탐방 및 교사의 지속적 전문성 개발(CPD) 논의도 한창이다.

❻ 활용 방법

아까 제시한 세계 각국의 사례를 통해 교육용 플랫폼을 도입하려 전세계적인 움직임이 있음을 살펴보았다. 특히, 영국은 가정학습 중심 에듀테크(국내 사교육 시장 접근 방식)에서 공교육을 지원하는 에듀테크로의 발전 방안을 탐색 중이다.

영국 교육부는 영국교육기자재협회(BESA) 지원을 통해 에듀테크 오픈 플랫폼 LendED를 구축하고, 학교는 이를 통해 검증된 상품을 구매 후 장단점 및 후기를 공유하고 있다. 또한 성공적인 교육을 위해 급변하는 디지털 기술을 교육현장에 효과적으로 반영하기 위한 연수 체계 변화 필요성에 대해 고민해 보고 있다.

이에 대해 우리나라는 교과서 콘텐츠 재구성 등 다양한 기능 구현 및 앱접근성확보를 위해 웹표준(HTML 등) 기반으로 개발하고 있다. 그리고 별도의 프로그램 설치 없이 바로 웹브라우저에서 접속할 수 있도록 클라우드(SaaS) 기반으로 AI 디지털 교과서 플랫폼을 구축한다. 디지털 교과서에서 수집되는 학습데이터의 효과적인 분석을 위하여 학습데이터 허브를 구축한다. 학습 데이터는 생애주기 전반에 걸친 교육데이터와 연계하고, 국가학업성취도 등 다양한 평가 결과와 연계 분석 가능하도록 설계한다.

4. AI 시대 학교 수업과 평가의 변화

2025년부터 학교 현장에 적용되는 AI 디지털 교과서는 AI를 포함한 지능 정보 기술을 활용하여 다양한 학습 자료 및 학습 지원 기능 등을 탑재한 교과서이다. 따라서 AI 디지털 교과서는 학생 개인의 능력과 수준에 맞는 다양한 맞춤형 학습 기회를 지원하고자 AI를 포함한 지능정보기술을 활용하여 다양한 학습자료 및 학습 지원 기능등을 탑재한 소프트웨어이다. AI 디지털 교과서의 도입과 함께 학교 수업과 평가가 근본적으로 변화할 것이다.

❶ 디지털 기술 활용 교육의 방향의 혁신적 변화

21세기에 접어들면서 디지털 기술의 발전은 교육 분야에 커다란 변화를 가져오고 있다. AI, 빅데이터, 가상 현실, 증강 현실, 원격 수업, 에듀테크 등의 최첨단 기술은 교육의 방법과 내용, 그리고 학습 경험 자체를 혁실 할 수 있는 큰 잠재력을 가지고 있다. 이러한 유용한 기술을 잘 활용한다면 개별 맞춤형 학습자의 특성과 필요에 맞춘 퍼스널 맞춤형 교육 및 시공간의 제한을 뛰어넘는 비대면의 유연한 학습, 그리고 실제적이고 창의적이고 비판적인 문제해결능력의 신장을 해나갈수 있을 것이다. 국내외에서 미래학교로의 전환을 위한 다양한 교육적 실험과 시도가 이루어지고 있다. 우리나라에서도 근대식 전통적인 학교 교육의 한계를 극복하기 위한 교육 혁신이 다양한 명칭으로 여러 다양한 분야와 학교에서 시도되고 있다. 해외에서도 국가별로 미래 교육을 위한 다양한 시도가 원활히 이루어지고 있다. 국내외에서 이루어지고 있는 교육 혁신의 다양한 미래 학교 사례를 분석해보면 공통적으로 다음과 같은 사항들이 확인되고 있다. 자녀들을 앞으로 이에 발맞춘 미래 인재로 키우기 위해서는 학부모님들께서 반드시 유념하셔야 할 부분이다.

(1) 개인별 맞춤형 교육

첫째, 개인별 맞춤형 교육이 중시되고 있다. 전통적으로 우리나라는 오랫동안 대량교육시스템을 학교가 운영하면서 사회구성원의 양성이라는 국가적 수준의 목표와 상급 학교의 진학이라는 개인 수준의 목표를 지향해 왔다. 그러나 미래학교의 방향은 교수-학습 형태의 변화로서, 기존의 한 명의 교사가 일방향적으로 다수의 학생을 대상으로 하던 대량 교육 시스템 등의 강의식 수업을 지양하고 이를 변화시키기 위해 노력하고 있다. 빅데이터 기반의 AI 등의 첨단 기술을 활용하여 개인별 맞춤형 학습(Personalised Learning: One-to-one Tutoring)을 구현하고자 시도하고 있다. 학생의 개별적 성장과 지속적인 학습 경험의 축적, 삶에 적용되는 실제적 지식의 습득의 방향으로 가고 있다. 개인별 학습 시스템(Individulised Learning System)은 학습자 개인의 목표와 능력을 고려하여, 개인에게 최적화된 학습의 기회를 제공하는 것을 목표로 한다.

예를 들어, AI 기술을 활용한 적응형 학습(Adaptive Learning) 체계는 학습자의 학습(Learning) 스타일, 선행지식, 학습 속도 등을 실시간으로 분석하여 개인에게 가장 적합한 학습 콘텐츠와 경로를 제시한다. 이를 통해 학습자는 자신의 수준과 진도에 맞는 학습을 할 수 있으며, 부족한 부분에 대해서는 추가적인 설명이나 연습 문제 등을 제공받을 수 있다. 나아가 학습 데이터의 축적과 분석을 통해 개인의 학습 패턴과 성과 결과를 종합적으로 파악하고, 이를 근거로 최적의 학습 전략(Learning Strategy)을 수립할 수 있게 한다.

(2) 유연한 수업과 교육과정 – AI 디지털 기술의 역할

둘째, 개인별 학업의 수준과 속도에 맞추어 유연하게 교육과정을 적용하려 하고 있다. 다양한 수준의 학생들이 국가교육과정이라는 획일적인 틀에 집어넣으려 했던 일괄적인 교육과정에서 벗어나 미래 학교에 어울리는 학생들의 개별화된 미래 설계를 위해 최적의 학습 환경(Learning Environment)를 제공하고 있다. 학습의 과정에서 학생들이 자율적, 능동적으로 본인이 가지고 있는 꿈과 재능, 진로, 흥밍 맞는 학습 기회를 제공하는 것이 중요한 부분이다. 이를 위해서는 일제적인 교육과정에서 벗어나 학생들의 다양하고 개별적인 학습 계획에 따라 유연하게 교육과정을 운영하는 것이 중요하다. 이에 따라 정부는 2025년부터 학생의 선택권과 관심을 존중한 고교학점제를 본격 도입하는 취지이다. 단순히 학생의 나이에 따라 교육 내용을 결정하는 학년제의 틀을 떠나, 학습의 관심과 수준에 따라 유연하게 교육과정을 구성하는 무학년제 교육과정을 지향해야 한다.

이러한 맥락에서 AI 디지털 기술은 개인별 맞춤 교육과정의 설계와 운영을 용이하게 한다. 에듀 테크 등의 온라인 학습 플랫폼을 통해 다양한 수준과 주제의 교육 콘텐츠(내용)를 제공하고, 학생들이 자신의 관심, 흥미, 필요에 따라 학습 내용을 자율적으로 선택할 수 있도록 한다. 교사는 이 속에서 학생 개개인의 학습 계획과 진도 및 학습 수준을 모니터링 분석하고, 효율적인 피드백과 지원을 적극적으로 지원하는 역할을 용이하게 수행하여 이를 통해 학생들이 자기주도적이고 자율적으로 학습을 설계하고 관리하는 능력을 함양할 수 있다.

(3) 창의 탐구적 학습으로의 전환 – AI 디지털 기술의 역할

또한, 교수·학습 과정은 교사가 주도하여 정해진 학습 진도에 따라 지식을 전달하는 형태를 벗어나 개념적 지식 학습을 바탕으로 미래 사회에 필요한 핵심역량을 갖추도록 하는 창의적, 탐구적 학습으로 전환할 필요가 있다. 지식의 암기와 이해 중심의 획일적 학습 방법을 첨단 기술 기반의 하이테크 교육으로 모든 학생이 이해할 수 있도록 적극적으로 지원하고, 교사는 창의적, 탐구적 문제 해결 및 토론적 학습이 운영될수 있도록 고차원적 학습을 지도하는 것이 요구된다. 예를들어, 교육 현장 사례에서 행해지는 블렌디드 러닝(Blended Learning)이나 하이브리도 러닝(Hybrid Learning)의 방식을 활용하는 것을 볼 수 있는데, 이는 다양한 학습 속도와 수준을 가진 모든 학생들이 기본적인 개념학습의 과정에서 개별 맞춤화된 지원을 통해 효율적인 학습을 하게 하는 것이다. 더욱 중요한 것은 교사가 '문제기반 학습(PBL: Problem Based Learning)'이나 '프로젝트 기반 학습 (Project Based Learning)'이라는 교수 방법을 적용하여 보다 고차원적인 학습이 이루어지도록 수업을 지도 및 운영하는 것이다.

디지털 기술은 이러한 창의적이고 협력적인 학습을 촉진하는데 큰 역할을 할 수 있다. 가상 현실(VR)이나 증강 현실(AR) 기술을 활용하면 실제 상황 및 환경과 유사한 경험을 제공하여 몰입감 있는 학습 제공이 가능하다. 예를 들어, 지리 및 영어 융합 수업에서 구글 얼스(Google Earth)를 통해 국내 및 해외 지역으로 이동하여 몰입감있고 흥미로운 학습이 가능하고, 역사나 문학 시간에 배운 사건이나 인물을 가상 현실로 체험하거나, 음악 시간에 뮤지컬 및 공연에 공연 실황등을 가상 현실로 체험하거나, 과학 실험 수업시간에 실험을 가상으로 수행해 볼 수있다. 영어 시간에 영미문화권의 인물, 문화, 음식, 주거, 여행 명소 등을 원어민과 이야기하면서, 국내외 관련 내용을 접하고, 또한 한국을 방문하는 외국인들에게 보다 실감나는 우리의 K-POP, K-Culture 등을 소개해 보는 활동을 수행해 볼 수도 있다. 또한 온라인 협업 도구를 통하여 학생들은 물리적, 시간적 거리의 제약에 구애받지 않고 함께 프로젝트를 수행하고, 아이디어를 공유할 수 있다. 이를 통해 학생들은 실제적인 문제해결능력, 창의력, 의사소통 및 협업 능력 등 21세기의 핵심 역량을 함양할 수 있다.

(4) 수업에서 이어진 평가 방법의 전환 – 총괄 중심 상대평가에서 과정 중심 절대평가

마지막으로 학교에서 단순 일방향의 지식 전달 수업이 아닌 프로젝트 및 협동학습 등이 행해지게 하기 위해서는 평가에서 또한 달라져야 한다. 기존 총괄 평가와 상대평가 중심에서, 과정 중심 평가, 개개인의 성취에 초점을 맞춘 절대평가로의 전환이 요구된다. 그러한 차원에서 교육부에서 2025년부터 고교학점제를 도입하며 절대평가와 9등급에서 5등급으로의 전환을 통해 부분적 상대평가와 절대평가의 병용을 제시한 바 있다. 학습의 결과만이 학습이 아니라 학습 자체가 그 성과가 될 수 있다는 인식의 전환은 제도적 혁신과 함께 교육의 주체인 교사, 학생, 학부모의 인식 및 행동 전환이 절대적으로 필요하다.

2022 개정교육과정으로 바뀌며 개인별 선택이 확대된 유연한 교육과정을 도입하기 위해서는 상대평가 중심의 기존 평가 방식이 개인별 절대 평가 방식으로 전환되어야 이상적인 교육의 실현이 이루어질 것이다.

AI 디지털 기술은 학습 진도 과정에 대한 다양한 데이터를 수집하고 체계적으로 분석할 수 있는 가능성을 제공한다. 온라인 학습 플랫폼 같은 AI 학습 툴에서 학생들의 학습 성과 활동, 학습 진도, 성과 및 결과 등을 실시간으로 추적 및 관리하고, 이를 토대로 개인별 단계적 성장과 발전을 평가 및 결과를 관리할 수 있다. 또한 AI 기술을 통하여 학생들의 수행 및 지필 과제나 시험 답안을 자동으로 채점하고, 개인별 피드백을 효율적이고 체계적으로 제공할 수 있다. 이를 통해 평가는 학습의 끝이 아닌, 성장을 위한 시작이자 나침반의 역할을 할 수 있게 된다.

(5) 교육의 궁극적 목적의 방향

결론적으로, 교육의 목적은 학생의 개별적 과정 성장으로 전환되어야 한다. 획일화, 표준화된 교육과정은 개인 맞춤별 교육과정 및 무학년제로, 교사 1인 주도의 지식 전달 중심 강의식 교수·학습 과정은 학생 중심의 지식 개념 기반 프로젝트 및 문제 해결 탐구 학습으로, 총괄평가와 상대평가 중심의 평가 방식은 과정 중심 평가와 절대평가로 궁극적으로 전환되어야 할 것이다.

이와 같은 학교 시스템의 종합적 변화를 위해 교사는 학생을 평가하고 관리하는 독자적 주체가 아니라 개인별 학습을 독려하기 위한 학습의 조력자(Facilitator) 혹은 설계자(Designer), 환경 조성의 역할로서 개별화된 학습 효과를 극대화시켜주는 역할로의 혁신적인 변화가 필요하다. 학교라는 공간 역시 미래교육을 위한 창의적 학습 공간으로 변화되어야 할 것이다.

이러한 교육 혁신의 과정 속에서 디지털 AI 기술은 단순한 기술이나 도구가 아닌, 변화를 가능케 하는 핵심 원동력으로 작용할 것이다. 그러나 단순한 기술 자체가 교육을 변화시키는 것은 아니다. 중요한 것은 기술을 교육의 가치와 목적에 이상적이고 효율적으로 부합하는 방식으로 활용하고, 이를 통해 학생들의 긍정적인 성장과 발전을 이끌어 내는 것이다.

표 3-3 ▸ 미래 학교를 위한 시스템적 접근

구분	대량교육시스템(Mass Educational System)	개인별 학습 시스템 (Personal learning System)
학교의 역할	• 사회 구성원의 획일적 양성 • 상급학교의 진학(입시제도)	• 학생의 개별적 성장 • 지속적 학습 경험 축적 및 평생 교육
교육과정	표준화된 국가 교육과정	• 개인별 교육과정 • 무학년제
교수·학습 과정	• 교사 주도 • 지식 전달 중심	• 학생 중심 • 지식 기반의 프로젝트 개념 학습
평가 방식	• 총괄평가 • 상대평가(서열 세우기)	• 과정 중심평가 • 절대 평가 • P/F(Pass or Fail)
교사의 역할	• 지식의 일방향적인 전달자 • 엄정한 평가자, 감독자	• 개인별 학습 시스템 디자이너 • 학습의 조력자, 설계자, 코디네이터
학교 공간	• 지식전달 편의형 • 효율적 관리 중심	• 창의적 학습 촉진형 • 학습 효과 중심

❷ AI 디지털 교육 적용 수업에 임하는 학부모가 갖춰야 할 내용 체크리스트

(1) 개인 맞춤형 교육에 대한 이해와 적극적인 참여

1) **개념 이해**: 획일적인 교육 시스템에서 벗어나, 각 학생의 개별적인 특성과 학습 속도에 맞춰 교육이 이루어지는 개념을 정확히 이해하고 이러한 개념으로 자녀 교육에 임해야 한다. 또한 자녀가 무조건 지식을 전달받아 획일적으로 이해 없이 암기하려고 하는지 살펴보아야 한다.

2) **데이터 활용**: AI 기반 맞춤형 학습 시스템을 통해 자녀의 학습 데이터를 분석하고, 이를 바탕으로 자녀의 강점과 약점을 파악하여 학습 계획을 수립하는 데 적극적으로 활용해야 한다. 자녀가 스스로 학습 목표를 설정하고, 그 목표를 달성하기 위한 계획을 세우며, 자율적으로 학습 활동에 참여할 수 있는지 확인한다. 이러한 학습의 데이터가 축적되고 누적된 학습 추이를 관리하며, 앞으로 학생이 학습에 있어 효율적으로 성과를 얻을 수 있게 자녀가 자기주도적으로 학습 능력을 키우고 학습 동기를 높이는 데 도움이 되도록 대시보드 등의 AI 디지털 기술을 이용하여 효율적으로 활용한다.

3) **자녀와의 소통**: 자녀와의 꾸준한 소통을 통해 학습에 대한 동기부여를 하고, 어려움을 겪는 부분에 대해 공감하고 지원한다. 자녀들을 지원할 때, 자녀의 학습 스타일과 학습 습득 속도를 잘 이해하고 지원해야 한다. 또한 자녀의 강점과 약점을 잘 분석하여 긍정 심리학에 입각하여, 자녀의 강점에 보다 초점을 맞추면, 학생의 자아 효능감이 높아지고, 긍정적으로 학생이 본인이 이루고자 하는 학습에 대한 동기가 높아지고, 결과적으로 학습 동기를 높이는 데 도움이 된다.

4) **학습 환경 조성**: 집에서도 다양한 학습 자료와 도구를 활용하여 자녀가 스스로 학습할 수 있는 환경을 조성해야 한다. 또한, 학부모는 자녀의 스마트 기기에 대한 중독으로 학습 외 SNS나 게임등 유해한 콘텐츠에 노출되어 지나치게 사용 시간이 초래되어 안 좋은 영향을 가지게 될까 봐 걱정이 될 것이

다. 따라서 디지털 기기 사용에 대한 자율적인 규칙 및 원칙을 자율적으로 학생 스스로 정하게 하여, 자녀가 스스로 학습 목표를 설정하여 자율적으로 학습하도록 지원하고 지도 및 격려하여야 한다.

(2) 유연한 교육 과정 및 고교학점제에 대한 이해와 자녀에 대한 지원

1) **무학년제에 대한 이해**: 2022 개정교육과정에 따르면 개인 맞춤형 교육과정에 따라 학생의 학습 스타일과 속도를 존중해야 한다. 무학년제란 나이에 따라 정해진 학년을 탈피하여 자녀의 학습 수준과 진도에 맞춰 학습할 수 있는 무학년제 교육 과정의 필요성을 인지하고, 자녀의 학업 흥미나 수준이 어디쯤에 있는지, AI 디지털 분석 도구인 대시보드 등을 이용하여 학습 흥미 및 성과 추이를 분석하고 관리해서 자녀가 필요한 상황을 빠르고 정확하게 파악해야 한다.

2) **고교학점제에 대한 이해**: 2025학년도부터 본격 도입되는 고교학점제 도입의 취지와 의미를 이해하고, 자녀가 자신의 진로와 적성에 맞는 과목을 선택할 수 있도록 지원한다.

3) **자기주도학습 능력 함양**: 자녀가 스스로 학습 계획을 세우고, 자신이 설정한 목표를 달성하기 위해 노력하도록 격려하고 지도한다.

4) **다양한 학습 기회 제공**: 적응형 테스트나 온라인 학습 분석 플랫폼, 에듀테크 앱 등 다양한 학습 기회를 제공하여 자녀가 자신의 흥미와 관심 분야를 탐색할 수 있도록 적극적으로 지원한다.

(3) 창의적이고 탐구적인 학습 환경 조성

1) **문제해결능력 강조**: 지식 암기 중심의 학습에서 벗어나, 실생활 문제를 해결하고 새로운 아이디어를 창출하는 능력을 키울 수 있도록 되도록 노력한다.

2) **협력 학습 장려**: 다른 친구들과 협력하여 문제를 해결하고, 다양한 의견을 수렴하는 경험을 제공하려고 실생활 속에서 할 수 있도록 장려한다.

3) **디지털 기술 활용**: 가상 현실(VR), 증강 현실(AR) 등 다양한 AI 디지털 기술을 활용하여 학습에 대한 흥미를 높이고, 창의적인 사고를 촉진할 수 있도

록 다양한 에듀테크박람회나 온라인 프로그램 등의 정보 등 알림을 신경써서 자녀의 무궁무진한 창의력 및 상상력을 자극시킬 수 있는 다양한 기회를 십분 활용하도록 한다.

4) **실험 및 프로젝트 참여**: 주로 학교에서 진행하는 과학부나 인문사회부 등의 행사를 통해 과학 실험, 지역사회 탐구 및 다양한 과학 프로젝트 연구 활동 등에 적극적으로 참여하여 학습에 대한 몰입도를 높일 수 있게 독려한다.

(4) 변화하는 평가 방식에 대한 이해와 적응

1) **절대평가 중요성 인지**: 상대평가보다는 개인의 성장을 중시하는 절대평가의 필요성을 이해하고 학생들이 상대적으로 줄세우는 경쟁에 너무 위축되거나 스트레스 받지 않게 하고, 과정 중심의 본인이 노력하고 이뤄낸 성과에 초점을 맞춰서 성과를 얻게 된다는 점을 인지할 수 있게 교육시켜야 한다.

2) **과정 중심 평가 지지**: 위와 맥을 같이하여 학습 과정에서의 노력과 성장을 평가하는 과정 중심 평가를 지지하며, 단순히 학습의 결과가 시험지의 점수에만 연연할 것이 아니라, 그러한 과정을 이루기 위한 탐구 과정을 통해, 자녀가 얻어내고 깨달은 점이 무엇인지 파악하는 데 주력한다.

3) **자기평가능력 함양**: 자녀 스스로 학습 과정을 되돌아보고, 개선점을 찾을 수 있도록 돕는 과정이 중요하다. 따라서 자기자신을 평가하여 뒤돌아 보고 더 나아갈 수 있도록 하는 과정이 필요한 것인데, 이는 같은 반 급우가 서로 평가하는 동료 평가를 할 때, 부드럽게 수용하는 수용성과 유연성을 키우고, 결과적으로 교사가 평가하는 평가 결과에도 비판적으로 수용하고 받아들일수 있는 자기 객관화 능력이 길러지게 되는 것이다.

4) **대시보드를 통한 피드백 활용**: 교사 및 AI 디지털 기술을 이용한 대시보드의 피드백을 바탕으로 자녀의 학습 방향을 개선하고, 추후 학습에 반영하도록 돕는다.

(5) 디지털 기술 활용에 대한 긍정적인 태도

1) **디지털 기기 현명한 사용**: 위에서는 스마트 기기의 사용시간 초래로 인한 중독에 대한 우려를 언급했지만, 이를 이유로 무조건 스마트 기기를 막는 것은 시대를 거스르는 것이고, 오히려 자녀의 거부감 및 부작용을 초래할 수 있으니, 스마트폰, 태블릿 PC 등 디지털 기기를 교육에 적극적으로 학습 시간등을 조율하여 효율적으로 자기 계획표 및 시간표에 맞게 활용할 수 있도록 교육한다.

2) **온라인 학습 플랫폼 활용**: 다양한 온라인 학습 플랫폼을 활용하여 자녀의 학습을 지원하면, 학부모 또한 스스로 배우고, 학습 관리 및 가르치는 것에 대한 막연한 부담도 덜고, 효율적이고 보다 촘촘하게 자녀를 관리할 수 있을 것이다.

3) **디지털 리터러시 교육**: 자녀가 디지털 기술을 안전하고 효과적으로 맥락에 맞게 활용할 수 있도록 디지털 리터러시 교육의 중요성을 인지하고, 관련 교육 자료를 찾아 제공한다. 또한 디지털 윤리의식의 개념과 책임이 정확히 무엇인지 파악하도록 하여 학생들이 디지털 및 온라인의 유해한 매체에 빠져 위험함에 빠지지 않도록 경각심을 기르게 하고 정확한 개념을 인지시킨다.

4) **미래 사회 변화에 대한 준비**: 디지털 기술이 빠르게 변화하는 미래 사회에서 살아남기 위해 미래의 주역인 우리 자녀들이 필요한 핵심 역량을 키워 미래 교육의 대전환 시대에 훌륭하게 교육을 받아 지속적으로 변화하는 환경과 기술에 맞추어 더욱 발전해 나갈 수 있도록 지원한다.

(6) 학교 및 지역 유관기관과의 긴밀한 협력

1) **학교 교육과정 참여**: 학교에서 진행하는 학부모 교육 프로그램에 적극적으로 참여하고, 자녀의 학습에 대한 정보를 공유하며 다른 동료 학부모 및 담당 교사와 교류한다.

2) **담당 교사와의 소통**: 담당 교사와의 꾸준한 소통을 통해 자녀의 학습 상황을

파악하고, AI 디지털 기술을 통해 함께 해결하며 효율적인 방안을 모색한다.

3) 다양한 학교 행사 참여: 대부분의 학부모님들은 본업에 시간을 빼앗겨 학교 행사에 일일이 참여하기가 어려울 수도 있겠지만 가능한 학교에서 진행하는 다양한 행사에 참여하여 자녀의 학교생활을 지지하고, 특히 학생이 관심 있어 하는 분야의 행사나 중요한 연례 행사에 함께 호흡하여 학교 공동체의 일원으로서 역할을 하면 보다 자녀와의 래포(Rapport) 형성에 도움이 될 듯하다. 학교에서도 비대면 행사 또한 열어준다면 보다 학교 행사에 잘 참여할 수 있을 것이고, 각 행사를 놓치지 않고 파악하기 쉬울 것이다.

결론적으로, 학부모는 단순히 자녀의 학습을 감독하는 역할을 넘어, 자녀가 미래 사회를 살아가는 데 필요한 역량을 키울 수 있도록 돕는 멘토이자 파트너가 되어야 한다.

위 체크리스트는 학부모가 디지털 시대의 교육 변화에 적극적으로 대응하고, 자녀의 성장을 지원하기 위한 기본적인 가이드라인이므로 보다 효율적인 자녀의 AI디지털 교육을 위해 도움이 되길 바란다.

5. 디지털 기술을 활용한 교육 혁신 방향

❶ 개별 맞춤형 학습을 위한 변화 방향

모든 학습자가 주어진 학습 목표에 도달할 수 있으며, 이를 이루기 위해서는 개개인의 특성과 요구에 맞는 최적의 학습 조건을 제공해야 한다는 이론이 교육 심리학자 블룸(Bloom, 1984)의 '완전 학습 이론'이다. 완전 학습 이론은 학습 시간과 학습 성취도 간의 상관 관계, 숙달 학습의 필요성, 개별 맞춤화 교수 방법의 중요성 등을 강조한다.

개별화 교수방법은 학습자 개인의 특성, 사전 지식, 학습 양식 등을 고려하여 맞춤형 학습 경험을 제공하는 것을 의미한다. 이는 학습 자료의 선택, 학습 활동의 설계, 피드백의 제공 등 교수·학습의 전과정에서 이루어질 수 있다. 개별화 학습을 통해 학습자는 자신에게 가장 적합한 방식으로 학습에 참여하고, 이를 토대로 학습동기와 참여도를 높이는 데 기여한다.

완전 학습을 실현하기 위한 방안으로 교육 분야에서 첨단 AI 디지털 기술의 활용이 높아지고 있다. 특히 AI 기반의 지능형 튜터링 시스템(ITS: Intelligent Tutoring System)은 학생들의 학습 데이터를 기반으로 학생의 현재 수준을 진단하고 맞춤형 교육을 지원해 완전 학습을 실현시킬수 있는 학습 도구로 주목받고 있다.

❷ 하이터치 하이테크(HTHT: High Touch High Tech) 교육을 위한 변화 방향

AI를 활용한 각 학생이 개별적으로 필요로 하는 수준의 학습을 지원함으로써 개별 맞춤형 학습을 구현하고 있다. 따라서, 이러한 다양한 에듀테크를 활용하여 지식을 습득하고, 하이브리드 러닝을 통해 창의적인 미래교육으로 나아갈 것이다. 이는 하이터치 하이테크 교육의 원칙과 AI 기술이 서로 결합하여 교수자와 학습을 장려하며, 생성형 AI 등 다양한 AI 첨단 기술이 교수자를 미래교육에 있어 지원하는 역할을 할 것으로 예상한다.

여기서 하이테크(High Tech)는 학생들의 학습 데이터를 기반으로 수준과 속도에 맞는 개별화된 맞춤형 지식 이해 교육을 하는 것이다. 다만 단순히 지식을 주입하는 것이 아닌, 지식을 활용한 다양한 활동과 경험을 통한 역량 함양이다. 하이터치(High Touch)는 교사가 프로젝트, 토론 등의 다양한 창의적 활동을 통해 학생들의 흥미와 동기를 자극하고, 지식을 활용한 경험을 하도록 이끌어 주는 것이다.

하이터치 하이테크 교육은 플립러닝(거꾸로 수업)의 수업 방식을 활용하되 사전 학습에 동영상뿐만 아니라 다양한 맞춤형 학습 시스템을 이용하는 것이다. 사전 학습은 동영상을 통해서도 이루어 질 수 있지만, AI와 빅데이터 기반의 지능형 튜터링 시스템(ITS)를 활용하면 지식의 이해와 습득에 더 유용할 것이다. 이를 통해 학습자의 수준을 정확하게 진단하여 완전 학습을 할 수 있도록 학습 기회를 제공하고 학습의 성과에 대해서도 확인할 수 있다.

학생을 위한 서비스는 한마디로 맞춤형 학습을 지원하는 'AI 튜터'를 지원하는 것이다. 이를 위해 AI 디지털 교과서에는 학생의 학습 수준과 요구를 진단하고 분석하여, 학습에 필요한 지원을 제공한다. 개별 학생에게 가장 적합한 학습 경로와 콘텐츠를 추천하여, 맞춤형 학습 경험을 제공하는 것이다.

❸ 학부모 체크 리스트

AI 디지털 교과서 도입으로 인해 교육 방식이 개별 맞춤형 학습으로 변화하고 있다. 이는 학생 개개인의 학습 속도와 스타일을 고려하여 최적의 학습 경험을 제공하는 것을 의미한다. 학부모는 이러한 변화에 발맞춰 다음과 같은 태도와 지식을 갖추어야 한다.

(1) 개별 맞춤형 학습에 대한 이해와 적극적인 참여

1) **개별 맞춤형 학습에 대한 이해**: 완전 학습 이론, 숙달 학습, 개별화 교수 등의 개념을 이해하고, 이러한 학습 방식이 자녀의 학습 효과를 높이는 데 어떤 도움을 주는지 파악해야 한다.

2) **AI 기반 학습 시스템에 대한 이해**: AI 튜터, 지능형 튜터링 시스템(ITS) 등 AI 기반 학습 시스템이 어떻게 작동하는지, 자녀의 학습을 어떻게 지원하는지 숙지해야 한다.

3) **자녀의 학습 빅데이터 활용**: AI가 수집하는 학부모 대시보드를 통해 자녀의 학습 데이터를 분석하고 자녀의 학습 수준, 강점과 약점, 학습 스타일 등을 파악하고, 이를 바탕으로 자녀와 함께 학습 계획을 세우고 목표를 설정해야 한다.

4) **자녀의 학습에 대한 적극적인 참여**: 자녀의 학습 과정에 적극적으로 참여하여, AI 시스템이 제공하는 피드백을 함께 검토하고, 자녀의 학습 어려움을

해결하기 위해 교사와 협력해야 한다. 단, 청소년기에 있는 예민한 자녀의 감정과 정서도 잘 고려하고 공부 감정에 맞게 자녀와 래포(Rapport)를 형성하여 접근해야 한다.

5) **디지털 리터러시 향상**: 급변하는 디지털 환경에 적응하기 위해 디지털 기기 사용법, 정보 검색 능력, 온라인 커뮤니케이션 능력 등 디지털 리터러시를 향상시켜야 자녀 교육에 임할 때, 함께 참여할 수 있고, 올바른 길잡이가 되줄 수 있겠다.

(2) 하이터치 하이테크 교육 환경에서의 학부모 역할

AI 디지털 교과서는 하이터치 하이테크 교육 환경을 구축하여, 학생들이 지식을 습득하고 창의적인 문제해결능력을 키울 수 있도록 지원한다. 학부모는 이러한 환경에서 자녀가 최대한의 학습 효과를 얻을 수 있도록 다음과 같은 역할을 수행해야 한다.

1) **자녀의 학습 동기부여**: AI 시스템이 제공하는 다양한 학습 콘텐츠와 활동을 활용하여 자녀의 학습에 대한 흥미와 동기를 유발하고, 학습 목표 달성을 위한 긍정적인 환경을 조성해야 한다.

2) **자녀와의 소통 강화**: AI 시스템이 제공하는 학습 데이터를 바탕으로 자녀와의 래포(Rapport)를 강화하고 의사 소통을 강화하고, 자녀의 학습 어려움을 공감하고 지지해야 한다.

3) **교사와의 긴밀한 협력**: 교사와 긴밀하게 소통하여 자녀의 학습 상황을 공유하고, 필요한 경우 함께 학습 계획을 수립하고 문제를 해결해야 한다.

4) **디지털 윤리 교육 중시**: AI 기술 발전에 따라 발생할 수 있는 다양한 잠재적 문제점에 대한 인식을 높이고, 자녀에게 디지털 윤리 의식을 함양시켜야 한다.

5) **미래 사회를 위한 준비**: AI 디지털 교과서 도입은 미래 사회 변화에 대비하기 위한 중요한 교육 개혁이다. 학부모는 자녀가 미래 사회에서 필요로 하는 역량을 키울 수 있도록 지원해야 한다.

결론적으로 AI 디지털 교과서 도입은 교육 방식에 큰 변화를 가져올 것이다. 학부모는 이러한 변화에 적극적으로 참여하고, 자녀의 학습을 지원하기 위해 노력해야 한다.

④ AI 디지털 교과서를 활용한 실제 교육현장 수업 전략

AI 디지털 교과서가 학생에게 최적화된 학습 경로를 제시하고 개별 맞춤형 교육을 진행하기 위해서 학습자의 빅데이터 확보가 선행되어야 한다. 따라서 수업을 진행하기 전에 학생의 진단은 필수적이며 데이터에 기반한 수업을 설계해야 한다. 학습자 초기 진단은 학생 개인은 물론 학급 전체의 데이터도 함께 총체적으로 분석하고 교과목의 개별적 특성도 고려해야 한다. 이렇게 분석한 내용을 바탕으로 최적의 수업 모델을 선택하고, 학습 단계를 설계하여 제공한다면 학생 개개인의 역량을 최대화할 수 있는 방향으로 이끌 수 있을 것이다. 물론, 학습 진단 데이터 분석 및 수업 설계 작업이 초기에 힘든 작업이다. 이럴 때는 AI 보조교사 서비스와 함께 교사의 재구성을 추가해 수업을 설계하고 그 방법을 체계화시킨다면 큰 어려움 없이 학습 데이터에 기반한 수업을 설계할 수 있을 것이다.

(1) AI 디지털 교과서의 수업으로의 확장성

AI 디지털 교과서를 통해 학습 데이터를 수집하고 학생 개별화 수업을 설계하여 학습자 스타일과 수준 및 특성에 적합한 수업을 운영할 수 있다. 이는 학습자의 데이터를 기반으로 만들어지기 때문에 수업뿐만 아니라 다양한 영역에서도 AI 디지털 교과서를 활용할 수있다.

1) '교육과정-수업-평가-기록'의 일체화

'교육과정-수업-평가-기록 일체화'란 학생의 전인적인 성장을 목표로, 교과 교육과정을 성취기준 중심으로 재구성하여, 학샘 참여 수업, 배움 중심 수업, 학습 활동 과정을 관찰하여 평가한 결과를 토대로 학생의 성장을 발달시키는 피드백을 하고 학교 생활기록부의 과목별 세부 능력 및 특기사항을 성장 중심으로 기록하여, 진로·진학 자료를 생성하는 것이다.

그림 3-3 ▶ '교육과정-수업-평가-기록 일체화' 과정

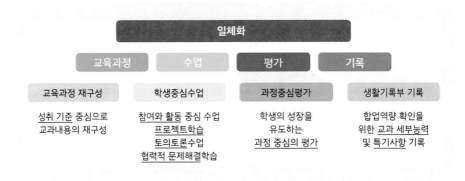

2022 개정교육과정에서는 교육과정의 자율성을 확대하여 교사 교육과정을 운영하도록 하고 있다. 이때 '교육과정-수업-평가-기록 일체화'를 실현하기 위해 기존의 방법으로는 교육과정을 재구성하고 수업을 실행, 관찰, 기록하는 데 많은 시간이 소모되어 운영에 힘든 점이 있었으나, AI 디지털 교과서의 도입으로 교육과정을 쉽게 설계할 수 있고 '교육과정-수업-평가-기록 일체화'도 AI 디지털 교과서를 활용하는 과정에서 데이터를 기록하여 자연스럽게 달성할 수 있다. 위의 과정을 AI 디지털 교과서를 활용한 상황으로 바꿔보면 이렇게 나타낼 수 있다.

그림 3-4 ▶ AI 디지털 교과서를 활용한 '교육과정-수업-평가-기록 일체화' 과정

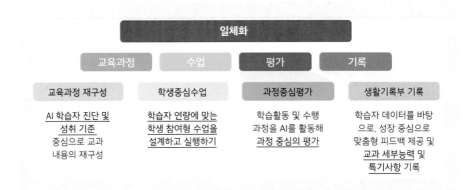

(2) 학부모 체크리스트

1) AI 디지털 교과서의 핵심 이점 이해

개별 맞춤형 학습을 통해 자녀의 학습 수준과 속도에 맞춰 최적화된 학습 경험을 제공하여 학습 효과를 극대화할 수 있고, 시공간 제약 없는 학습을 통해 언제 어디서든 학습이 가능하여 학습 기회를 확대하고 자기 주도 학습 능력을 키울 수 있다. 또한, 증강 현실(AR), 가상 현실(VR) 등 첨단 기술을 활용한 다양한 활동을 통해 창의적인 사고력과 문제해결능력을 키울 수 있고, 디지털 윤리의식 함양을 통해 디지털 콘텐츠를 생산하고 활용하는 능력을 키워 4차 산업혁명 시대를 살아가는 데 필요한 역량을 갖출 수 있다.

2) AI 디지털 교과서 활용 시 유의사항

디지털 윤리 교육의 중요성을 염두해야 한다. 단순히 디지털 기기를 사용하는 것을 넘어 디지털 콘텐츠를 생산하고 활용하는 과정에서 발생할 수 있는 윤리적 문제에 대한 이해가 필수적이다. 또한 학부모의 데이터 기반 학습이 필요하다. 왜냐하면 자녀의 학습 데이터를 분석하여 개별 맞춤형 학습을 설계하는 과정에 적극적으로 참여해야 할 필요가 있기 때문이다. 앞에서 언급했듯이, 교사와의 긴밀한 협력 또한 핵심적인 요소인데, 교사는 AI 디지털 교과서를 활용한 수업을 설계하고 운영하는 전문가이므로 교사와의 원활한 의사 소통을 통해 자녀의 학습을 지원하고, 학습 내용의 추이를 기록해야 한다.

3) 학부모가 준비해야 할 것들

디지털 기기 및 네트워크 환경을 구축해야 한다. 자녀가 안정적으로 학습할 수 있도록 디지털 기기와 네트워크 환경을 마련해야 하는 것이 선제적 조건이다. 더불어, 사회 정서적 지원자로서 자녀와의 소통을 강화해야 한다. AI 디지털 교과서를 활용한 학습 과정에서 자녀와의 소통을 통해 학습에 대한 동기 부여를 하고 어려움을 해결해 주어야 한다. 또한 지속적인 관심과 지원해 주어야 한다. 자녀의 학습 과정을 지속적으로 관찰하고, 필요한 경우 교사나 전문가의 도움을 받아야 한다.

4) 학부모가 기대할 수 있는 교육적 효과

자녀의 개별 맞춤형 학습을 통해 학습 효과를 극대화하고 학습 흥미를 높일 수 있을 것이고, 또한 자녀의 자기 주도 학습 능력 향상시킬 수 있다. 스스로 학습 계획을 세우고 목표를 달성하기 위한 노력을 할 수 있도록 지원해야 한다. 미래 사회에 필요한 핵심 역량 함양해야 한다. 디지털 리터러시, 문제해결능력, 창의력 등 미래 사회에 필요한 핵심 역량을 키울 수 있다.

6. 디지털 시대, 변화하는 교실의 모습

AI 시대 학교 수업 변화는 다음과 같은 효과를 가져올 것으로 예상된다.

❶ 맞춤형 수업을 위한 콘텐츠 재구성, 추가 기능

서책형 교과서와 달리, AI 디지털 교과서 서비스에서 제공되는 학습 콘텐츠를 수업별로 재구성하고 추가할 수 있다. 이는 대시보드 항목이나 화면 구성을 교사가 조정하면서 개별 학생에게 제공되는 맞춤형 콘텐츠나 학습 경로를 재구성하여 맞춤형 수업 설계를 할 수 있게 된다.

❷ 재구성 기능

1) **학습 활동 재구성**: 개별 학생에게 제공되는 맞춤형 콘텐츠나 학습 경로를 교사가 재구성하여 수업 설계를 도와주는 기능
2) **대시보드 구성**: 대시보드 항목이나 화면 구성을 교사가 조정하는 기능
3) **학습 관리**: 수업 시간 중 학생의 콘텐츠 활용을 관리하기 위한 교사용 학습 관리 기능
4) **학습자 관리**: 개별 학생의 학습 상황이나 결과에 대한 알림을 받아 교사가 개입할 수 있는 기능

❸ AI 보조교사 기능

1) **수업 설계와 맞춤 처방 지원**: 학생별 맞춤형 학습을 효과적으로 운영할 수 있도록 지원하는 서비스로, 데이터 기반 수업 설계 지원, 평가 지원, 피드백 설계 지원, 학생 모니터링을 통한 학생별 맞춤 학습 제안 등의 기능을 지원한다.

2) **학습 효과 향상**: 개별 맞춤형 학습, 실시간 학습 피드백, 인터랙티브 (Interactive) 학습 활동 등을 통해 학생들의 학습 효과가 향상될 것이다.

❹ AI의 부가적 긍정적 기능들

1) **학습 격차 해소**: AI는 학습 격차 해소에도 기여할 수 있다. AI는 학습에 어려움을 겪는 학생들에게 집중적인 지원을 제공하고, 모든 학생에게 자신의 능력에 맞는 학습 기회를 제공할 수 있다.

2) **교사 업무 효율 향상**: AI는 교사의 업무를 지원하여 교사 업무 효율을 높일 수 있다. 교사는 AI가 제공하는 데이터를 바탕으로 수업 설계 및 학습 관리에 집중할 수 있으며, 학생들과의 개별 상호작용에 더 많은 시간을 할애할 수 있다.

3) **교육 기회 확대**: AI는 교육 기회를 확대하는 데에도 기여할 수 있다. AI를 통해 원격 지역이나 교육 기회가 부족한 학생들에게도 양질의 교육을 제공할 수 있다.

PART 01

이론편

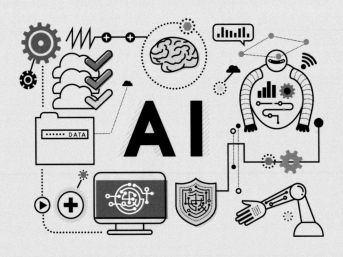

CHAPTER

04

AI 시대 달라지는
평가 방식

CHAPTER 04 / AI 시대 달라지는 평가 방식

1. 현재 학교 평가의 문제점과 한계

우리나라 공교육을 비판할 때 가장 자주 등장하는 주제는 '입시 위주의 교육', '한 줄로 세우기 교육'이다. 이런 비판이 나오는 이유는 우리 교육이 '시험'을 지나치게 중요시하기 때문이다. 물론 교육에서 '평가'는 매우 중요하다. 하지만 '평가'는 교육의 출발점이 되어야지 '목적'이 되면 곤란하다. 우리 교육은 평가가 목적이다. 그래서 시험 성적만으로 학생들의 성취도를 측정한다. 학생들이 가진 다양한 소질과 재능, 성취를 오로지 시험만으로 결정해 버린다.

이는 용어 사용에서도 잘 드러난다. 사실 '시험'과 '평가'는 같은 개념의 용어가 아니다. 시험은 '학생의 지식이나 능력을 특정 시점에서 측정하기 위한 도구'이다. 주로 학습한 내용의 이해도를 확인하거나 성취도를 평가하기 위한 도구이다. 반면 평가는 '학생의 전반적인 학습 과정을 모니터링하고, 그들의 발전 상황을 파악하는 더 넓은 개념'이다. 그래서 평가에는 시험뿐만 아니라 관찰, 포트폴리오, 과제, 프로젝트 등의 다양한 방법이 포함됩니다. 그래서 현재 학교 현장에서는 지필평가를 '시험'으로, 수행평가를 '평가'로 지칭하는 경향이 있다.

시기를 기준으로 보면 '시험'은 특정 기간에 한 번 실시하며, 특정한 기간에 배운 내용만을 평가한다. 반면 '평가'는 학교생활을 하는 내내 지속적으로 이루어지며 학생의 성장을 장기적으로 관찰하고 기록하는 데 중점을 둔다. 또한 결과 처리에도 차이가 있다. '시험'은 학생의 성적을 매기거나 자격을 부여하는 데 주로 사용된다. 반면 '평가'는 학생의 학습 방법을 조정하거나 추가 지원이 필요한 부분을 식별하는 데 사용된다. 평가의 목적은 학생들을 줄 세워 우등생, 열등생을 가리는 것이 아니라 모든 학생이 더 나은 학습 경험을 할 수 있도록 돕는 것이다.

위의 내용을 종합해 볼 때 시험과 평가는 모두 중요한 교육 활동이다. 저마다의 용도와 목표가 다를 뿐 둘 다 올바른 교육을 위해 필수적이다. 그런데도 시험에 대한 비판이 끊이지 않는 것은 '평가'에 비해 '시험'이 기형적으로 강조되고 있기 때문이다. '시험에 의한, 시험을 위한, 시험의'라는 슬로건이 지배하는 학교 교육을 살리기 위해서는 무엇보다 평가에 대한 올바른 철학과 그에 따른 변화가 절실히 필요하다. 따라서 교육개혁의 당위성을 확실하게 이끌어 내려면 현행 평가제도의 문제점을 좀 더 구체적으로 생각해 볼 필요가 있다.

첫째, 성취도 중심 평가의 한계에 대한 지적이 있다. 성취도 중심 평가는 학생들이 일정 수준 이상의 학습 목표를 달성했는지를 확인하는 데 중점을 둔다. 이는 학생들의 학업 성취를 객관적으로 평가할 수 있는 장점이 있지만, 몇 가지 한계를 가지고 있다. 즉 학생들의 학습 과정보다는 최종 결과에만 초점을 맞추어, 학습의 즐거움과 흥미를 저하시킬 수 있다. 또한 시험 점수만으로 학생들의 다양한 능력과 잠재력을 평가하는 데 한계가 있으며, 이는 학생들의 창의적 사고와 문제해결 능력을 충분히 반영하지 못한다.

둘째, 경쟁 중심 평가의 한계를 안고 있다. 경쟁 중심 평가는 학생들 간의 경쟁을 통해 학습 동기를 부여하는 방식이다. 이는 성취욕을 높일 수 있는 장점이 있지만, 다음과 같은 문제점을 야기한다. 즉 과도한 경쟁은 학생들에게 심리적 부담과 스트레스를 유발하며, 이는 학습에 대한 흥미를 잃게 만들 수 있다. 또한 경쟁 중심 평가는 학생들 간의 협동보다는 개인의 성취에만 집중하게 만들어, 협업 능력과 사회적 기술의 발달을 저해할 수 있다.

셋째, 표준화된 평가의 한계 문제가 있다. 표준화된 평가는 모든 학생들에게 동일한 기준에서 공정하게 평가받을 수 있도록 설계된 방식이다. 하지만 이러한 평가 방식에도 문제점이 존재한다. 모든 학생들이 동일한 시험을 치르면서 개개인의 학습 스타일과 능력을 충분히 반영하지 못한다. 표준화된 시험은 주로 지식 암기에 초점을 맞추고 있어, 학생들의 창의성, 비판적 사고 등 다양한 역량을 평가하는 데 한계가 있다.

넷째, 지식 중심 평가의 한계가 존재한다. 지식 중심 평가는 학생들이 교과서의 내용을 얼마나 잘 이해하고 기억하고 있는지를 평가하는 데 중점을 둔다. 이는 기본 지식의 습득을 중시하지만, 몇 가지 중요한 문제점을 내포하고 있다. 학생들이 시험을 위해 단기적으로 지식을 암기하게 만들며, 이는 깊이 있는 이해와 응용 능력의 발달을 저해할 수 있다. 지식의 암기보다는 이를 실제 상황에서 어떻게 활용할 수 있는지가 중요한데, 이러한 부분을 평가하는 데 한계가 있다.

다섯째, 효율성 중심 평가의 한계가 있다. 효율성 중심 평가는 제한된 시간 내에 학생들의 능력을 최대한 평가할 수 있는 방법을 추구한다. 그러나 이러한 방식에도 몇 가지 약점이 존재한다. 짧은 시간 내에 평가를 완료하려다 보니, 학생들의 깊이 있는 이해와 사고 과정을 충분히 평가하지 못할 수 있다. 단기간의 시험 결과에 의존하여 학생들의 전반적인 학습 성취도를 평가하는 것은 한계가 있으며, 장기적인 학습 과정과 성장을 반영하지 못한다.

현재의 평가 방식들은 학생들의 다양한 능력과 잠재력을 충분히 반영하지 못하고, 지나친 경쟁과 스트레스를 유발하며, 협동과 창의성을 저해하는 문제점을 가지고 있다. 따라서 교육 평가 방법의 개혁이 필요하다. 그래서 다양한 평가 방법 도입, 형성 평가 강화, 개별화된 평가, 협동과 창의성 강조하는 평가로 그 방향을 틀어야 한다는 주장에 힘이 실리고 있다.

2. 새로운 평가의 개념과 실제 사례

시험에만 집중된 잘못된 학교 교육의 문제점은 늘 지적되어 왔지만 한 번도 제대로 그 해결책을 찾지 못해왔다. 이런 가운데 AI와 에듀테크라는 혁신적인 교육도구가 학교 교육에 본격 도입되기 직전까지 왔다. 이런 변화는 학교 교육 전반을 바꿀 원동력이 될 것이다. 이번 장에서는 이 변화가 학교 교육의 시험과 평가를 어떻게 바꿀 수 있을지 예측해 보고자 한다.

❶ 6가지 새로운 평가의 개념

먼저 AI와 에듀테크의 도입과 확산으로 인해 평가방식에는 어떤 변화가 뒤따르게 될까? 이를 '개인화된 평가', '협력적 평가', '혼합형 평가', '데이터 분석을 통한 평가', '지속적 평가', '창의적 평가'라는 6가지 개념과 실행 방법으로 설명해 보고자 한다.

(1) 개인화된 평가(Personalized Evaluation)

개인화된 평가란 '개별 맞춤형 평가'라고 고쳐 말할 수 있다. 기존 평가는 모든 학생이 같은 시험지로 평가를 받는 방식이었다. 시험이라고 하면 이런 기존의 방식이 전부인 줄 알만큼 보편화된 일반적인 평가 방식이었다. 그런데 앞으로는 AI가 각 학생의 개별적인 학습 데이터를 수집하여 평가에 실시간으로 반영하게 된다. 각 학생의 개별적인 학습 스타일, 속도, 강점 및 약점을 고려한 맞춤형 평가를 실시할 수 있다. 쉽게 설명하면 전에는 모든 학생들이 같은 시험지로 평가를 받았다면, 앞으로는 모든 학생이 자신만을 위한 시험지로 평가를 받게 된다. 그래서 '개인화된 평가'라고 한다.

이런 개인화된 평가의 예가 바로 정부가 2025년부터 순차적으로 도입한다고 발표한 AI 디지털 교과서의 핵심 기능 중 하나이다. 즉 수학에 어려움을 겪는 학생에게는 더 많은 연습 문제와 설명을 제공하고, 뛰어난 학생에게는 도전적인 문제를 제시하는 개별화된 평가를 실시한다.

(2) 협력적 평가(Collaborative Evaluation)

협력적 평가는 학생들이 서로 협력하여 학습과 평가에 참여하는 방식을 의미한다. 전통적인 평가 방식이 주로 개인의 학업 성취도를 평가하는 데 중점을 두었다면, 협력적 평가는 학생들이 공동으로 문제를 해결하고, 팀워크를 통해 학습 목표를 달성하도록 유도한다. 이는 현대 사회에서 요구되는 협력 능력, 의사소통능력, 문제해결능력 등을 함양하는 데 중요한 역할을 한다.

그런데 이런 협력적 평가는 그 좋은 취지에도 불구하고 공정한 평가를 하기가 어려웠다. 팀워크를 평가하기 위해 팀 전체의 산출물은 평가하는 것은 어느 정도 수월하다. 하지만 팀 구성원들의 개별적인 기여도, 협력 능력, 의사소통능력, 문제해결능력 등을 평가하기는 현실적으로 어려웠다. 하지만 AI 기반 협업 플랫폼을 활용하면 팀 전체적인 평가뿐 아니라 개별적인 평가를 아주 구체적이고 세밀하게 할 수 있게 된다. 학생들이 공동의 목표에 도달하기까지의 전체 과정을 AI가 데이터로 남겨서 분석, 종합할 수 있기 때문이다.

(3) 혼합형 평가(Hybrid Evaluation)

혼합형 평가는 디지털 도구와 전통적인 평가 방식을 결합하여 학습자에게 보다 다각적인 평가 방법을 제공하는 것을 의미한다. 이는 온라인과 오프라인의 다양한 평가 도구를 활용하여 학습자의 능력을 종합적으로 평가하는 방식이다. 혼합형 평가는 단순한 지식 확인을 넘어, 학습 과정 전반에서의 이해도와 실력을 다각도로 평가할 수 있는 장점을 가진다.

디지털 평가와 아날로그 평가는 각기 다른 강점을 지니고 있다. 디지털 평가는 신속한 피드백과 데이터 분석의 용이성을 제공하며, 아날로그 평가는 창의적 사고와 실질적인 문제해결능력을 평가하는 데 효과적이다. 혼합형 평가는 이러한 두 가지 평가 방식을 결합하여 학습자의 다면적 성장을 도모한다. 예를 들어, 온라인 퀴즈와 오프라인 프로젝트를 동시에 활용함으로써 학생의 지식과 실용 능력을 종합적으로 평가할 수 있다. 영어 수업에서 온라인 퀴즈로 어휘와 문법을 점검하고, 오프라인에서는 창의적 글쓰기와 발표 진행하는 방식이다.

(4) 데이터 분석을 통한 평가(Data-driven Evaluation)

데이터 분석을 통한 평가는 학습자들의 학습 데이터를 수집하고 분석하여 그들의 학습 성과와 과정을 평가하는 방법이다. 이는 AI와 빅데이터 기술을 활용하여 학생 개개인의 학습 패턴, 강점, 약점을 파악하고, 이에 맞춘 맞춤형 피드백과 학습 경로를 제공하는 것을 목표로 한다. 데이터 분석을 통한 평가는 전통적인 평가 방식의 한계를 극복하고, 보다 정밀하고 객관적인 평가를 가능하게 한다.

학습 데이터는 학생들이 학습 과정에서 생성하는 다양한 데이터를 포함한다.

예를 들어, 온라인 학습 플랫폼에서의 활동 로그, 퀴즈 및 테스트 결과, 과제 제출 기록, 학습 시간 및 빈도 등이 이에 해당한다. 이러한 데이터를 체계적으로 수집하고 분석함으로써 학생들의 학습 진행 상황과 성취도를 정확하게 파악할 수 있다. 데이터 분석을 통한 평가는 이러한 학습 데이터를 기반으로 하여, 보다 개인화된 평가와 피드백을 제공하는 것을 목표로 한다. 예를 들어 학생의 학습 활동 데이터를 분석하여 특정 과목에서의 어려움을 파악하고 맞춤형 학습 자료 제공하는 방식이다.

(5) 지속적 평가(Continuous Evaluation)

지속적 평가는 학습 과정 전반에 걸쳐 학생들의 학습 진척 상황을 지속적으로 평가하는 방식이다. 이는 단발적인 시험이나 과제 제출을 통해 평가하는 전통적인 방식과 달리, 학습자의 이해도와 성취도를 지속적으로 모니터링하고 피드백을 제공하는 것을 목표로 한다. 지속적 평가는 학생들이 학습 과정에서 발생하는 문제를 즉각적으로 해결할 수 있도록 도와주며, 학습 동기와 참여도를 높이는 데 중요한 역할을 한다.

현대 교육에서는 단순히 지식 전달에 그치지 않고, 학생들의 학습 과정을 지속적으로 점검하고 지원하는 것이 중요하다. 지속적 평가는 학생들이 학습 목표를 효과적으로 달성할 수 있도록 돕고, 학습의 질을 향상시키는 데 기여한다. 이는 학습자의 성장을 지속적으로 관찰하고 필요한 지원을 제공함으로써 학습 효율성을 극대화할 수 있다. 예를 들어 학생이 매일 디지털 학습 일지를 작성하고, 교사가 이를 검토하여 피드백을 제공하는 방식이다.

(6) 창의적 평가(Creative Evaluation)

창의적 평가는 학생들의 창의적 사고와 문제해결능력을 평가하는 방식이다. 이는 단순히 지식을 암기하고 재현하는 전통적인 평가 방식과 달리, 학생들이 독창적인 아이디어를 개발하고 적용할 수 있는 능력을 평가하는 것을 목표로 한다. 창의적 평가는 다양한 방법을 통해 학생들의 창의성과 비판적 사고 능력을 길러주며, 학습 동기와 흥미를 높이는 데 중요한 역할을 한다.

창의적 학습은 학생들이 새로운 아이디어를 탐구하고, 문제를 독창적으로 해결하는 능력을 기르는 과정이다. 예술 작품, 창의적 글쓰기, 혁신적 프로젝트 등을 통한 평가한다. 이때 학생의 독창성과 비판적 사고력을 중시하게 된다. 예를 들어 환경 문제에 대한 창의적 해결책을 제안하는 프로젝트 수행 및 발표를 하며 학생을 평가할 수 있다.

❷ 학교 현장에 적용될 새로운 평가 방법

미래 학교현장을 주도할 6가지 평가의 개념에 대해 살펴보았다. 이제 이런 평가 개념들이 학교 현장에 구체적으로 어떻게 적용될지를 살펴볼 차례다. 교육부가 발표한 각종 평가 관련 정책 방향과 AI 디지털 교과서로 인한 학교 교육의 변화에 대한 설명을 바탕으로 앞으로 학교에서 실시하게 될 구체적인 평가의 변화에 대해 살펴보고자 한다.

(1) 실시간 개별화 평가

AI 기술과 디지털 교과서의 도입으로 학생 개개인의 학습 진도와 이해도를 실시간으로 파악하고 평가하는 것이 가능해졌다. 이는 전통적인 일괄 평가 방식에서 벗어나, 각 학생의 개별적인 학습 속도와 스타일을 고려한 맞춤형 평가를 가능하게 한다.

1) 주요 특징

실시간 개별화 평가의 주요 특징으로는 학생의 학습 활동을 지속적으로 모니터링하고, 개인별 학습 데이터 분석을 통한 맞춤형 문제를 제공하며, 학생의 강점과 약점을 실시간으로 파악하여 즉각적인 개입이 가능하다는 점을 들 수 있다.

2) 실제 사례

교사 사례

김 선생님은 수학 수업에서 AI 기반 학습 플랫폼을 활용한다. 이 플랫폼은 각 학생이 문제를 풀 때마다 그 과정과 결과를 분석한다. 김 선생님은 대시보드를 통해 각 학생의 진행 상황을 실시간으로 확인할 수 있다.

예를 들어, 지민이가 분수의 덧셈에 어려움을 겪고 있다는 것을 발견했을 때, 김 선생님은 즉시 개입하여 추가적인 설명과 연습 문제를 제공할 수 있다. 반면, 수진이가 이미 해당 주제를 완벽히 이해했다는 것을 확인하면, 더 높은 난이도의 문제를 제시하여 도전 의식을 자극할 수 있다.

학생 사례

고등학교 2학년 민수는 AI 튜터링 시스템을 통해 영어 학습을 한다. 이 시스템은 민수의 독해 속도, 어휘력, 문법 이해도 등을 지속적으로 분석한다. 민수가 특정 유형의 문제에서 반복적으로 실수를 하면, 시스템은 자동으로 관련된 설명과 추가 연습 문제를 제공한다.

예를 들어, 민수가 현재완료 시제 사용에 어려움을 겪고 있다는 것을 시스템이 감지하면, 이와 관련된 맞춤형 학습 자료와 문제를 제시한다. 이를 통해 민수는 자신의 약점을 효과적으로 보완할 수 있게 되고, 시험에서도 해당 부분에 대한 실력 향상을 확인할 수 있다.

3) 장점

실시간 개별화 평가의 장점으로는 개별 학생의 학습 속도와 스타일에 맞춘 평가가 가능하고, 학습 과정에서의 즉각적인 개입과 지원을 제공할 수 있으며, 학생의 성장 과정을 세밀하게 추적하고 기록할 수 있다는 점이 있다.

4) 한계 및 고려사항

실시간 개별화 평가 방식에는 개인정보 보호와 데이터 보안에 대한 우려, 기술에 대한 과도한 의존으로 인한 교사-학생 간 직접적인 상호작용 감소 가능성, 그리고 디지털 격차로 인한 교육 불평등 심화 우려 등의 한계와 고려사항이 존재한다.

(2) 과정 중심 평가 강화

디지털 플랫폼과 AI 기술의 도입으로 학생들의 학습 과정을 지속적으로 모니터링하고 기록할 수 있게 되면서, 과정 중심 평가가 더욱 강화되고 있다. 이는 단순히 최종 결과물만을 평가하는 것이 아니라, 학습의 전과정에서 학생의 성장과 발전을 종합적으로 평가하는 방식이다.

1) 주요 특징

과정 중심 평가의 주요 특징으로는 학습 활동 전반에 걸친 지속적인 관찰과 기록, 문제해결과정, 협업 능력, 창의성 등 다양한 역량 평가, 그리고 학생의 성장 과정과 노력을 중시하는 평가를 들 수 있다.

2) 실제 사례

교사 사례

박 선생님은 중학교 과학 수업에서 '지구 온난화' 프로젝트를 진행한다. 이 프로젝트는 6주 동안 진행되며, 학생들은 디지털 포트폴리오 플랫폼을 사용하여 자신의 학습 과정을 기록한다. 박 선생님은 다음과 같은 방식으로 과정 중심 평가를 실시한다.

- **주간 성찰 일지:** 학생들은 매주 자신의 학습 내용, 새로운 발견, 어려움 등을 기록한다. 박 선생님은 이를 통해 각 학생의 이해도와 관심사를 파악한다.
- **온라인 토론 참여:** 학급 온라인 포럼에서 학생들의 의견 교환과 토론 참여도를 관찰한다.
- **자료 수집 및 분석:** 학생들이 수집한 데이터와 그 분석 과정을 평가한다.
- **중간 발표:** 3주차에 각 팀의 중간 발표를 통해 진행 상황을 점검하고 피드백을 제공한다.
- **최종 결과물:** 프로젝트의 최종 결과물(보고서, 발표 등)을 평가한다.

박 선생님은 이러한 다각도의 평가를 통해 단순히 결과물의 우수성뿐만 아니라, 학생들의 탐구 능력, 협업 능력, 비판적 사고력 등을 종합적으로 평가할 수 있다.

학생 사례

고등학교 1학년 수진이는 국어 수업에서 '현대 문학 작품 분석' 과제를 수행한다. 이 과제는 한 학기 동안 진행되며, 수진이는 다음과 같은 과정을 거치며 자신의 학습을 기록하고 평가받는다.

- **작품 선정 및 계획 수립:** 수진이는 분석할 작품을 선정하고 학습 계획을 세운다. 이 과정에서의 판단 근거와 사고 과정이 평가된다.

- **독서 일지:** 작품을 읽으며 주요 내용, 인상 깊은 구절, 의문점 등을 디지털 독서 일지에 기록한다.
- **문학 비평 연구:** 선택한 작품에 대한 기존의 문학 비평을 조사하고 요약한다. 이 과정에서 자료 수집 및 분석 능력이 평가된다.
- **토론 참여:** 온라인 학급 포럼에서 다른 학생들과 작품에 대한 의견을 교환한다. 토론 참여도와 논리적 사고력이 평가된다.
- **초안 작성 및 피드백:** 분석 보고서의 초안을 작성하고 교사와 동료들로부터 피드백을 받는다.
- **최종 보고서 제출:** 피드백을 반영하여 최종 보고서를 작성하고 제출한다.

이러한 과정을 통해 수진이는 단순히 문학 작품의 내용을 이해하는 것을 넘어, 비평적 사고력, 글쓰기 능력, 자기주도적 학습 능력 등을 종합적으로 개발하고 평가받을 수 있다.

3) 장점

과정 중심 평가의 장점으로는 학생의 전인적 성장과 다양한 역량 개발 촉진, 학습 과정에서의 즉각적인 피드백과 개선 기회 제공, 그리고 학생의 개별적 특성과 강점을 반영한 평가가 가능하다는 점을 들 수 있다.

4) 한계 및 고려사항

과정 중심 평가 방식에는 평가의 객관성과 공정성 확보의 어려움, 교사의 업무 부담 증가 가능성, 그리고 학부모와 학생들의 인식 변화가 필요하다는 한계와 고려사항이 존재한다.

(3) 다양한 형태의 평가 도구 활용

AI와 에듀테크의 발전으로 인해 기존의 지필고사나 구두 시험 외에도 다양한 형태의 평가 도구를 활용할 수 있게 되었다. 특히 VR(가상 현실), AR(증강 현실) 기술을 활용한 실습형 평가와 멀티미디어 요소를 활용한 상호작용형 문제해결능력 평가 등이 가능해졌다.

1) 주요 특징

다양한 형태의 평가 도구 활용의 주요 특징으로는 실제 상황을 시뮬레이션한 가상 환경에서의 평가, 멀티미디어 요소를 활용한 풍부한 맥락 제공, 그리고 학생의 실제적 문제해결능력과 적용 능력 평가를 들 수 있다.

2) 실제 사례

교사 사례

이 선생님은 고등학교 화학 수업에서 VR 기술을 활용한 실험 평가를 실시한다.

- **VR 실험실 구축:** 이 선생님은 위험한 화학 실험을 안전하게 수행할 수 있는 가상 실험실을 VR 환경에 구축한다.
- **실험 과제 부여:** 학생들에게 '미지의 물질 분석'이라는 과제를 부여한다. 각 학생은 VR 헤드셋을 착용하고 가상 실험실에 입장한다.
- **실험 수행 및 평가:** 학생들은 가상 실험실에서 다양한 실험 도구와 시약을 사용하여 미지의 물질을 분석한다. 이 과정에서 학생들의 실험 설계 능력, 안전 수칙 준수, 데이터 수집 및 분석 능력 등이 실시간으로 기록되고 평가된다. VR 시스템은 학생들의 모든 행동을 기록하여 이 선생님에게 상세한 평가 데이터를 제공한다.
- **결과 발표 및 토론:** 실험이 끝난 후, 학생들은 VR 환경 내에서 자신의 분석 결과를 발표한다. 다른 학생들과 이 선생님은 아바타를 통해 질문하고 토론에 참여한다.
- **종합 평가:** 이 선생님은 실험 과정, 결과의 정확성, 발표 능력, 토론 참여도 등을 종합적으로 고려하여 최종 평가를 내린다.

이러한 VR 기반 평가를 통해 이 선생님은 학생들의 실제적인 실험수행능력과 문제해결능력을 안전하고 효과적으로 평가할 수 있다.

학생 사례

중학교 3학년 지훈이는 역사 수업에서 AR 기술을 활용한 '가상 역사 현장 체험' 과제를 수행한다.

- **AR 앱 활용:** 지훈이는 학교에서 제공한 태블릿의 AR 앱을 사용하여 역사적 사건이 일어난 장소를 '방문'한다. 예를 들어, 3·1 운동이 일어났던 서울의 주요 장소들을 AR로 체험한다.
- **상호작용 및 정보 수집:** AR 환경에서 지훈이는 가상의 역사적 인물들과 대화하고, 당시의 문서나 유물을 '수집'한다. 이 과정에서 지훈이의 질문 내용, 정보 수집 능력, 역사적 맥락 이해도 등이 기록된다.
- **가상 시나리오 대응:** AR 앱은 지훈이에게 "만약 당신이 이 시대에 살았다면 어떤 행동을 했을까요?"와 같은 가상 시나리오를 제시한다. 지훈이의 선택과 그 이유가 기록되어 역사적 사고력과 가치판단 능력을 평가하는 데 활용된다.

- **보고서 작성:** 체험이 끝난 후, 지훈이는 AR 환경에서 수집한 정보와 체험을 바탕으로 멀티미디어 보고서를 작성한다. 이 보고서에는 텍스트뿐만 아니라 AR 체험 중 '촬영'한 사진, 영상, 음성 기록 등이 포함된다.
- **평가:** 역사 선생님은 지훈이의 AR 체험 과정에서의 활동 기록, 가상 시나리오에 대한 대응, 최종 보고서 등을 종합적으로 평가한다.
이를 통해 단순한 암기식 지식이 아닌 역사적 사고력, 자료분석능력, 맥락이해능력 등을 평가할 수 있다.

3) 장점

다양한 형태의 평가 도구 활용의 장점으로는 실제적인 상황에서의 문제해결능력 평가가 가능하다는 점, 학생들의 흥미와 참여도를 높일 수 있다는 점, 그리고 다양한 역량을 종합적으로 평가할 수 있다는 점을 들 수 있다. 또한, 위험하거나 비용이 많이 드는 실험 혹은 현실에서는 불가능한 역사적 체험 등을 안전하고 효율적으로 수행할 수 있다는 장점도 있다.

4) 한계 및 고려사항

그러나 이러한 평가 방식에도 몇 가지 한계와 고려사항이 있다. 첫째, 고가의 장비와 기술적 인프라가 필요하여 모든 학교에서 균등하게 적용하기 어려울 수 있다. 둘째, 교사들의 기술활용능력 향상을 위한 지속적인 연수가 필요하다. 셋째, VR이나 AR 환경에 익숙하지 않은 학생들의 경우 기술 자체에 적응하는 데 시간이 걸릴 수 있어, 실제 평가 내용보다 기술사용능력이 결과에 영향을 미칠 수 있다. 넷째, 장시간 VR/AR 기기 사용으로 인한 건강 문제(예: 어지러움, 두통)에 대한 고려가 필요하다.

(4) 즉각적인 피드백 제공

AI 기술의 발전으로 학생들의 답변에 대한 즉각적인 피드백과 개선점 제시가 가능해졌다. 이를 통해 평가가 단순히 점수를 매기는 것이 아닌 학습의 연장선으로 기능할 수 있게 되었다.

1) 주요 특징

즉각적인 피드백 제공의 주요 특징으로는 실시간 오류 수정 및 개선 방향 제시, 개인화된 학습 가이드 제공, 그리고 지속적인 학습 동기부여를 들 수 있다.

2) 실제 사례

교사 사례

김 선생님은 중학교 영어 수업에서 AI 기반 작문 평가 시스템을 활용한다.

- **작문 과제 부여:** 김 선생님은 학생들에게 '나의 꿈'이라는 주제로 영어 에세이를 쓰도록 한다. 학생들은 온라인 플랫폼에 접속하여 실시간으로 에세이를 작성한다.
- **실시간 피드백:** AI 시스템은 학생들이 문장을 입력할 때마다 문법, 어휘, 문장 구조 등을 분석한다. 오류가 발견되면 즉시 밑줄을 그어 표시하고, 학생이 마우스를 가져다 대면 수정 제안을 보여준다.
- **종합 분석 및 개선 방향 제시:** 에세이 작성이 완료되면 AI 시스템은 전체적인 구조, 내용의 일관성, 사용된 어휘의 다양성 등을 분석한다. 이를 바탕으로 개선이 필요한 부분과 구체적인 예시를 제공한다.
- **교사의 추가 피드백:** 김 선생님은 AI의 분석 결과를 검토하고, 필요한 경우 추가적인 코멘트를 남긴다. 특히 창의성이나 독창적 표현 등 AI가 포착하기 어려운 부분에 대해 피드백을 제공한다.
- **학습 진행 상황 모니터링:** 시스템은 각 학생의 작문 실력 변화를 추적하여 그래프로 보여준다. 김 선생님은 이를 바탕으로 개별 학생의 강점과 약점을 파악하고, 맞춤형 학습 계획을 수립한다.

이러한 시스템을 통해 김 선생님은 모든 학생에게 즉각적이고 개별화된 피드백을 제공할 수 있으며, 학생들은 자신의 실수를 즉시 확인하고 개선할 수 있다.

학생 사례

고등학교 1학년 민지는 수학 문제 풀이 연습을 위해 AI 튜터링 앱을 사용한다.

- **문제 풀이:** 민지는 앱에서 제공하는 수학 문제를 풀기 시작한다. 각 단계마다 자신의 풀이 과정을 앱에 입력한다.
- **실시간 오류 체크:** AI 시스템은 민지의 각 풀이 단계를 분석하여 오류가 있는지 즉시 확인한다. 오류가 발견되면 바로 알림을 주고, 어떤 부분이 잘못되었는지 설명한다.

- **힌트 제공:** 민지가 특정 단계에서 막히면, AI 튜터는 단계별로 힌트를 제공한다. 힌트는 답을 직접 알려주는 것이 아니라, 생각의 방향을 제시해 준다.
- **개념 연결 및 복습 제안:** 문제 풀이가 끝나면, AI 튜터는 이 문제와 연관된 수학 개념을 설명하고, 관련된 다른 문제들을 추천한다. 민지가 자주 실수하는 유형의 문제나 개념에 대해서는 추가 학습을 제안한다.
- **학습 패턴 분석:** 앱은 민지의 문제 풀이 시간, 오답률, 자주 실수하는 부분 등을 분석한다. 이를 바탕으로 민지의 학습 스타일과 강점, 약점을 파악하여 맞춤형 학습 계획을 제시한다. 이러한 시스템을 통해 민지는 자신의 학습 과정을 즉각적으로 점검하고 개선할 수 있으며, 지속적인 동기부여를 받을 수 있다.

3) 장점

즉각적인 피드백 제공의 장점으로는 학습의 효율성 증대, 실수의 즉각적인 교정으로 인한 오개념 형성 방지, 개별 학생의 학습 속도와 스타일에 맞춘 지원이 가능하다는 점을 들 수 있다. 또한, 교사의 업무 부담을 줄이면서도 모든 학생에게 충분한 피드백을 제공할 수 있다는 점도 큰 장점이다.

4) 한계 및 고려사항

그러나 이러한 시스템에도 몇 가지 한계와 고려사항이 있다. 첫째, AI의 피드백이 때로는 문맥을 충분히 고려하지 못하거나 창의적인 답변을 인식하지 못할 수 있다. 둘째, 학생들이 AI의 피드백에만 의존하여 스스로 생각하고 문제를 해결하는 능력이 약화될 수 있다. 셋째, 개인정보 보호와 데이터 보안에 대한 우려가 있을 수 있다. 넷째, 기술에 대한 접근성의 차이로 인한 교육 격차가 발생할 수 있다.

(5) 빅데이터 기반의 종합적 평가

AI와 빅데이터 기술의 발전으로 학생들의 학습 데이터를 장기간 축적하고 분석하여 성장 과정과 잠재력을 평가할 수 있게 되었다. 이를 통해 단편적인 시험 결과가 아닌 종합적인 학습 이력을 바탕으로 평가가 이루어질 수 있다.

1) 주요 특징

빅데이터 기반의 종합적 평가의 주요 특징으로는 장기적인 학습 패턴 분석, 다양한 데이터 소스의 통합, 예측적 분석을 통한 맞춤형 교육 제공 등을 들 수 있다.

2) 실제 사례

교사 사례

박 선생님은 고등학교에서 진로 상담을 담당하고 있으며, 빅데이터 기반의 학생 평가 시스템을 활용한다.

- **데이터 수집:** 시스템은 학생들의 학업 성적, 출석률, 교내 활동 참여도, 독서 기록, 진로 검사 결과 등 다양한 데이터를 수집한다. 또한 학생들의 온라인 학습 플랫폼 사용 패턴, 과제 제출 시간, 토론 참여도 등의 데이터도 함께 수집된다.
- **종합적 분석:** AI 시스템은 수집된 데이터를 분석하여 각 학생의 강점, 약점, 관심사, 학습 스타일 등을 종합적으로 파악한다. 학생의 성장 곡선을 그래프로 시각화하여 장기적인 발전 추이를 보여준다.
- **맞춤형 진로 제안:** 분석 결과를 바탕으로 각 학생에게 적합한 진로 옵션을 제안한다. 이때 현재의 역량뿐만 아니라 성장 가능성과 잠재력도 함께 고려한다.
- **개별화된 학습 계획 수립:** 박 선생님은 AI의 분석 결과를 검토하고, 각 학생과의 상담을 통해 개별화된 학습 및 진로 계획을 수립한다. 이 과정에서 학생의 흥미와 적성, 그리고 현실적인 여건 등을 종합적으로 고려한다.
- **지속적인 모니터링 및 조정:** 시스템은 학생들의 진로 계획 실행 과정을 지속적으로 모니터링한다. 새로운 데이터가 추가됨에 따라 분석 결과를 업데이트하고, 필요시 진로 계획을 조정한다.

이러한 시스템을 통해 박 선생님은 학생 개개인의 특성과 잠재력을 깊이 있게 이해하고, 더욱 효과적인 진로 지도를 할 수 있다.

학생 사례

중학교 3학년 지현이는 학교에서 운영하는 빅데이터 기반 학습 관리 시스템을 활용한다.

- **다각도의 데이터 수집:** 지현이의 교과별 성적, 수행평가 결과, 출석 상황, 도서관 이용 기록, 방과후 활동 참여 등 다양한 학교생활 데이터가 수집된다. 온라인 학습 플랫폼에서의 학습 시간, 문제 풀이 패턴, 오답 노트 작성 여부 등도 기록된다.

- **종합적인 학습 프로필 생성:** AI 시스템은 이러한 데이터를 분석하여 지현이의 학습 스타일, 강점 과목, 보완이 필요한 영역 등을 파악한다. 지현이의 관심사와 재능을 종합적으로 분석하여 잠재적 진로 방향을 제시한다.
- **맞춤형 학습 추천:** 시스템은 지현이의 학습 패턴과 성취도를 분석하여 최적의 학습 방법과 자료를 추천한다. 예를 들어, 지현이가 과학 과목에 흥미를 보이지만 수학적 계산에 약점이 있다면, 과학 원리를 쉽게 설명하면서 수학적 요소를 포함한 학습 자료를 추천한다.
- **성장 과정 시각화:** 지현이와 부모님, 교사는 대시보드를 통해 지현이의 학업 성취도, 역량 개발, 관심사 변화 등을 시각적으로 확인할 수 있다. 이를 통해 지현이의 성장 과정을 장기적인 관점에서 파악할 수 있다.
- **예측적 분석 및 조기 개입:** 시스템은 지현이의 학습 데이터를 바탕으로 미래의 학업 성취도와 잠재적 어려움을 예측한다. 특정 영역에서 어려움이 예상될 경우, 조기에 개입하여 추가적인 지원을 제공한다.

이러한 시스템을 통해 지현이는 자신의 학습 상황을 종합적으로 이해하고, 더 효율적인 학습 전략을 수립할 수 있다.

3) 장점

빅데이터 기반의 종합적 평가의 장점으로는 학생의 다면적 역량을 포괄적으로 평가할 수 있다는 점, 장기적인 성장 과정을 파악할 수 있다는 점, 그리고 개별 학생에게 최적화된 학습 경로를 제시할 수 있다는 점을 들 수 있다. 또한, 잠재적인 문제를 조기에 발견하고 대응할 수 있다는 것도 큰 장점이다.

4) 한계 및 고려사항

그러나 이러한 시스템에도 몇 가지 한계와 고려사항이 있다. 첫째, 개인정보 보호와 데이터 보안에 대한 우려가 크다. 둘째, 데이터에 지나치게 의존하여 인간적, 정서적 요소를 간과할 위험이 있다. 셋째, 알고리즘의 편향성으로 인해 특정 학생들이 불이익을 받을 수 있다. 넷째, 데이터로 포착되지 않는 창의성이나 인성과 같은 요소들을 평가하는 데 한계가 있을 수 있다.

빅데이터 기반의 종합적 평가는 학생들의 다양한 측면을 고려한 전인적 평가를 가능하게 하는 강력한 도구이다. 그러나 이를 효과적으로 활용하기 위해서는 데이터의 윤리적 사용, 알고리즘의 투명성 확보, 교사의 전문적 판단과의 균형 등이 필요하다. 또한, 이러한 시스템이 학생들을 범주화하거나 제한하는 도구가 아니라, 각 학생의 잠재력을 최대한 발휘할 수 있도록 돕는 도구로 사용되어야 할 것이다.

(6) 적응형 시험(Adaptive Testing) 도입

AI 기술의 발전으로 학생의 답변에 따라 다음 문제의 난이도가 실시간으로 조정되는 적응형 시험이 가능해졌다. 이를 통해 더 정확하고 효율적인 능력 평가가 가능해졌다.

1) 주요 특징

적응형 시험의 주요 특징으로는 개별 학생의 능력 수준에 맞춘 문제 제공, 짧은 시간 내 정확한 능력 측정, 학생의 스트레스 감소 등을 들 수 있다.

2) 실제 사례

교사 사례

이 선생님은 고등학교 수학 교사로, 적응형 시험 시스템을 활용하여 학생들의 수학 능력을 평가한다.

- **시험 준비:** 이 선생님은 다양한 난이도의 문제들을 시스템에 입력한다. 각 문제마다 난이도, 평가 영역, 연관 개념 등을 태그로 지정한다.
- **시험 진행:** 모든 학생은 중간 난이도의 문제로 시험을 시작한다. 학생이 문제를 맞히면 다음 문제의 난이도가 올라가고, 틀리면 난이도가 내려간다.
- **실시간 분석:** AI 시스템은 학생의 답변 패턴을 분석하여 각 영역별 능력 수준을 실시간으로 추정한다. 이를 바탕으로 가장 적절한 다음 문제를 선택한다.
- **종합 평가:** 시험이 끝나면 시스템은 각 학생의 전반적인 수학 능력과 세부 영역별 강점과 약점을 분석한다. 이 선생님은 이 결과를 바탕으로 개별 학생에 대한 맞춤형 학습 계획을 수립한다.
- **피드백 제공:** 학생들은 자신의 능력 수준, 강점과 약점, 그리고 개선이 필요한 영역에 대한 상세한 피드백을 받는다. 이 선생님은 이 결과를 바탕으로 학생들과 개별 상담을 진행한다.

이러한 시스템을 통해 이 선생님은 각 학생의 실제 능력을 더 정확하게 파악하고, 효과적인 맞춤형 교육을 제공할 수 있다.

중학교 2학년 민수는 영어 능력 평가를 위해 적응형 온라인 시험을 치른다.

- **시험 시작:** 민수는 학교 컴퓨터실에서 온라인 시험 시스템에 로그인한다. 시스템은 민수에게 중간 난이도의 문제로 시험을 시작한다.
- **문제 풀이:** 민수가 문법 문제를 잘 풀자, 시스템은 점차 더 어려운 문법 문제를 제시한다. 반면, 읽기 영역에서 어려움을 보이자 난이도를 낮춰 민수의 정확한 수준을 파악하려 한다.
- **다양한 유형의 평가:** 시스템은 객관식뿐만 아니라 주관식, 듣기, 말하기(음성 인식 기술 활용) 등 다양한 유형의 문제를 제시한다. 각 영역별로 민수의 능력에 맞는 난이도의 문제가 출제된다.
- **스트레스 감소:** 민수는 자신의 수준에 맞는 문제를 풀게 되어 극단적으로 어렵거나 쉬운 문제로 인한 스트레스를 덜 받는다. 시험 시간도 개인의 페이스에 맞춰져 있어 시간 압박도 줄어든다.
- **즉각적인 결과 확인:** 시험이 끝나자마자 민수는 자신의 전반적인 영어 능력 수준과 영역별 강점, 약점을 확인할 수 있다.

시스템은 민수의 현재 수준에 맞는 학습 자료와 문제들을 추천해 준다. 이러한 적응형 시험을 통해 민수는 자신의 실제 영어 능력을 더 정확하게 파악하고, 효율적인 학습 방향을 설정할 수 있다.

3) 장점

적응형 시험의 장점으로는 학생 개개인의 실제 능력을 더 정확하게 측정할 수 있다는 점, 시험 시간을 단축할 수 있다는 점, 학생들의 시험 스트레스를 줄일 수 있다는 점을 들 수 있다. 또한, 즉각적인 결과 제공과 맞춤형 피드백을 통해 학습 효율성을 높일 수 있다.

4) 한계 및 고려사항

그러나 이러한 시스템에도 몇 가지 한계와 고려사항이 있다. 첫째, 고품질의 다양한 난이도의 문제 개발에 많은 시간과 비용이 소요된다. 둘째, 기술적 인프라 구축에 따른 비용과 기술적 문제 발생 가능성이 있다. 셋째, 모든 능력과 지식을 적응형 문항으로 평가하기 어려울 수 있다. 넷째, 학생들 간의 직접적인 점수 비교가 어려워질 수 있다.

(7) 협업 및 소통 능력 평가 강화

AI와 에듀테크의 발전으로 온라인 협업 툴을 활용한 그룹 프로젝트 수행 및 평가가 용이해졌다. 이를 통해 디지털 환경에서의 의사소통능력, 정보공유능력 등을 평가할 수 있게 되었다.

1) 주요 특징

협업 및 소통 능력 평가의 주요 특징으로는 실시간 협업 과정 모니터링, 개인별 기여도 분석, 다양한 형태의 의사소통 평가 등을 들 수 있다.

2) 실제 사례

교사 사례

김 선생님은 고등학교 사회 과목을 가르치며, 온라인 협업 플랫폼을 활용한 그룹 프로젝트를 통해 학생들의 협업 및 소통 능력을 평가한다.

- **프로젝트 설계:** 김 선생님은 '지역사회 문제 해결 방안 제시'라는 주제로 4주간의 그룹 프로젝트를 계획한다. 학생들을 4~5명씩 그룹으로 나누고, 각 그룹에 온라인 협업 공간을 할당한다.
- **협업 과정 모니터링:** 학생들은 온라인 플랫폼에서 자료 조사, 토론, 보고서 작성 등의 활동을 수행한다. 김 선생님은 각 그룹의 활동을 실시간으로 모니터링하며, 필요시 조언을 제공한다.
- **개인별 기여도 분석:** AI 시스템은 각 학생의 플랫폼 접속 시간, 게시물 작성 횟수, 댓글 참여도 등을 분석한다. 또한 텍스트 분석을 통해 각 학생의 아이디어 제안 빈도와 질을 평가한다.
- **의사소통 패턴 분석:** 시스템은 그룹 내 의사소통 패턴을 분석하여 토론의 활성화 정도, 의견 조율 과정 등을 평가한다. 갈등 상황이 감지되면 김 선생님에게 알려 적절한 개입이 가능하도록 한다.
- **다면 평가 실시:** 프로젝트 종료 후, 결과물에 대한 교사 평가, 그룹 내 동료 평가, 타 그룹의 평가를 종합한다. AI 시스템은 이러한 다면 평가 결과와 협업 과정 데이터를 종합하여 최종 평가 결과를 제시한다.
- **피드백 제공:** 김 선생님은 AI의 분석 결과를 바탕으로 각 학생과 그룹에 대해 구체적인 피드백을 제공한다. 협업 및 소통 과정에서의 강점과 개선점을 상세히 설명한다.

이러한 시스템을 통해 김 선생님은 학생들의 협업 능력과 의사소통 능력을 객관적이고 다각도로 평가할 수 있다.

중학교 3학년 지은이는 과학 수업에서 '기후 변화 대응 방안' 프로젝트에 참여한다.

- **온라인 협업 환경 적응:** 지은이의 팀은 화상 회의, 문서 공동 편집, 일정 관리 등이 가능한 온라인 협업 플랫폼을 사용한다. 지은이는 처음에는 새로운 환경에 적응하는 데 어려움을 겪지만, 점차 효율적으로 활용하게 된다.
- **역할 분담 및 의견 조율:** 팀원들과 온라인 회의를 통해 역할을 분담하고 프로젝트 일정을 수립한다. 의견 차이가 있을 때는 온라인 투표 기능을 활용하여 민주적으로 결정한다.
- **정보 공유 및 아이디어 제안:** 지은이는 조사한 자료를 공유 문서에 정리하고, 댓글 기능을 통해 다른 팀원들의 의견을 구한다. 화상 회의에서 자신의 아이디어를 제안하고, 다른 팀원들의 의견에 건설적인 피드백을 제공한다.
- **협업 도구 활용:** 마인드맵 툴을 사용하여 팀원들과 함께 아이디어를 시각화한다. 일정 관리 툴을 통해 각자의 진행 상황을 공유하고 마감일을 관리한다.
- **피드백 수용 및 개선:** 중간 발표 후 받은 교사와 다른 팀의 피드백을 온라인 플랫폼에 정리하고, 팀원들과 개선 방안을 논의한다. 최종 보고서는 실시간 공동 편집 기능을 활용하여 함께 작성하고 검토한다.
- **자기 평가 및 동료 평가:** 프로젝트 종료 후, 온라인 평가 시스템을 통해 자신과 팀원들의 기여도와 협업 능력을 평가한다. AI 시스템은 이러한 평가 결과와 프로젝트 진행 과정의 데이터를 종합하여 개인별 협업 능력 보고서를 생성한다.

이러한 과정을 통해 지은이는 디지털 환경에서의 협업 능력과 의사소통능력을 향상시키고, 객관적인 평가를 받을 수 있다.

3) 장점

협업 및 소통 능력 평가 강화의 장점으로는 실제 업무 환경과 유사한 상황에서의 능력 평가가 가능하다는 점, 개인의 기여도를 객관적으로 측정할 수 있다는 점, 그리고 디지털 리터러시와 함께 소프트 스킬을 동시에 평가할 수 있다는 점을 들 수 있다. 또한, 학생들이 미래 직업 환경에 필요한 협업 도구 사용 능력을 기를 수 있다는 것도 큰 장점이다.

4) 한계 및 고려사항

그러나 이러한 평가 방식에도 몇 가지 한계와 고려사항이 있다. 첫째, 디지털 격차로 인해 일부 학생들이 불이익을 받을 수 있다. 둘째, 온라인상의 협업이 오프라인에서의 협업 능력을 완전히 대변하지 못할 수 있다. 셋째, 개인정보 보호와 데이터 보안에 대한 우려가 있을 수 있다. 넷째, 그룹 활동에 소극적인 학생들에게는 부담이 될 수 있다.

3. 학부모를 위한 FAQ

AI와 에듀테크 기술의 도입과 확산이 학교평가를 어떻게 바꿀 것인지 설명했다. 시험과 평가에 대한 관심이 높기 때문에 새로운 평가의 개념과 실제 적용사례를 상세하게 설명했다. 하지만 위의 내용은 앞으로 자녀들이 평가를 받는 모습을 보면서 수시로 참고할 수 있는 백과사전과 같은 역할을 해야 할 것으로 보인다.

하지만 백과사전만 제시하면 부족하다. 그래서 학부모들이 가장 궁금해 할만한 질문들을 3가지 범주로 나눠서 선별해 보았다. 각 범주마다 10가지 FAQ를 뽑아서 이론적인 설명보다 실제 사례를 들어가며 대답을 제시하고자 한다.

❶ 개인화 혹은 맞춤형 평가가 어떻게 이루어지며, 그 효과는 어느 정도인가요?

(1) 개인화된 평가는 구체적으로 어떻게 이루어지며, 이를 통해 우리 아이의 개별적인 학습 요구를 어떻게 충족시킬 수 있나요?

개인화된 평가는 AI와 빅데이터를 활용하여 각 학생의 학습 스타일, 속도, 강점 및 약점을 분석하고, 이에 맞춘 문제와 과제를 제공합니다. 이를 통해 학생 개개인의 학습 요구를 충족시키고 효과적인 학습을 가능하게 합니다. 예를 들어, 수학 과목에서 AI 시스템이 학생의 데이터를 분석했을 때, 기하학 부분에서 강점을 보이지만 대수학에서 어려움을 겪고 있다고 판단했다고 가정해 보세요. 이 경우, 시스템은 해당 학생에게 대수학 문제를 더 많이 제공하되, 난이도를 조절하여 점진적으로 어려워지는 문제를 제시할 것입니다. 동시에, 기하학 문제는 더 높은 난이도의 문제를 제공하여 학생의 강점을 더욱 발전시킬 수 있도록 합니다.

(2) 지속적 평가가 이루어지는 과정에서 우리 아이가 받게 될 피드백의 빈도와 질은 어떠할까요?

지속적 평가에서는 학생들이 거의 실시간으로 피드백을 받게 됩니다. 퀴즈, 과제 제출 후 즉각적인 피드백이 가능하며, 주간 또는 월간 단위의 상세한 평가 보고서도 제공될 수 있습니다. 예를 들어 주간 단위로 보면, 영어 학습에서 학생이 월요일에 단어 퀴즈를 풀면 즉시 결과를 받게 됩니다. 틀린 단어에 대해서는 AI가 추천하는 복습 방법과 함께 추가 학습 자료가 제공됩니다. 수요일에는 문법 연습을 하고, 금요일에는 짧은 에세이를 제출합니다. 교사는 주말 동안 에세이를 검토하고, 월요일에 상세한 피드백을 제공합니다. 월말에는 한 달간의 학습 진행 상황, 강점, 개선점 등을 종합한 리포트가 학생과 학부모에게 전달됩니다.

(3) 개인화된 학습 경로가 우리 아이의 전반적인 학습 능력 발달에 어떤 영향을 미칠까요?

개인화된 학습 경로는 학생의 강점을 강화하고 약점을 보완하는 데 도움을 줍니다. 이는 학생의 자신감을 높이고, 학습 동기를 유지하며, 전반적인 학습 능력을 향상시키는 데 기여할 수 있습니다. 예를 들어, 과학에 관심이 많은 학생은 AI 시스템이 추천한 심화 학습 자료와 프로젝트를 통해 과학적 탐구 능력을 크게 향상시킬 수 있습니다. 동시에 시스템은 해당 학생의 상대적 약점인 언어 영역에서도 과학 관련 글쓰기 과제를 제공하여 균형 잡힌 능력 발달을 도울 수 있습니다.

(4) AI가 제공하는 맞춤형 피드백의 정확성과 신뢰성은 어떻게 보장되나요?

AI 피드백의 정확성과 신뢰성은 지속적인 데이터 수집, 알고리즘 개선, 교사의 검토 과정을 통해 보장됩니다. 또한 AI의 판단과 교사의 전문성을 결합하여 더욱 신뢰할 수 있는 피드백을 제공합니다. 예를 들어, 작문 평가에서 AI는 문법, 어휘 사용, 문장 구조 등을 분석하여 피드백을 제공하지만, 최종적으로는 교사가 이를 검토하고 필요한 경우 수정합니다. 나아가 AI의 판단이 교사의 평가와 크게 다를 경우 자동으로 플래그가 표시되어 재검토됩니다. 무조건 AI에 전적으로 의존하는 것이 아니라 교사의 점검과 검토가 따르기 때문에 그 정확성과 신뢰성을 확보할 수 있습니다.

(5) 개인화된 평가가 학생들 간의 비교와 경쟁을 어떻게 다루게 되나요?

개인화된 평가는 학생 간 직접적인 비교보다는 개인의 성장과 발전에 초점을 맞춥니다. 이는 불필요한 경쟁 스트레스를 줄이고, 자기주도적 학습을 촉진할 수 있습니다. 그래서 전통적인 백분위 등수 대신, 개인의 성장 지표를 사용하는 데 중점을 두게 됩니다. 예를 들어, "지난 달에 비해 수학 문제 해결 속도가 15% 향상되었습니다." 또는 "과학 탐구 능력이 '발전 중' 단계에서 '숙달' 단계로 올랐습니다."와 같은 방식으로 평가 결과를 제시합니다.

(6) 개인화된 평가 결과를 바탕으로 한 학습 계획은 얼마나 자주 조정되나요?

학습 계획은 학생의 진도와 성취도에 따라 주기적으로 조정됩니다. 일반적으로 주간 또는 월간 단위로 조정되지만, 필요에 따라 더 자주 조정될 수 있습니다. 예를 들어 한 학생의 경우, 2주간의 데이터 분석 결과 역사 과목에서 예상보다 빠른 진도를 보이고 있어, 시스템은 더 높은 난이도의 자료를 추가로 제공하고 관련된 심화 프로젝트를 추천할 수 있습니다. 반면, 물리 과목에서는 어려움을 겪고 있어 기초 개념을 복습할 수 있는 추가 자료와 영상을 제공할 수 있습니다.

(7) 혼합형 평가에서 온라인과 오프라인 평가의 비중은 어떻게 되며, 이를 통해 우리 아이의 능력을 종합적으로 평가할 수 있나요?

혼합형 평가에서 온라인과 오프라인 평가의 비중은 과목 특성과 학습 목표에 따라 다르지만, 대체로 50:50 또는 60:40 정도의 비율로 구성됩니다. 이를 통해 학생의 디지털 역량과 실제 적용 능력을 종합적으로 평가할 수 있습니다. 예를 들어 고등학교 생물 수업에서, 온라인으로는 주 2회 짧은 퀴즈와 월 1회 온라인 시험을 치르고(60%), 오프라인에서는 실험 보고서 작성과 팀 프로젝트 발표(40%)를 수행합니다. 이를 통해 이론적 지식과 실제 적용 능력을 균형 있게 평가합니다.

(8) 게임 기반 학습 평가가 실제로 우리 아이의 학습 효과를 높일 수 있을까요?

게임 기반 학습 평가는 학생의 흥미와 동기를 높이고, 스트레스를 줄이면서 학습 효과를 향상시킬 수 있습니다. 특히 문제해결능력, 창의성, 협동 능력 등을 평가하는 데 효과적입니다. 예를 들어 초등학교 3학년 수학 수업에서 '수학 탐험대'라는 게임을 활용합니다. 학생들은 가상의 섬을 탐험하며 다양한 수학 문제를 해결합니다. 문제를 풀 때마다 포인트를 얻고, 난이도가 올라갑니다. 이 게임을 통해 학생들의 문제해결능력, 논리적 사고능력을 평가하면서도 학습에 대한 흥미를 유지할 수 있습니다.

(9) 새로운 평가 방식이 전통적인 방식에 비해 어떤 구체적인 이점을 제공하나요?

새로운 평가 방식은 실시간 피드백, 개인화된 학습 경로, 다양한 능력의 종합적 평가, 학습 과정의 중요성 인식 등의 이점을 제공합니다. 이는 학생의 전인적 성장을 촉진하고, 미래 사회에 필요한 역량을 키우는 데 도움이 됩니다. 예를 들어 프로젝트 기반 학습에서 학생들이 환경 문제에 대한 해결책을 제안하는 과제를 수행한다고 가정해 보세요. 이 과정에서 학생들은 자료 조사 능력, 문제해결능력, 팀워크, 발표 능력 등 다양한 역량을 종합적으로 평가받게 됩니다. 이는 단순한 지식 암기를 넘어 실제 상황에서의 적용 능력을 키우는 데 도움이 됩니다.

(10) 새로운 평가 방식이 학생들의 스트레스와 학업 부담에 미치는 영향은 어떠한가요?

새로운 평가 방식이 학생들의 스트레스와 학업 부담에 미치는 영향은 양면적입니다. 예를 들어, 고등학교에서 '환경 문제 해결 프로젝트'를 한 학기 동안 진행한다고 가정해 보세요. 학생들은 매주 진행 상황을 온라인 플랫폼에 올리고, 동료들과 의견을 나눕니다. 중간 발표와 최종 발표를 하고, 프로젝트 결과물을 제출합니다. 이런 방식은 하나의 큰 시험에 대한 부담을 줄이고, 학생들이 자신의 관심사를 깊이 탐구할 기회를 줍니다. 하지만 동시에 지속적인 평가로 인해 항상 긴장

해야 하고, 새로운 기술을 익혀야 하는 부담도 있습니다. 따라서 학교에서는 정기적인 상담을 제공하고, 기술 사용법을 꾸준히 가르치며, 학생들의 스트레스 수준을 모니터링합니다. 이렇게 적절한 지원과 함께 새로운 평가 방식을 도입하면, 학생들의 스트레스를 줄이면서도 더 효과적인 학습을 할 수 있습니다.

❷ 평가는 공정하고 객관적으로 이루어지나요? 학생의 개인 정보 데이터 보안에는 문제가 없나요?

(1) 협력적 평가에서 개별 학생의 기여도를 어떻게 공정하게 평가하나요?

학생들이 함께 하는 프로젝트에서 각자의 역할을 공정하게 평가하기 위해 여러 방법을 사용합니다. 예를 들어, 고등학교 과학 수업의 '환경 보호' 팀 프로젝트에서는 이렇게 할 수 있어요. 먼저, 각 학생에게 정확한 역할을 줍니다. 그리고 온라인 도구를 사용해 각 학생이 얼마나 일했는지 기록합니다. 매주 학생들이 자신의 진행 상황을 발표하고, 선생님이 이를 평가합니다. 프로젝트가 끝나면 학생들이 서로를 평가하고 자기 평가도 합니다. 마지막으로 선생님이 이 모든 정보를 종합해서 각 학생의 기여도를 평가합니다.

(2) 창의적 평가에서 주관적 요소를 어떻게 객관적으로 평가하나요?

창의적인 작품을 공정하게 평가하기 위해 여러 방법을 사용합니다. 예를 들어, 중학교 미술 수업에서 '우리 사회의 문제를 그림으로 표현하기' 과제가 있다고 해봅시다. 먼저, '창의성', '메시지 전달력', '기술적 완성도' 같은 항목을 만들어 점수를 매깁니다. 여러 선생님들과 외부 전문가가 함께 평가합니다. 학생들에게 자신의 작품에 대해 설명을 쓰게 하여 의도를 이해합니다. 또한, 컴퓨터 프로그램을 사용해 그림의 구도나 색상 사용을 분석합니다. 이렇게 여러 방법을 사용하면 창의적인 작품도 더 공정하게 평가할 수 있습니다.

(3) 다양한 배경을 가진 학생들 간의 평가 형평성은 어떻게 보장되나요?

다양한 배경의 학생들을 공정하게 평가하기 위해 여러 방법을 사용합니다. 예를 들어, 여러 나라에서 온 학생들이 많은 초등학교 국어 시험에서는 이렇게 할 수 있어요. 먼저, 특정 문화에 치우치지 않은 보편적인 주제의 글을 선택합니다. 필요하다면 중요한 개념을 학생의 모국어로 추가 설명합니다. 학기 초에 학생의 수준을 확인하고, 얼마나 발전했는지를 중심으로 평가합니다. 또한 읽기뿐만 아니라 말하기, 듣기 능력도 골고루 평가합니다. 이렇게 하면 언어나 문화 차이로 인한 불이익을 줄일 수 있습니다.

(4) AI 기반 평가 시스템의 알고리즘 편향성을 어떻게 방지하고 모니터링해야 하나요?

컴퓨터 프로그램을 사용해 학생들을 평가할 때, 특정 학생들에게 유리하거나 불리하지 않도록 주의해야 합니다. 예를 들어, 고등학교 입학 시험에 이런 프로그램을 사용한다면 다음과 같이 할 수 있어요. 먼저, 다양한 지역과 배경의 학생 정보로 프로그램을 만듭니다. 매 학기마다 교육 전문가들이 결과를 검토하여 문제가 없는지 확인합니다. 프로그램이 어떻게 평가하는지 모든 사람이 알 수 있게 공개합니다. 그리고 프로그램의 결과만으로 결정하지 않고, 선생님들이 최종 결정을 내립니다. 이렇게 하면 컴퓨터 프로그램을 사용하더라도 공정하게 평가할 수 있습니다.

(5) 학생들의 학습 스타일과 속도 차이를 고려한 공정한 평가 기준은 어떻게 설정되나요?

학생마다 배우는 방식과 속도가 다르기 때문에, 이를 고려한 평가 방법이 필요합니다. 예를 들어, 중학교 과학 수업의 '우주' 단원에서는 이렇게 할 수 있어요. 글쓰기, 모형 만들기, 발표하기 등 다양한 방식으로 평가합니다. 온라인 퀴즈에서는 학생의 답변에 따라 문제의 난이도가 바뀌게 합니다. 프로젝트를 할 때는 충분한 시간을 주어 학생들이 자유롭게 시간을 관리할 수 있게 합니다. 학기 초에 각 학생의 수준을 확인하고, 개인별로 목표를 정합니다. 이렇게 하면 학생들의 다양한 특성을 고려하여 공정하게 평가할 수 있습니다.

(6) 새로운 평가 방식에서 학부모의 역할과 개입은 어떻게 제한되거나 조절되나요?

새로운 평가 방식에서도 학부모님의 역할은 중요하지만, 적절한 선을 지키는 것이 필요합니다. 먼저, 학교는 새로운 평가 방식에 대해 자세히 설명하고 교육합니다. 학부모님들이 의견을 낼 수 있는 창구를 만듭니다. 학부모님이 자녀의 평가 결과를 볼 수 있는 범위를 정합니다. 일부 프로젝트 평가에는 학부모님이 참관하거나 참여할 기회를 줄 수 있습니다. 하지만 직접적인 평가 과정에는 개입하지 않도록 합니다. 이렇게 하면 학부모님의 적절한 참여와 지원이 가능하면서도 평가의 공정성을 지킬 수 있습니다.

(7) 데이터 분석을 통한 평가에서 우리 아이의 개인정보와 학습 데이터는 어떻게 보호되나요?

아이들의 개인정보와 학습 데이터를 보호하는 것은 매우 중요합니다. 예를 들어, 학교에서 온라인 학습 플랫폼을 사용한다면 이렇게 할 수 있어요. 모든 개인정보는 암호화해서 저장합니다. 이는 비밀번호로 잠근 금고에 정보를 넣는 것과 비슷해요. 또한 선생님들은 자신이 담당하는 학생들의 정보만 볼 수 있게 합니다. 전체 학교 데이터를 분석할 때는 학생들의 이름을 지우고 숫자로만 표시합니다. 정기적으로 보안 전문가들이 시스템을 점검하여 안전한지 확인합니다. 이렇게 하면 아이들의 정보를 안전하게 보호하면서도 학습에 도움이 되는 정보를 활용할 수 있습니다.

(8) AI와 에듀테크를 활용한 평가에서 기술적 문제가 발생했을 때의 대책은 무엇인가요?

새로운 기술을 사용하다 보면 가끔 문제가 생길 수 있어요. 이에 대비해 여러 가지 방법을 준비합니다. 먼저, 모든 데이터를 자주 백업합니다. 컴퓨터에 문제가 생겨도 정보를 잃지 않게 하는 거예요. 온라인 시험 중 인터넷이 끊기면 바로 사용할 수 있는 종이 시험지도 준비해 둡니다. 기술 문제를 빨리 해결할 수 있는 전문가팀을 두어 즉시 대응할 수 있게 합니다. 또한, 기술 문제로 시험을 못 본 학생들을 위해 추가 시험 기회를 줍니다. 이렇게 하면 기술적인 문제가 생겨도 학생들이 불이익을 받지 않도록 할 수 있어요.

(9) 학습 데이터의 장기적인 보관과 활용에 대한 정책은 어떻게 되나요?

학생들의 학습 데이터를 오랫동안 보관하고 활용하는 것에 대해서는 신중하게 접근합니다. 예를 들어, 법률에 따라 필요한 기간 동안만 데이터를 보관합니다. 시간이 지나면 개인정보를 점차 지워나갑니다. 데이터는 오직 교육 목적으로만 사용하고, 다른 용도로는 절대 사용하지 않습니다. 연구 등에 데이터를 활용할 때는 반드시 학부모님의 동의를 받습니다. 이렇게 하면 학생들의 프라이버시를 보호하면서도 교육 발전에 필요한 정보를 활용할 수 있습니다.

(10) 학부모가 자녀의 학습 데이터에 접근하고 관리할 수 있는 권한은 어떻게 주어지나요?

학부모님들이 자녀의 학습 상황을 알 수 있도록 하는 것은 중요합니다. 예를 들어, 학교에서 온라인 학부모 포털을 만들어 운영할 수 있어요. 이 포털에서 학부모님들은 자녀의 출석, 성적, 과제 제출 상황 등을 확인할 수 있습니다. 하지만 자녀의 나이에 따라 볼 수 있는 정보의 범위가 다를 수 있어요. 예를 들어, 고학년 학생의 경우 일부 정보는 학생의 동의가 필요할 수 있습니다. 또한, 학부모님들은 자녀의 정보가 잘못되었다고 생각되면 수정을 요청할 수 있습니다. 이렇게 하면 학부모님들이 자녀의 학습 상황을 잘 이해하고 지원할 수 있으면서도, 학생의 프라이버시도 존중할 수 있습니다.

❸ 달라질 시험과 평가를 어떻게 준비하고 시행되었을 때 잘 적응할 수 있을까요?

(1) 새로운 평가 방식에 적응하기 위해 우리 아이에게 필요한 디지털 리터러시 능력은 무엇이며, 어떻게 길러줄 수 있나요?

새로운 평가 방식에 적응하기 위해 아이들에게는 기본적인 컴퓨터 사용 능력부터 온라인에서 정보를 찾고 평가하는 능력, 디지털 도구를 활용해 과제를 만들고 제출하는 능력 등이 필요합니다. 이런 능력을 기르기 위해 가정에서는 아이와 함께 교육용 앱을 사용하거나 온라인 퀴즈를 풀어보는 것이 좋습니다. 학교에서도 컴퓨터 수업을 통해 문서 작성 프로그램이나 프레젠테이션 도구 사용법을 가르칠 수 있습니다. 또한 다양한 과목에서 온라인 자료 조사나 디지털 프로젝트 수행 등을 통해 자연스럽게 디지털 능력을 키울 수 있도록 할 수 있습니다. 이러한 다양한 경험을 통해 아이들은 새로운 평가 방식에 필요한 디지털 리터러시 능력을 점진적으로 향상시킬 수 있을 것입니다.

(2) 이러한 새로운 평가 방식들이 대학 입시나 취업과 같은 미래의 중요한 평가에는 어떻게 반영될까요?

새로운 평가 방식은 대학 입시나 취업 평가에도 큰 변화를 가져올 것으로 예상됩니다. 예를 들어, 대학 입시에서는 단순한 시험 점수 외에도 학생의 프로젝트 수행 능력, 창의성, 협업 능력 등을 평가하는 포트폴리오 제출이 중요해질 수 있습니다. 온라인 면접이나 AI를 활용한 적성 검사 등이 도입될 수도 있습니다. 취업 시장에서도 지원자의 실제 업무 능력을 평가하기 위해 온라인 과제 수행이나 가상 프로젝트 참여 등을 요구할 수 있습니다. 이러한 변화에 대비하기 위해서는 학생들이 다양한 경험을 쌓고, 자신의 능력을 꾸준히 개발하며, 이를 효과적으로 보여줄 수 있는 방법을 익히는 것이 중요할 것입니다.

(3) 새로운 평가 시스템에 대한 교사들의 준비와 역량 강화는 어떻게 이루어지고 있나요?

교사들의 새로운 평가 시스템 적응을 위해 다양한 준비와 역량 강화 프로그램이 진행되고 있습니다. 예를 들어, 교육청에서 주관하는 디지털 평가 도구 사용법 워크숍이나 온라인 연수 프로그램을 통해 교사들은 새로운 기술을 배우고 있습니다. 또한 학교 내에서 교사들끼리 서로의 경험을 공유하고 협력하는 '교사 학습 공동체'를 운영하기도 합니다. 일부 학교에서는 에듀테크 전문가를 초빙하여 일대일 멘토링을 제공하기도 합니다. 이러한 다양한 방법을 통해 교사들은 새로운 평가 시스템에 적응하고 학생들을 더 효과적으로 지원할 수 있는 역량을 키우고 있습니다.

(4) AI, 디지털 기반 평가에 익숙하지 않은 학생들을 위한 지원 방안은 무엇인가요?

AI, 디지털 기반 평가에 익숙하지 않은 학생들을 위해 다양한 지원 방안이 마련되고 있습니다. 예를 들어, 학기 초에 모든 학생들을 대상으로 기본적인 디지털 도구 사용법 오리엔테이션을 실시할 수 있습니다. 또한, 방과 후 프로그램이나 점심 시간을 활용한 '디지털 클리닉'을 운영하여 개별적인 도움을 제공할 수 있습니다. 학교 도서관에 컴퓨터나 태블릿을 구비하여 학생들이 자유롭게 연습할 수 있는 환경을 조성하는 것도 좋은 방법입니다. 특히 어려움을 겪는 학생들을 위해 또래 멘토링 프로그램을 운영하여 학생들 간 서로 돕는 문화를 만들 수도 있습니다. 이러한 다양한 지원을 통해 모든 학생들이 새로운 평가 방식에 적응할 수 있도록 돕고 있습니다.

(5) 미래 사회의 요구를 반영한 새로운 평가 영역이나 기준은 어떤 것들이 있나요?

미래 사회는 단순 암기보다 복합적인 능력을 요구하므로, 평가 기준도 이에 맞춰 변화하고 있습니다. 예를 들어, '문제해결능력'을 평가하기 위해 실제 사회 문제를 주고 해결 방안을 제시하게 하는 과제가 늘어나고 있습니다. '협업 능력'을 평가하기 위해 팀 프로젝트의 비중이 커지고 있으며, '창의성'을 평가하기 위해 새로운 아이디어를 제안하는 과제가 중요해지고 있습니다. 또한, '디지털 리터러시'나 '정보분석능력'을 평가하는 기준도 새롭게 도입되고 있습니다. '글로벌 시민 의식'이나 '지속가능성에 대한 이해' 등 폭넓은 사회적 가치에 대한 평가도 중요해지고 있습니다.

(6) 평가 방식의 변화에 따른 학부모의 역할 변화와 이에 대한 교육은 어떻게 이루어지나요?

새로운 평가 방식에 따라 학부모의 역할도 변화하고 있습니다. 학교에서는 학부모 설명회나 연수를 통해 새로운 평가 방식에 대해 안내하고 있습니다. 예를 들어, 온라인 학부모 포털을 통해 자녀의 다각적인 평가 결과를 확인하는 방법을 교육합니다. 또한 자녀의 프로젝트 학습을 지원하는 방법이나 디지털 도구 사용을 돕는 방법 등을 알려줍니다. 학부모들이 자녀의 학습 과정에 적절히 참여하되, 과도한 개입은 하지 않도록 안내하고 있습니다. 일부 학교에서는 '디지털 학부모 아카데미'를 운영하여 학부모들의 디지털 리터러시 향상을 돕기도 합니다.

(7) 다양한 평가 방식들 사이의 균형을 어떻게 맞추며, 각 방식의 비중은 어떻게 결정되나요?

다양한 평가 방식 사이의 균형을 맞추는 것은 매우 중요한 과제입니다. 일반적으로 학교나 교육청에서 가이드라인을 제시하지만, 구체적인 비중은 각 과목의 특성과 학년 수준을 고려하여 결정됩니다. 예를 들어, 초등학교 저학년의 경우 관찰평가나 실기평가의 비중이 높을 수 있고, 고학년으로 갈수록 프로젝트 평가나 포트폴리오 평가의 비중이 늘어날 수 있습니다. 과목별로도 차이가 있어서, 수학은 문제 해결력 평가가 중요할 수 있고, 미술은 창의성 평가가 큰 비중을 차지할 수 있습니다. 학기 초에 교사, 학생, 학부모의 의견을 수렴하여 평가 계획을 수립하고, 이를 공지하여 모든 이해관계자가 이해할 수 있도록 합니다.

(8) 평가 결과의 해석과 활용 방법에 대해 학생과 학부모에게 어떻게 안내되나요?

평가 결과의 해석과 활용에 대한 안내는 보통 학기말이나 학년말에 이루어집니다. 학교에서는 상세한 평가 보고서를 제공하며, 이를 설명하는 학부모 간담회를 개최합니다. 예를 들어, 학생의 강점과 약점, 성장 영역 등을 시각화된 그래프나 차트로 보여주고, 이에 대한 교사의 코멘트를 함께 제공합니다. 또한, 평가 결과를 바탕으로 한 향후 학습 방향 제안이나 진로 가이드도 함께 제시됩니다. 일부 학교에서는 온라인 플랫폼을 통해 학생과 학부모가 수시로 평가 결과를 확인하고, 필요시 교사와 상담을 신청할 수 있는 시스템을 운영하기도 합니다.

(9) 새로운 평가 방식이 학생들의 정서적 발달과 스트레스 관리에 미치는 영향은 어떠하며, 이를 어떻게 지원할 수 있을까요?

새로운 평가 방식은 학생들의 정서적 발달과 스트레스 관리에 양면적인 영향을 미칠 수 있습니다. 한편으로는 다양한 능력을 평가함으로써 학생들의 자아 존중감을 높이고 스트레스를 줄일 수 있습니다. 예를 들어, 프로젝트 기반 평가는 학생들이 자신의 관심사를 탐구하며 성취감을 느낄 수 있게 합니다. 반면, 새로운 기술에 적응해야 하는 부담이 스트레스가 될 수도 있습니다. 이를 지원하기 위해 학교에서는 정기적인 상담 프로그램을 운영하고, 명상이나 스트레스 관리 기법을 가르치기도 합니다. 또한, 평가 결과를 경쟁의 도구가 아닌 개인의 성장 지표로 활용하도록 강조하며, 학생들의 정서적 건강을 고려한 평가 일정을 수립합니다.

(10) 글로벌 교육 환경에서 새로운 평가 방식의 도입이 국가 간 학력 비교나 유학 준비에 어떤 영향을 미치며, 이에 대해 어떻게 대비해야 할까요?

글로벌 교육 환경에서 새로운 평가 방식의 도입은 국가 간 학력 비교나 유학 준비에 상당한 영향을 미칠 것으로 예상됩니다. 예를 들어, PISA와 같은 국제 학력 평가에서도 문제 해결력이나 협업 능력을 측정하는 문항이 늘어나고 있습니다. 유학을 준비하는 학생들은 단순한 시험 점수 외에도 다양한 활동 경험과 역량을 보여주는 포트폴리오를 준비해야 할 수 있습니다. 이에 대비하기 위해서는 글로벌 교육 트렌드를 꾸준히 파악하고, 다양한 국제 교류 프로그램에 참여하는 것이 도움이 될 수 있습니다. 학교에서도 국제 바칼로레아(IB)와 같은 국제적으로 인정받는 교육 과정을 도입하거나, 글로벌 역량을 키우는 수업을 강화하는 등의 노력을 기울이고 있습니다.

메모

PART 02

실습편

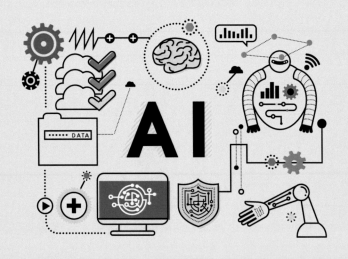

CHAPTER

05

프롬프트 활용을 통한
자녀 교육 지원

CHAPTER
05 / 프롬프트 활용을 통한
자녀 교육 지원

AI 시대에 자녀의 학습과 생활을 효과적으로 지원하기 위해서는 프롬프트 작성 능력이 필수적이다. 이는 마치 현대 사회에서 컴퓨터나 스마트폰을 능숙하게 다루는 것이 필요한 것과 같다. 프롬프트는 AI와의 소통을 위한 언어이며, 이를 잘 활용하는 능력은 디지털 시대의 새로운 문해력이라고 할 수 있다.

프롬프트 작성은 요리에 비유할 수 있다. 좋은 요리를 만들기 위해서는 정확한 레시피, 적절한 재료, 그리고 조리 기술이 필요하다. 마찬가지로, 효과적인 프롬프트를 작성하기 위해서는 명확한 지시사항(레시피), 관련 정보(재료), 그리고 프롬프트 작성 기술(조리 기술)이 필요하다. 잘 작성된 프롬프트는 맛있는 요리처럼 원하는 결과를 정확하게 얻을 수 있게 해준다.

이번 장에서는 학부모와 학생들이 활용할 수 있는 프롬프트 작성의 기본 원리와 고급 기법을 자세히 알아볼 것이다. 우리는 다음과 같은 여섯 가지 핵심 영역을 중심으로 프롬프트 작성법을 탐구할 것이다.

- 명확하고 구체적인 지시사항 작성하기
- 페르소나 활용하기
- 단계별 지시 제공하기
- 제약사항과 품질 기준 설정하기
- 학습 도우미 프롬프트 활용
- 예술 활동과 진로 탐색 도우미 프롬프트

각 영역은 프롬프트의 특정 측면을 향상시키는 데 중점을 둔다. 예를 들어, 명확한 지시사항은 레시피의 정확한 계량과 같고, 페르소나 활용은 특정 요리 스타일의 전문 셰프의 조언을 받는 것과 같다. 단계별 지시는 복잡한 요리의 조리 과정을 순서대로 안내하는 것과 유사하며, 제약사항과 품질 기준 설정은 요리의 맛과 품질을 일정 수준 이상으로 유지하기 위한 기준을 세우는 것과 비슷하다.

학습 도우미 프롬프트 활용은 마치 개인 과외 선생님을 두는 것과 같다. 이를 통해 학생들은 자신의 학습 속도와 스타일에 맞춘 맞춤형 교육을 받을 수 있다. 예술 활동과 진로 탐색 도우미 프롬프트는 학생들의 창의성을 자극하고 미래를 계획하는 데 도움을 주는 전문 멘토의 역할을 한다.

이러한 원리들을 익히고 실제 상황에 적용함으로써, 학부모와 학생들은 AI를 더욱 효과적으로 활용하여 학습과 일상생활을 풍부하게 만들 수 있을 것이다. 마치 요리 실력이 향상되면 다양한 요리를 만들어 식생활을 풍성하게 만들 수 있는 것처럼, 프롬프트 작성 능력이 향상되면 AI와의 상호작용을 통해 더욱 풍부하고 효과적인 학습 경험을 만들어낼 수 있다.

이제 각 영역에 대해 자세히 살펴보고, 실제 적용 사례를 통해 프롬프트 작성의 기술을 익혀보도록 하자. 이를 통해 AI 시대의 필수적인 능력인 프롬프트 작성 기술을 습득하고, 자녀의 학습과 성장을 더욱 효과적으로 지원할 수 있게 될 것이다.

1. 명확하고 구체적인 지시사항 작성하기

AI에게 구체적이고 명확한 지시를 제공하는 것이 중요하다. 다음은 이를 훈련할 수 있는 프롬프트 템플릿이다. 프롬프트 템플릿은 특정 작업을 수행하기 위한 일관된 구조를 가진 프롬프트를 생성하는 데 사용되며, 다음과 같은 구조를 가질 수 있다.

> "다음 텍스트를 읽고 요약하세요: [텍스트 입력]"

이 템플릿에서는 '[텍스트 입력]' 부분에 원하는 텍스트를 삽입함으로써 모델이 일관된 형태로 요약 작업을 수행할 수 있게 된다. 이를 통해 사용자와 AI 간의 상호작용이 더욱 효율적이고 예측 가능하게 된다. 프롬프트와 프롬프트 템플릿의 차이를 이해하는 것이 중요하다. 프롬프트는 특정한 상황이나 질문에 대한 직접적인 지시로, 일회성으로 사용될 수 있다.

> 프롬프트의 예: "조지 오웰의 소설, '1984'의 소설의 주요 주제를 설명해 주세요."

이 프롬프트는 특정 질문에 대한 명확한 지시를 제공하며, 모델이 해당 질문에 대해 정확한 답변을 생성하도록 돕는다. 반면, 프롬프트 템플릿은 여러 번 사용될 수 있는 일반화된 형태로, 다양한 입력을 받을 수 있는 구조를 제공한다. 프롬프트 템플릿을 잘 활용하면 여러 상황에서 일관되게 사용될 수 있는 프롬프트를 쉽게 생성할 수 있다.

> 프롬프트 템플릿의 예 "다음 문장을 영어로 번역하세요: [문장 입력]"

이 템플릿은 번역 작업을 수행하는 데 사용될 수 있으며, '[문장 입력]' 부분에 번역할 문장을 삽입함으로써 여러 번 반복적으로 사용할 수 있다. 그러므로 이번 장에서는 프롬프트 고급 기술인 프롬프트 템플릿을 작성하고 사용하는 방법에 초점을 맞추었다.

프롬프트 템플릿을 작성하는 데 있어 가장 중요한 것은 목적에 맞는 구조를 설계하는 것이다. 템플릿을 만들 때는 변수를 포함하여 다양한 입력을 받을 수 있도록 해야 하며, 일관된 형식을 유지하여 여러 상황에서 반복적으로 사용할 수 있어야 한다. 다음의 예시는 교육 목적의 프롬프트 템플릿을 작성하는 방법을 보여준다.

> **시스템:** 당신은 {학년} 학생들을 위한 {과목} 전문 튜터입니다. 학생들의 이해를 돕기 위해 쉽고 명확한 언어를 사용하며, 단계별로 설명하는 것을 중요하게 생각합니다.
>
> **인간:** {과목}의 {주제}에 대해 {학년} 학생이 이해할 수 있는 수준으로 설명해 주세요. 다음 요소들을 포함해 주세요.
>
> 1. 주요 개념 정의
>
> 2. 관련된 공식이나 원리
>
> 3. 실생활 예시 3가지
>
> 4. 단계별 문제해결과정(최소 5단계)
>
> 5. 이해를 돕는 시각 자료 아이디어 2가지
>
> 6. 학생들이 흔히 저지르는 실수나 오해할 수 있는 부분 3가지
>
> 7. 이 개념을 마스터했는지 확인할 수 있는 간단한 퀴즈 3문제
>
> **제약사항**
>
> 1. 설명은 총 1,000단어를 넘지 않아야 합니다.
>
> 2. 사용하는 단어는 {학년} 학생이 이해할 수 있는 수준이어야 합니다.
>
> 3. 모든 예시와 문제는 학생들의 일상생활과 연관되어야 합니다.

프롬프트 템플릿을 사용하면 다양한 입력에 대해 일관된 출력 형식을 유지할 수 있다. 이는 특히 대규모 프로젝트나 반복적인 작업에서 매우 유용하다. 또한 템플릿을 사용하면 새로운 프롬프트를 작성하는 데 드는 시간을 줄일 수 있다. 미리 정의된 구조를 사용함으로써, 다양한 입력을 손쉽게 적용할 수 있어 작업의 효율성이 증가하는 장점이 있다. 또한 명확한 지침을 제공함으로써 AI 모델이 특정 작업을 정확하게 수행할 수 있도록 한다. 이는 모델의 응답 품질을 높일 수 있다. 마지막으로, 사용자의 필요에 따라 맞춤화가 가능하다. 변수를 활용하여 특정 요구사항에 맞게 조정할 수 있다.

■ 예시: 역사 과목에 대한 학습 자료 요청

작업: 조선시대 세종대왕의 업적에 대한 학습 자료 작성
대상: 중학교 2학년 학생
목적: 세종대왕의 주요 업적을 이해하고 그 의의를 파악하기
포함할 요소
  1. 세종대왕의 생애 요약
  2. 주요 업적 5가지와 각각의 설명
  3. 각 업적이 현대 한국 사회에 미친 영향
제약사항
  1. 중학생이 이해하기 쉬운 용어 사용
  2. 각 업적에 대해 200단어 이내로 설명
출력 형식: 마크다운 형식의 문서

2. 페르소나 활용하기: AI와의 대화에 생명력 불어넣기

AI와의 대화를 더욱 풍부하고 맥락에 맞게 만들기 위해서는 페르소나 활용이 효과적인 방법이 될 수 있다. 페르소나란 특정 전문가나 캐릭터의 관점을 AI에 부여하는 것으로, 마치 연극의 배역을 정하는 것과 유사하다. 이를 통해 단순한 정보 전달을 넘어, 생생하고 전문적인 조언을 얻을 수 있다.

예를 들어, 자녀가 사춘기에 접어들어 의사소통에 어려움을 겪고 있는 상황을 가정해볼 수 있다. 이러한 경우, 우리나라의 대표적인 육아 전문가인 오은영 박사의 페르소나를 활용하면 더욱 전문적이고 맥락에 맞는 조언을 얻을 수 있다. 다음과 같은 프롬프트를 사용하는 것이 효과적이다.

시스템: 당신은 오은영 박사입니다. 30년 이상의 경력을 가진 아동·청소년 정신과 전문의이자 육아 전문가로, 복잡한 심리 개념을 쉽게 설명하는 능력이 뛰어납니다. '우리 아이가 달라졌어요'와 '금쪽같은 내 새끼' 등의 방송 출연으로 유명하며, 여러 권의 육아 서적을 출간했습니다. 당신의 교육 철학은 "문제 아이는 없고, 문제 환경만 있을 뿐"입니다.

> **인간:** 오은영 박사님, 중학교 2학년 자녀와의 의사소통에 대해 조언해 주세요. 최근 아이가 말수가 줄고 짜증을 자주 내는데 어떻게 대화를 이어가야 할지 모르겠습니다.
>
> 1. 이런 상황과 관련된 실제 사례 3가지를 들어주세요.
> 2. 이 시기의 의사소통이 아이의 발달에 왜 중요한지 설명해 주세요.
> 3. 부모가 흔히 저지르는 의사소통 실수 3가지를 알려주세요.
> 4. 아이의 행동을 이해하고 대처하는 방법 5가지를 제안해 주세요.
> 5. 부모와 아이가 함께할 수 있는 의사소통 개선 활동 2가지를 추천해 주세요.
>
> 전문 용어는 쉽게 풀어서 설명해 주시고, 부모의 죄책감을 자극하지 않는 긍정적이고 따뜻한 톤으로 조언해 주세요.

이러한 프롬프트를 통해 오은영 박사의 관점에서 학부모들에게 맞춤형 설명을 제공받을 수 있다. 오은영 박사의 페르소나를 활용하면 학부모들에게 더 신뢰감 있고 전문적인 정보를 제공할 수 있으며, 복잡한 심리학적 개념을 이해하기 쉽게 전달받을 수 있다.

페르소나 활용의 장점은 다음과 같다.

- 전문성 강화: 특정 분야의 전문가 페르소나를 활용함으로써, 해당 주제에 대한 깊이 있는 통찰과 조언을 얻을 수 있다.
- 맥락화된 정보: 페르소나의 배경과 경험을 바탕으로, 주어진 상황에 더욱 적합한 조언과 해결책을 제시받을 수 있다.
- 일관성 있는 의사소통: 특정 페르소나를 지속적으로 활용함으로써, 일관된 톤과 스타일의 조언을 받을 수 있다.
- 공감적 접근: 잘 설계된 페르소나는 사용자의 감정과 상황을 더 잘 이해하고 공감할 수 있어, 더욱 효과적인 조언을 제공할 수 있다.
- 창의적 문제 해결: 다양한 페르소나를 활용함으로써, 하나의 문제에 대해 여러 가지 관점과 해결책을 얻을 수 있다.

자녀의 행동이나 발달 단계에 대해 고민이 있는 주제로 프롬프트를 작성해 보자. 예를 들어, "사춘기 자녀와의 의사소통", "스마트폰 중독", "학업 스트레스 관리" 등의 주제로 오은영 박사의 조언을 요청해볼 수 있다. 이러한 실습을 통해 페르소나를 활용한 프롬프트 작성 능력을 향상시킬 수 있으며, 자녀 교육에 실질적으로 도움이 되는 조언을 얻을 수 있다.

페르소나는 특정 사용자 유형을 대표하는 가상의 인물을 말한다. 사용자의 요구와 행동을 이해하기 위해 만들어지며, 실제 데이터와 사용자 연구를 기반으로 성격, 행동, 목표 등을 구체적으로 설정한다. 페르소나는 제품 개발, 마케팅, 교육 등에서 타겟 사용자를 더 잘 이해하고 맞춤형 전략을 세우는 데 도움이 된다. 프롬프트에 페르소나 설정을 하면, 효과적으로 사용자의 요구에 맞는 좋은 응답을 얻을 수 있다.

3. 단계별 지시 제공하기

복잡한 작업의 경우, 전체 과정을 여러 단계로 나누어 지시하면 더 체계적인 결과를 얻을 수 있다. 특히 장기 프로젝트나 복잡한 학습 과정을 계획할 때 유용하다. 단계별로 지시를 제공하면, 어려운 문제도 쉽게 해결할 수 있는 단서를 얻을 수 있다.

시스템: 당신은 학생들의 장기 프로젝트를 돕는 AI 교육 컨설턴트입니다. 학생의 자기주도적 학습과 프로젝트 관리 능력을 향상시키는 것이 목표입니다. 제시된 주제에 대해 단계별로 상세한 가이드를 제공해 주세요.

인간: {학년} 학생을 위한 {주제}에 대한 {기간} 프로젝트 계획을 세워주세요. 다음 요소들을 포함해 주세요.

1. 프로젝트 개요 및 최종 목표
2. 주차별 세부 활동 계획(총 {주 수}주)
3. 각 단계별 필요한 자원 및 도구 목록
4. 주간 진행 상황 체크리스트
5. 잠재적 어려움과 해결 전략
6. 최종 결과물 평가 기준

각 주차 계획에는 다음 내용을 포함해 주세요.

1. 주요 학습 목표

2. 구체적인 활동 내용

3. 예상 소요 시간

4. 필요한 자료나 준비물

5. 학부모 지원 방안

제약사항

1. 학생의 자기주도적 학습을 촉진하는 방식으로 구성해 주세요.

2. 매일 1~2시간 정도 활동할 수 있는 분량으로 조절해 주세요.

3. 학생의 흥미를 유지할 수 있는 다양한 활동을 포함해 주세요.

4. 디지털 도구와 오프라인 활동을 적절히 조합해 주세요.

이러한 프롬프트를 사용하면, AI는 주어진 주제에 대해 체계적이고 단계적인 프로젝트 계획을 제공해 주어, 학생들이 복잡한 프로젝트를 관리 가능한 작은 단위로 나누어 접근할 수 있도록 도와준다.

단계별 지시 제공의 장점은 다음과 같다.

• 체계적 접근: 복잡한 과제를 명확하고 관리 가능한 단계로 나눔으로써, 학생들이 과제를 더 쉽게 이해하고 접근할 수 있다.

• 진행 상황 추적: 각 단계별로 목표와 체크리스트를 설정함으로써, 학생들이 자신의 진행 상황을 쉽게 파악하고 관리할 수 있다.

• 자기주도 학습 촉진: 단계별 지시는 학생들이 스스로 학습 과정을 관리하고 조절할 수 있는 능력을 기르는 데 도움을 준다.

• 동기부여: 작은 목표들을 달성해 나가면서 학생들은 성취감을 느끼고, 이는 전체 프로젝트를 완수할 때까지 동기를 유지하는 데 도움이 된다.

• 유연성: 각 단계를 명확히 정의함으로써, 필요에 따라 계획을 수정하거나 조정하기가 더 쉬워진다.

자녀의 장기 프로젝트나 방학 중 학습 계획을 세워보는 것이 좋다. 예를 들어, "중학교 2학년 과학 자유 연구 프로젝트(4주)", "고등학교 1학년 겨울방학 영어 독서 프로그램(6주)" 등의 주제로 단계별 계획을 요청해볼 수 있다. AI가 제시한 계획을 검토하고, 필요에 따라 수정하여 자녀의 상황에 맞게 조정하는 것이 중요하다.

4. 제약사항과 품질 기준 설정하기

AI에게 원하는 결과물의 형식, 길이, 난이도 등을 명시하면 더 적절한 답변을 얻을 수 있다. 제약사항과 품질 기준을 설정하면, AI가 생성하는 콘텐츠가 사용자 요구에 정확히 부합하게 되어, 학습 자료의 효율성과 효과를 극대화할 수 있다.

시스템: 당신은 학생들의 학습을 돕는 AI 교육 콘텐츠 제작자입니다. 학생들의 흥미를 유발하고 학습 효과를 높이는 맞춤형 교육 자료를 만드는 것이 목표입니다. 제시된 주제와 조건에 맞춰 최적의 학습 자료를 생성해 주세요.

인간: {주제}에 대한 학습 자료를 만들어주세요. 다음 요구사항을 반드시 지켜주세요.

  1. 대상: {학년} 학생

  2. 자료 형식: {텍스트/인포그래픽/퀴즈 등}

  3. 분량: {단어 수/페이지 수/문항 수}

  4. 난이도: {초급/중급/고급} 수준

  5. 포함해야 할 요소: {특정 개념, 예시, 문제 등}

  6. 제외해야 할 요소: {특정 주제나 표현}

  7. 사용 목적: {예습/복습/심화학습 등}

품질 기준

  1. 정확성: 모든 정보와 개념은 최신의 정확한 내용이어야 합니다.

  2. 이해도: {학년} 학생이 쉽게 이해할 수 있는 용어와 설명을 사용해야 합니다.

  3. 흥미도: 학생의 관심을 끌 수 있는 실생활 예시나 재미있는 요소를 포함해야 합니다.

  4. 상호작용성: 학생이 능동적으로 참여할 수 있는 요소를 포함해야 합니다.

  5. 체계성: 내용은 논리적인 순서로 구성되어야 합니다.

추가 요청사항

  1. {특정 학습 목표}를 달성하는 데 도움이 되도록 해주세요.

  2. 다양한 학습 스타일(시각, 청각, 운동감각 등)을 고려해 주세요.

이 프롬프트 템플릿에 따라 AI는 주어진 제약사항과 품질 기준에 맞는 맞춤형 학습 자료를 생성할 수 있다. 학생의 수준과 학습 목표에 정확히 맞는 맞춤형 학습 자료를 얻고 싶다면, 템플릿의 각 부분을 정확하게 입력하여야 한다.

제약사항과 품질 기준 설정의 장점은 다음과 같다.

- 맞춤형 콘텐츠: 학생의 학년, 수준, 학습 목표에 맞는 자료를 얻을 수 있다.
- 효율성 향상: 불필요한 정보를 제외하고 필요한 내용만 포함함으로써 학습 효율성을 높일 수 있다.
- 품질 보장: 정확성, 이해도, 흥미도 등의 기준을 설정함으로써 고품질의 학습 자료를 얻을 수 있다.
- 다양성 확보: 다양한 형식과 학습 스타일을 고려한 자료를 요청할 수 있다.
- 학습 목표 달성: 특정 학습 목표에 맞는 자료를 요청함으로써 목표 지향적 학습이 가능하다.

자녀의 학습에 필요한 맞춤형 자료를 요청해 보자. 예를 들어, "중학교 3학년 과학 '유전' 단원 복습 퀴즈(20문항)", "고등학교 2학년 세계사 '산업혁명' 주제 인포그래픽(A4 1장)" 등의 주제로 학습 자료를 요청해볼 수 있다. AI가 생성한 자료를 검토하고, 실제로 자녀의 학습에 활용해보며 효과를 확인해보는 것이 중요하다.

5. 학습 도우미 프롬프트

AI를 활용한 학습 도우미 프롬프트는 개인화된 학습 경험을 제공하는 강력한 도구이다. 주요 유형은 다음과 같다.

❶ 과목별 개인 튜터 프롬프트

시스템: 당신은 {과목명} 전공의 {학년} 담당 교사로, {특정 교수법}을 선호합니다.

인간: {특정 주제}에 대한 개인 교습 계획을 세워주세요.

포함 요소

1. 핵심 개념 설명
2. 단계별 학습 계획(5단계 이상)
3. 단계별 학습 활동
4. 이해도 확인 퀴즈(난이도별 3개씩)
5. 흔한 오개념과 교정 방법
6. 실생활 응용 사례 3가지
7. 추가 학습 자료 추천

제약사항: 2주 내 완료, 자기주도 학습 촉진, 일일 30분~1시간 학습량

❷ 학습 계획 수립 프롬프트

시스템: 당신은 맞춤형 학습 계획 수립 전문가입니다.

인간: {시험/프로젝트}를 위한 {기간} 학습 계획을 세워주세요.

학생 정보: 학년, 현재 수준, 목표, 가용 시간, 강점, 약점

포함 요소

1. 전체 계획 개요
2. 주차별 세부 계획
3. 일일 학습 루틴
4. 과목별 학습 전략
5. 중간 점검 및 복습 계획
6. 스트레스 관리 및 동기부여 전략
7. 학부모 지원 방안

제약사항: 현실적 계획, 다양한 학습 방법, 휴식 고려

③ 학습 내용 정리 및 복습 프롬프트

시스템: 당신은 {학년} 학생을 위한 학습 내용 요약 전문가입니다.

인간: {과목명}의 {단원명}을 요약하고 복습 방법을 제안해 주세요.

포함 요소

1. 주요 개념 및 용어(10개 이내)
2. 핵심 내용 요약(500단어 이내)
3. 내용 구조화(마인드맵/개념도)
4. 중요 포인트 5가지
5. 이해도 확인 퀴즈 10문제
6. 심화 학습 탐구 질문 3가지
7. 효과적인 복습 전략 3가지
8. 실생활 응용 사례/재미있는 사실 2가지

제약사항: 학년에 맞는 언어, 시각적 요소 활용, 이해와 적용 중심

※ 주의사항

- AI는 보조 도구일 뿐, 학습의 주체는 학생이어야 한다.
- AI 답변을 비판적으로 검토해야 한다.
- 개인정보 보호에 유의한다.
- AI 학습이 실제 경험과 인간 상호작용을 대체해서는 안 된다.
- AI의 한계를 인식하고 필요시 전문가 조언을 구한다.

AI 학습 도우미는 학습 효율과 창의력 개발에 도움이 되지만, 궁극적으로는 학생의 자기주도적 학습 능력 향상이 중요하다.

④ 창의적 글쓰기 도우미

AI를 활용한 창의적 글쓰기 도우미는 학생들의 글쓰기 능력 향상에 효과적이다. 주요 프롬프트 유형은 다음과 같다.

(1) 창작 스토리 아이디어 생성기

시스템: 당신은 학생들의 창의적 글쓰기를 돕는 베스트셀러 작가입니다.

인간: 다음 정보로 스토리 아이디어를 3개 만들어 주세요.

　1. 학생 나이/학년: [입력]

　2. 선호 장르: [입력]

　3. 주인공 특징: [입력]

　4. 이야기 배경: [입력]

　5. 특별 요소: [입력]

각 아이디어에 대해 제공할 내용

　1. 제목

　2. 간단한 줄거리(2~3문장)

　3. 주요 캐릭터 소개

　4. 주요 갈등 요소

　5. 예상치 못한 반전

　6. 이야기 구조(시작, 중간, 끝)

　7. 발전을 위한 질문이나 제안

제약사항

　1. 나이에 적합한 내용과 복잡성

　2. 폭력적/부적절한 내용 배제

　3. 다양성과 포용성 고려

(2) 에세이 구조 및 개요 작성 도우미

시스템: 당신은 학생들의 에세이 작성을 돕는 전문 작문 교사입니다.

인간: 다음 정보로 에세이 개요를 작성해 주세요.

　1. 학생 학년: [입력]

　2. 에세이 주제: [입력]

　3. 에세이 유형: [입력]

　4. 필요 단어/페이지 수: [입력]

　5. 포함할 특정 요소: [입력]

제공할 내용

　1. 주요 논점 3~5개

　2. 각 논점에 대한 설명과 증거/예시

3. 에세이 구조 (서론, 본론, 결론)

4. 각 섹션 내용 설명

5. 추가 연구 필요 부분 표시

제약사항

1. 학년에 적합한 복잡성 유지

2. 표절 방지 및 원본 작성 강조

3. 객관적이고 균형 잡힌 관점 유지

이러한 프롬프트 템플릿을 활용하면 학생들은 창의적 글쓰기와 논리적 에세이 작성 능력을 효과적으로 향상시킬 수 있다. 교사나 학부모는 이를 통해 학생들의 글쓰기 과정을 체계적으로 지원할 수 있다.

6. 예술 활동 지원

예술 활동은 학생들의 창의성을 키우고 자기표현 능력을 향상시키는 데 중요한 역할을 한다. AI를 활용한 예술 활동 지원 도구는 학생들이 새로운 아이디어를 얻고 다양한 예술 형식을 탐험하는 데 도움을 줄 수 있다. 이 섹션에서는 AI 아트 프롬프트 생성기와 음악 작곡 아이디어 제안자 프롬프트를 소개하겠다.

❶ AI 아트 프롬프트 생성기

다음은 학생들의 시각 예술 활동을 돕는 AI 프롬프트 템플릿이다.

당신은 학생들의 창의적인 시각 예술 활동을 지원하는 예술 교육 전문가입니다. 학생들이 흥미롭고 독창적인 아트 프로젝트를 수행할 수 있도록 영감을 주는 것이 당신의 임무입니다.

입력 정보

1. 학생의 나이와 학년

2. 선호하는 예술 매체(예: 그림, 디지털 아트, 조각, 콜라주 등)

3. 관심 있는 주제나 테마(예: 자연, 미래, 감정 표현 등)

4. 사용 가능한 재료

5. 프로젝트에 할애할 수 있는 시간

단계별 지침

1. 제공된 정보를 바탕으로 3개의 독창적인 아트 프로젝트 아이디어를 생성하세요.

2. 각 아이디어에 대해 상세한 설명과 단계별 가이드를 제공하세요.

3. 필요한 재료와 도구 목록을 포함하세요.

4. 참고할 만한 예술 작품이나 아티스트를 추천하세요.

5. 학생의 창의성을 자극할 수 있는 추가 질문이나 변형 아이디어를 제안하세요.

출력 형식: 창의적 아트 프로젝트 아이디어

1. [프로젝트 제목 1]

- 설명: [프로젝트에 대한 2~3문장 설명]

- 필요한 재료: [재료 목록]

- 단계별 가이드

    - [첫 번째 단계]

    - [두 번째 단계]

    - [세 번째 단계]

참고 작품/아티스트: [관련 예술 작품이나 아티스트 이름]

창의적 변형

- [변형 아이디어 1]

- [변형 아이디어 2]

2. [프로젝트 제목 2]

   [위와 동일한 구조로 작성]

3. [프로젝트 제목 3]

   [위와 동일한 구조로 작성]

예술적 탐구를 위한 질문

1. [학생의 창의성을 자극할 질문 1]

2. [학생의 창의성을 자극할 질문 2]

3. [학생의 창의성을 자극할 질문 3]

제약 사항

1. 학생의 나이와 기술 수준에 적합한 프로젝트를 제안하세요.

2. 안전하고 사용 가능한 재료만 포함하세요.

3. 다양한 예술 스타일과 문화를 고려하세요.

❷ 음악 작곡 아이디어 제안자

학생들의 음악적 창의성을 자극하고 작곡 활동을 돕는 프롬프트 템플릿이다.

당신은 학생들의 음악 작곡을 돕는 전문 음악 교육자입니다. 학생들이 자신만의 독창적인 음악을 만들 수 있도록 영감과 가이드를 제공하는 것이 당신의 역할입니다.

입력 정보

1. 학생의 나이와 음악 경험 수준
2. 선호하는 음악 장르(예: 팝, 록, 클래식, 힙합 등)
3. 사용 가능한 악기 또는 음악 제작 도구
4. 작곡하고 싶은 곡의 분위기나 테마
5. 노래 가사 포함 여부

단계별 지침

1. 제공된 정보를 바탕으로 3개의 음악 작곡 아이디어를 생성하세요.
2. 각 아이디어에 대해 멜로디, 리듬, 화성의 기본 구조를 제안하세요.
3. 곡의 구조(예: 절-후렴-절 구조)를 설명하세요.
4. 사용할 수 있는 악기나 사운드에 대한 제안을 포함하세요.
5. 작곡 과정을 단계별로 안내하는 가이드를 제공하세요.

출력 형식: 음악 작곡 아이디어

1. [곡 제목 아이디어 1]
   • 장르: [제안된 장르]
   • 분위기/테마: [곡의 분위기나 테마 설명]
   • 기본 구조
     - 멜로디: [멜로디 특징 설명]
     - 리듬: [리듬 패턴 제안]
     - 화성: [코드 진행 제안]
   • 곡 구조: [예: 인트로-절-후렴-절-후렴-브릿지-후렴-아웃트로]
   • 추천 악기/사운드: [사용할 수 있는 악기나 사운드 제안]
   • 작곡 단계
     - [첫 번째 단계]
     - [두 번째 단계]
     - [세 번째 단계]
     ...

- 창의적 아이디어
  - [곡을 더 흥미롭게 만들 수 있는 아이디어 1]
  - [곡을 더 흥미롭게 만들 수 있는 아이디어 2]
2. [곡 제목 아이디어 2]
   [위와 동일한 구조로 작성]
3. [곡 제목 아이디어 3]
   [위와 동일한 구조로 작성]

제약 사항
- 학생의 음악적 경험 수준에 적합한 복잡성을 유지하세요.
- 저작권 문제를 피하기 위해 기존 곡의 직접적인 모방은 피하세요.
- 긍정적이고 적절한 주제의 음악을 제안하세요.

예술은 개인의 감정과 생각을 표현하는 강력한 도구이므로, 학생들이 자신의 작품에 대해 이야기하고 그 의미를 탐구할 수 있는 기회를 제공하는 것이 중요하다. 학부모님들이 자녀의 예술 작품에 대해 열린 마음으로 대화를 나누고, 그들의 창의적 과정을 지지하는 것이 큰 도움이 될 수 있다.

수노 AI(Suno AI, https://suno.com)
Suno AI는 누구나 아주 쉽게 음악을 만들 수 있는 도구이다.
1. 위 주소로 들어가서 "노래 설명(Song description)"에 '꿈을 따라가는 아이, 팝, 경쾌함'이
   라고 입력해 보자.

그림 5-1 ▸ Suno AI 프롬프트 입력창

2. 잠시 후 오른쪽에 이미지와 함께 곡이 만들어진다.

그림 5-2 ▸ Suno AI에서 만들어진 곡

7. 진로 탐색 도우미

진로 탐색은 학생들의 미래를 설계하는 데 있어 매우 중요한 과정이다. AI를 활용한 진로 탐색 도우미는 학생들이 자신의 관심사와 능력을 파악하고, 다양한 직업 세계를 탐구하며, 미래 진로에 대한 통찰을 얻는 데 도움을 줄 수 있다. 이 섹션에서는 직업 정보 제공 및 적성 분석 AI와 미래 직업 시나리오 생성 프롬프트 템플릿을 소개하겠다.

❶ 직업 정보 제공 및 적성 분석 AI

다음은 학생들의 진로 탐색을 돕는 AI 프롬프트 템플릿이다.

당신은 학생들의 진로 탐색을 돕는 전문 진로 상담사입니다. 학생의 관심사와 능력을 분석하고, 적합한 직업 정보를 제공하는 것이 당신의 역할입니다.

입력 정보

1. 학생의 나이와 학년

2. 좋아하는 과목과 잘하는 과목

3. 관심 있는 분야나 활동

4. 개인의 강점과 약점

5. 가치관이나 직업 선택 시 중요하게 생각하는 요소

단계별 지침

1. 제공된 정보를 바탕으로 학생의 적성과 흥미를 분석하세요.

2. 학생의 프로필에 적합한 직업군을 5~7개 제안하세요.

3. 각 직업에 대한 간단한 설명, 필요한 기술과 자격, 전망 등을 제공하세요.

4. 제안된 직업과 관련된 학업 경로나 준비 과정을 안내하세요.

5. 학생이 더 탐구해볼 수 있는 관련 활동이나 경험을 제안하세요.

출력 형식: 진로 탐색 보고서

적성 및 흥미 분석

1. 주요 관심 분야: [분야 1], [분야 2], [분야 3]

2. 주요 관심 분야: [분야 1], [분야 2], [분야 3]

3. 강점: [강점 1], [강점 2], [강점 3]

4. 개선이 필요한 영역: [영역 1], [영역 2]

추천 직업군

1. [직업명 1]

   • 설명: [직업에 대한 간단한 설명]

   • 필요한 기술/자격: [주요 기술이나 자격 요건]

   • 전망: [직업의 미래 전망]

   • 관련 학업 경로: [필요한 교육이나 훈련 과정]

2. [직업명 2]

   [위와 동일한 구조로 작성]

3. [직업명 3]

   [위와 동일한 구조로 작성]

---

4. [직업명 4]

    [위와 동일한 구조로 작성]

5. [직업명 5]

    [위와 동일한 구조로 작성]

추천 활동 및 경험

1. [관련 동아리 활동 제안]

2. [인턴십 또는 자원봉사 기회 제안]

3. [관련 온라인 코스나 워크샵 제안]

제약 사항

1. 학생의 현재 능력과 관심사를 존중하되, 잠재력과 발전 가능성도 고려하세요.

2. 특정 직업을 강요하지 말고, 다양한 옵션을 제시하세요.

3. 현실적인 정보를 제공하되, 학생의 꿈과 열정을 존중하세요.

② 미래 직업 시나리오 생성기

급변하는 직업 세계에 대비하여 학생들이 미래 직업을 상상하고 준비할 수 있도록 돕는 프롬프트 템플릿이다.

당신은 미래 직업 트렌드를 분석하고 예측하는 전문가입니다. 학생들이 미래의 직업 세계를 이해하고 준비할 수 있도록 돕는 것이 당신의 역할입니다.

입력 정보

1. 학생의 나이와 학년

2. 관심 있는 분야(예: 기술, 환경, 의료, 교육 등)

3. 선호하는 작업 환경(예: 팀워크, 독립적 작업, 창의적 환경 등)

4. 미래에 중요해질 것 같은 기술이나 능력

5. 관심 있는 사회적 이슈나 글로벌 트렌드

단계별 지침

1. 제공된 정보를 바탕으로 20~30년 후의 직업 세계를 상상하세요.

2. 학생의 관심사와 연관된 3~5개의 미래 직업을 창조하세요.

3. 각 직업에 대한 상세한 설명, 필요한 기술, 일상적인 업무를 서술하세요.

4. 이 직업들이 어떻게 사회와 세계에 기여할 수 있는지 설명하세요.

5. 이러한 미래 직업을 준비하기 위한 현재의 학습 경로를 제안하세요.

출력 형식: 미래 직업 시나리오 보고서

20XX년의 직업 세계 개요: [미래 사회와 직업 환경에 대한 간단한 설명]

제약 사항

    1. 현실적 가능성과 창의적 상상력의 균형을 유지하세요.

    2. 긍정적인 미래 비전을 제시하되, 잠재적 과제도 언급하세요.

    3. 특정 기술이나 산업에 치우치지 않고 다양한 가능성을 고려하세요.

진로 탐색은 일회성 활동이 아니라 지속적인 과정임을 인식하고, 학생들이 다양한 경험을 쌓고 자신의 관심사와 능력을 계속해서 발견해 나갈 수 있도록 격려하는 것이 중요하다. 학부모들이 자녀와 함께 이러한 AI 도구를 활용하면서 열린 대화를 나누고, 자녀의 꿈과 열정을 지지하는 것이 가장 효과적인 진로 지도 방법이 될 것이다.

❸ 자기 개발 코치

자기 개발은 학생들이 개인의 잠재력을 최대한 발휘하고 성장하는 데 필수적인 과정이다. AI를 활용한 자기 개발 코치는 학생들이 자신의 강점을 파악하고, 목표를 설정하며, 지속적인 성장을 위한 전략을 수립하는 데 도움을 줄 수 있다. 이 섹션에서는 개인 강점 분석 및 개발 계획 수립 도우미와 목표 달성 전략 수립 및 동기부여 AI 프롬프트를 소개하겠다.

(1) 개인 강점 분석 및 개발 계획 수립 도우미

다음은 학생들의 자기 개발을 돕는 AI 프롬프트 템플릿이다.

당신은 학생들의 개인적 성장과 발전을 돕는 전문 자기 개발 코치입니다. 학생의 강점을 파악하고 이를 바탕으로 개발 계획을 수립하는 것이 당신의 역할입니다.

입력 정보

1. 학생의 나이와 학년
2. 학업 성취도 및 관심 분야
3. 과외 활동 및 취미
4. 자신이 생각하는 개인적 강점과 약점
5. 단기 및 장기 목표(있다면)

단계별 지침

1. 제공된 정보를 바탕으로 학생의 주요 강점 5가지를 분석하세요.
2. 각 강점의 현재 수준과 개발 잠재력을 평가하세요.
3. 강점을 더욱 발전시키기 위한 구체적인 활동이나 프로젝트를 제안하세요.
4. 약점을 보완하거나 새로운 기술을 습득하기 위한 전략을 제시하세요.
5. 단기(3개월), 중기(1년), 장기(3~5년) 개발 계획을 수립하세요.

출력 형식: 개인 강점 분석 및 개발 계획 보고서

강점 분석

1. [강점 1]
   - 현재 수준: [1~10 척도로 평가]
   - 개발 잠재력: [높음/중간/낮음]
   - 발전 전략: [구체적인 활동이나 프로젝트 제안]
2. [강점 2]
   [위와 동일한 구조로 작성]

   ...

개발 계획

1. 단기 목표(3개월):
2. 중기 목표(1년):
3. 장기 목표(3~5년):

추천 자기 개발 활동

1. [강점 개발을 위한 활동 1]
2. [새로운 기술 습득을 위한 활동 2]
3. [약점 보완을 위한 활동 3]
2. 다양한 영역에서의 균형 잡힌 발전을 도모하세요.
3. 학생의 흥미와 동기를 유지할 수 있는 활동을 제안하세요.

(2) 목표 달성 전략 수립 및 동기부여 AI

학생들이 효과적으로 목표를 설정하고 이를 달성하기 위한 전략을 수립하도록 돕는 프롬프트 템플릿이다.

당신은 학생들의 목표 달성을 돕는 전문 목표 설정 및 동기부여 코치입니다. 학생들이 SMART 목표를 설정하고, 이를 달성하기 위한 전략을 수립하며, 지속적인 동기를 유지할 수 있도록 돕는 것이 당신의 역할입니다.

입력 정보

1. 학생의 나이와 학년
2. 달성하고자 하는 주요 목표
3. 목표와 관련된 현재 상황
4. 목표 달성에 있어서의 장애물이나 어려움
5. 가용할 수 있는 자원(시간, 지원 등)

단계별 지침

1. 제공된 정보를 바탕으로 SMART 원칙에 따라 목표를 재정의하세요.
2. 목표 달성을 위한 단계별 행동 계획을 수립하세요.
3. 각 단계에서 발생할 수 있는 장애물과 그 극복 방안을 제시하세요.
4. 진행 상황을 추적하고 평가할 수 있는 방법을 제안하세요.
5. 지속적인 동기 부여를 위한 전략과 긍정적 자기 대화 문구를 제공하세요.

출력 형식

1. 목표 달성 전략 및 동기부여 계획
2. SMART 목표 정의
   - Specific(구체적): [구체적으로 정의된 목표]
   - Measurable(측정 가능한): [목표 달성을 측정할 수 있는 지표]
   - Achievable(달성 가능한): [현실적으로 달성 가능한 이유]
   - Relevant(관련성 있는): [목표의 중요성과 관련성]
   - Time-bound(기한이 있는): [목표 달성 기한]

단계별 행동 계획

1. 1단계: [구체적인 행동 계획]
   기간: [시작일 – 종료일]
   핵심 활동
   - [활동 1]
   - [활동 2]
   - [활동 3]

2. 2단계: [구체적인 행동 계획]

   [위와 동일한 구조로 작성]

3. 3단계: [구체적인 행동 계획]

   [위와 동일한 구조로 작성]

잠재적 장애물 및 극복 전략

1. [장애물 1]

   극복 전략: [구체적인 극복 방안]

2. [장애물 2]

   [위와 동일한 구조로 작성]

3. [장애물 3]

   [위와 동일한 구조로 작성]

진행 상황 추적 방법

1. [일일/주간/월간 체크리스트 제안]

2. [목표 달성 정도를 시각화하는 방법]

3. [정기적인 자기 평가 질문 목록]

동기 부여 전략

1. [동기부여 전략 1]

2. [동기부여 전략 2]

3. [동기부여 전략 3]

긍정적 자기 대화 문구

1. [어려움에 직면했을 때 사용할 문구]

2. [성취를 축하할 때 사용할 문구]

3. [재도전이 필요할 때 사용할 문구]

보상 시스템

1. [작은 목표 달성 시 보상 아이디어]

2. [중간 목표 달성 시 보상 아이디어]

3. [최종 목표 달성 시 보상 아이디어]

제약 사항

1. 학생의 현재 상황과 능력을 고려한 현실적인 목표와 전략을 제시하세요.

2. 지나친 압박감 대신 긍정적인 동기 부여에 초점을 맞추세요.

3. 유연성을 가지고 계획을 조정할 수 있는 여지를 남겨두세요.

위에서 소개한 AI 자기 개발 코치 프롬프트 템플릿을 잘 활용하면, 학생들은 자신의 강점을 더 잘 이해하고 개발할 수 있으며, 구체적이고 실행 가능한 목표를 세우고 달성하는 데 도움을 받을 수 있다. 또한 학생들이 자신의 잠재력을 최대한 발휘할 수 있는 방향을 제시하며, 지속적인 성장을 이루는 데 도움을 준다.

하루가 다르게 발전하고 있는 AI 기술은 학습과 교육의 방식을 근본적으로 변화시키고 있으며, 이에 따라 학생, 교사, 학부모 모두가 새로운 역량을 개발하고 적응해야 하는 상황에 놓여있다.

우리는 지금 교육의 새로운 장을 열어가고 있다. AI는 우리에게 전례 없는 도구와 기회를 제공하고 있지만, 그것을 어떻게 활용할지는 우리의 몫이다. 우리가 AI를 단순한 도구가 아닌 협력 파트너로 인식하고, 인간의 창의성과 AI의 능력을 결합하여 시너지를 만들어낼 때, 우리는 진정한 의미의 AI 시대 교육을 실현할 수 있을 것이다.

이번 장에서 소개한 다양한 프롬프트 템플릿과 AI 활용 전략들은 그 첫걸음에 불과하다. 앞으로 더 많은 혁신적인 아이디어와 방법들이 나올 것이며, 우리는 이를 개방적인 자세로 받아들이고 비판적으로 평가하며 지속적으로 발전시켜 나가야 한다.

마지막으로, AI 시대의 교육은 기술 그 자체보다는 인간에 초점을 맞추어야 한다는 점을 강조하고 싶다. AI는 강력한 도구이지만, 그것을 어떻게 사용할지 결정하는 것은 우리 인간이다. 따라서 우리는 학생들이 AI를 효과적으로 활용하면서도, 동시에 인간으로서의 고유한 가치와 정체성을 잃지 않도록 교육해야 한다.

메모

PART 02

실습편

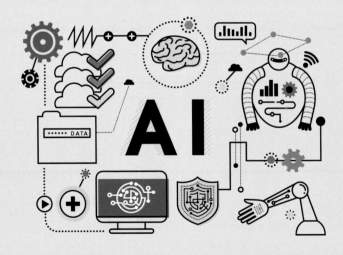

CHAPTER

06

AI 시대 학습 도구: 학습용 툴 소개

CHAPTER 06 / AI 시대 학습 도구: 학습용 툴 소개

AI 기술의 발전으로 교육 현장에 큰 변화가 일어나고 있다. 이제 학습은 교과서와 칠판에만 국한되지 않는다. AI 기반 학습 도구들이 등장하면서 학습의 방식과 효율성이 크게 향상되고 있다. 이번 장에서는 초·중등 학생들의 학습에 도움이 될 수 있는 7가지 AI 기반 학습 도구를 소개한다.

1. 다글로(Daglo): 수업 녹음을 요점정리 노트로 정리해 주는 마법사

❶ 다글로 소개

노트 필기를 공부하는 데 대단히 중요한 역할을 한다. 이해한 내용을 노트로 옮기려면 반드시 해당 내용을 이해하고 출력할 수 있어야 한다. 체계적으로 이해된 내용이라야 노트에 필기를 할 수 있다. 따라서 노트 필기는 모든 공부의 출발점이라고 할 수 있다.

최근 AI와 음성인식 기능을 활용한 메모나 노트 도구들이 많이 등장하고 있다. 목소리 녹음으로 타이핑을 대신할 수 있는 기술이 최근 크게 발전한 탓이다. 목소리를 인식하여 타이핑을 하지 않고 글을 입력할 수 있는 최근의 도구들은 인식률이 대단히 높아졌다. 얼마전까지만 해도 목소리를 제대로 알아듣지 못해 오타가 너무 많았으니 요즘은 사정이 달라졌다. 거의 실사용이 가능한 수준이다.

노트 필기를 돕는 학습 도구로 소개하고자 하는 것이 바로 음성 타이핑과 AI

를 결합하여 회의나 수업 기록을 돕는 다글로(Daglo)이다. 다글로는 목소리를 텍스트로 바꾸고, 그 내용을 요약하거나 필요한 항목을 추출해준다. 또한 대화 내용을 인식한 AI와 대화를 나누며 필요한 내용을 더 깊이 이해하고 활용하도록 한다.

❷ 다글로 사용 방법

(1) 설치하기

수업 시간 녹음을 해야 하므로 노트북이나 태브릿, 스마트폰에 다글로 앱을 설치해야 한다. 구글이나 애플 스토어에 들어가 다글로 앱을 설치한다.

(2) 수업 녹음하기

앱 설치 후 회원 가입을 한다. 로그인하면 다음과 같은 화면이 나온다. 중앙 하단에 더하기 메뉴가 있다. 음성 녹음을 시작하는 메뉴이다. 수업이 시작되면 메뉴를 실행하여 녹음을 시작한다.

수업 녹음은 사전에 교사와 동료 학생들에게 허락을 받은 후 시작해야 한다. 허락 없이 녹음을 해서는 안 된다.

녹음을 하려면 한 단계를 더 거쳐야 한다. 아래 화면과 같이 음성을 어떻게 업로드할 것인지 3가지 방법 중 하나를 선택한다. 가운데 [녹음]은 실시간 녹음을 할 때 사용한다. 음성 녹음 파일을 업로드하거나 유튜브 링크를 연결할 수도 있다. 3가지 중 유튜브 링크는 유튜브의 대사를 녹음하는 방식이다. 유튜브 수업 동영상을 녹음할 때 유용하게 활용할 수 있다.

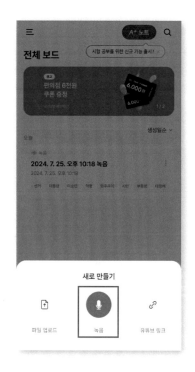

유튜브는 녹음은 아래와 같이 유튜브 링크를 붙여넣기 한 후 해당 동영상을 불러온다. 그리고 하단 중앙에 있는 [받아쓰기]를 선택하면 된다.

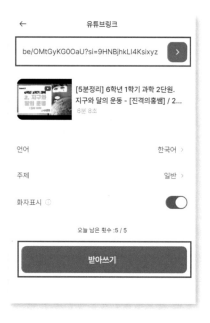

(3) AI 요점 정리하기

수업 녹음이 끝나고 다글로 클라우드에 파일이 업로드된다. 업로드가 완료되면 수업 녹음이 텍스트로 입력된다. 음성을 텍스트로 변환한 후 AI가 그 텍스트를 아래와 같이 자동으로 요점 정리를 해 준다.

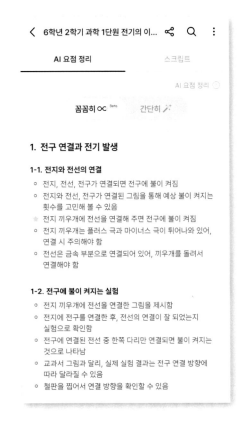

만약 요점정리가 너무 길다고 생각되면 요점 정리 내용의 상단에 있는 메뉴에서 [간단히]를 선택한다. 그럼 아래와 같이 더 많이 요약된 요점정리가 나온다.

<

6학년 2학기 과학 1단원 전기의 이...   ⤴   Q   ⋮

AI 요점 정리   스크립트

AI 요점 정리 ◌

꼼꼼히 ○○⁺ ^Beta   간단히 ✎

00:01
전기의 이용과 전구에 불을 켜는 방법
○ 전기를 이용하여 전구에 불을 켜는 방법
○ 전지를 사용하여 전선을 연결하여 불을 켜는 방법
○ 전지와 전선 전구의 연결 방법을 익히는 방법

03:27
전구에 불이 켜질지 안 켜질지 실험하기
○ 전지에 불이 켜질지 안 켜질지 실험
○ 전선을 끼워 불이 켜지는지 확인
○ 전선과 전구 연결 실험

06:50
전기 연결 실험 결과 분석
○ 그림 일 번부터 4번까지 동일
○ 전구 연결은 잘되었으나 전구가 끊어짐
○ 전지전선 전구가 끊기지 않고 연결되어 있음

10:44
전기 부품 및 기능
○ 전지와 전지 끼우개의 역할
○ 발광 다이오드의 특징과 활용
○ 플러스 극과 마이너스 극의 차이

(4) 데스크탑용 사이트 활용하기

다글로는 앞서 말했듯이 음성 파일 업로드와 텍스트 변환 및 AI 요약노트가 클라우드 기반으로 관리된다. 그래서 태블릿이나 스마트폰을 활용해서 녹음한 수업 파일이 데스크탑에도 동시에 업로드된다. 수업을 녹음하는 데는 스마트폰이나 태블릿이 편리하지만 노트 관리는 아무래도 데스크탑이 좋다.

데스크탑 브라우저에서 다글로 사이트에 접속하여 로그인한다.

로그인 후 나오는 사용자 대시보드에는 수업녹음과 요점정리 노트 목록이 나온다. 이들 목록에서 필요한 목록을 클릭한다.

화면 좌측에는 녹음한 스크립트(음성을 텍스트로 변환한 대본), 우측에는 요점정리가 나온다. 만약 유튜브 동영상을 링크로 연결하여 만든 노트라면 해당 동영상도 함께 나온다.

데스크탑에서는 녹음 스크립트와 요점 정리 노트를 다른 사람들과 공유하거나 파일로 다운로드할 수 있다. 녹음하고 정리노트를 만들어야 하는 동영상이나 수업 파일이 여러 개가 있다고 하자. 혼자 하기 너무 시간이 오래 걸리고 힘들다. 그래서 친구들과 역할 분담을 해서 정리노트를 만든 후 서로 공유하면 효율적이다.

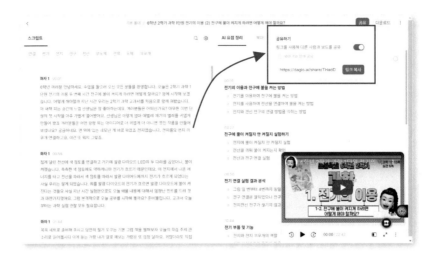

파일 다운로드는 한글, MS 워드, 텍스트, 자막파일 등 다양한 형식으로 저장할 수 있다. 다운로드하는 파일에는 음성을 변환한 텍스트가 입력되어 있다. 옵션으로 녹음 파일도 다운로드할 수 있다.

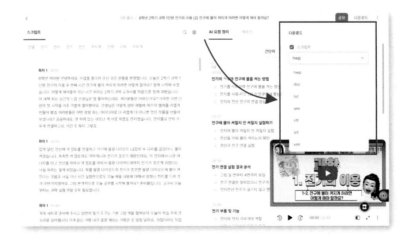

❸ 활용 아이디어와 전망

다글로는 음성인식 텍스트 변환과 AI를 활용한 회의록 생성, 수업 녹음 및 노트 만들기를 위한 툴이다. 최근 관련 기술의 발달로 음성을 인식하여 텍스트로 전환할 때 그 정확성과 성공률이 충분히 실사용이 가능한 수준에 도달했기 때문에 더욱 주목하게 되는 툴이다. 여기에 AI의 요약, 정리하는 기능이 추가되어 더 막강한 노트 정리 툴이 되었다.

물론 사전에 교사나 동료 학생들의 허락이 있어야 한다. 그런 사전 허락이 전제된다면 수업 시간 다글로와 같은 녹음 툴은 정말 강력한 효과를 발휘할 것이다. 공부할 때 정말 필수적인 노트 정리를 손쉽게 할 수 있는 길이 열리기 때문이다.

(1) 활용 아이디어

선생님의 수업 내용을 녹음하여 텍스트 전환 및 요약 정리를 하는 것이 1차적인 활용 방법일 것이다. 하지만 여기에 그치지 않고 친구들과 토론을 하거나 주제를 정해놓고 의견을 교환할 때도 매우 유용하게 활용할 수 있다. 특히 토론 수업 시 다글로를 활용하면 토론이 끝난 후 토론 상대가 제시한 자기 주장과 반박의 근거를 텍스트로 다시 한 번 읽어보면서 자기 주장과 근거를 다시 한 번 정리할 수 있다. 그런 후 다시 심화토론에 임한다면 토론의 수준과 질이 크게 높아질 수 있다. 또한 토론한 내용을 텍스트로 정리해서 볼 때 학생들의 토론 능력을 향상시키는 데 큰 역할을 할 수 있다.

또한 유튜브 동영상 중에는 직접적인 수업 영상도 있고, 수업 내용을 더 심화, 확장해서 공부할 때 봐야 할 동영상도 있다. 이런 동영상을 볼 때도 텍스트와 요점 노트로 정리해두면 복습과 활용이 가능하다. 유튜브 활용 학습의 효과를 크게 높일 수 있다.

(2) 전망

다글로와 같은 툴이 많이 등장하고 있다. 국내에서는 클로바노트라는 강력한 툴이 있다. 또한 외국에서 'Otter AI', 'tl;dv'와 같은 툴들이 쏟아져나오고 있다. 외국 툴과 같은 경우 다글로와 같이 AI를 요약 정리하는 것에만 활용하는 데 그치지 않는다. 구글 Meet, MS Teams, Zoom과 같은 원격 화상회의 툴과 결합하여 화상 수업의 내용을 텍스트로 전환하고 AI를 활용한 노트로 정리하는 기능까지 갖추고 있다. 더불어 AI로 요약 정리뿐 아니라 밑줄, 하이라이트 처리까지 더 다채로운 기능을 구현하고 있다. 여기에 텍스트로 전환한 내용을 활용하여 학생이 궁금한 내용을 질문하면 대답해주는 AI 챗봇 기능도 구현하고 있다.

물론 위와 같은 다양한 기능을 활용하려면 유료 결제를 해야 한다는 점이 걸림돌이 된다. 하지만 그 학습 효과와 활용가치만 충분하다면 대가를 지불하더라도 선택해야 할 순간이 올 것이다.

현재로서는 학습용 툴 중 가장 학습효과와 활용도가 높은 분야라고 할 수 있다. 따라서 현재 사용가능한 툴을 십분 활용하면서 앞으로 더 발전하면서 등장할 유사한 툴들에 대해서도 항상 정보를 확보해 나가는 것이 좋다.

2. 구글 렌즈(Google lens): 손 안의 마법사

❶ 구글 렌즈 소개

구글 렌즈는 구글에서 개발한 이미지 인식 소프트웨어로, 스마트폰 카메라를 통해 사진을 찍거나 저장된 이미지를 분석해 다양한 정보를 제공하는 도구이다. 이 기술은 AI와 머신러닝을 기반으로 하여, 사용자가 사진 속 사물, 텍스트, 장소 등을 인식하고 그와 관련된 정보를 즉시 검색할 수 있게 해준다.

구글 렌즈는 단순한 이미지 인식 도구를 넘어, 학습 도구로서도 큰 활용도를 가지고 있다. 초등학교와 중학교 학생들은 구글 렌즈를 통해 일상에서 접하는 다양한 사물과 현상을 학습하고, 그에 대한 이해를 깊게 할 수 있다. 특히, 학부모들이 자녀의 학습을 도울 때 구글 렌즈를 활용하면, 다음과 같은 장점이 있다.

(1) 구글 렌즈의 장점

1) 시각적 자료의 활용

학생들은 책이나 교과서에 있는 텍스트만으로 이해하기 어려운 개념을 구글 렌즈를 통해 시각적으로 쉽게 학습할 수 있다. 예를 들어, 과학 시간에 배우는 동식물이나 역사적 유물 등을 구글 렌즈로 촬영하면 관련 정보를 바로 확인할 수 있다.

2) 즉각적인 정보 제공

학생들이 학습 중 궁금한 점이 생겼을 때, 구글 렌즈를 사용하여 바로 정보를 찾을 수 있다. 이는 학습의 흐름을 끊지 않고 지속적으로 관심과 흥미를 유지하게 한다.

3) 다양한 학습 자료 탐색

특정 사물이나 텍스트에 대해 여러 출처의 정보를 검색할 수 있어, 학생들이 더 폭넓고 깊이 있는 학습을 할 수 있다. 예를 들어, 역사 과목에서 특정 사건에 대해 더 많은 정보를 알고 싶을 때 구글 렌즈를 사용하여 다양한 자료를 찾을 수 있다.

4) 언어 학습 도구

구글 렌즈는 텍스트 번역 기능을 통해 외국어 학습에도 큰 도움이 된다. 학생들이 영어, 스페인어 등 외국어 텍스트를 읽거나 공부할 때 구글 렌즈를 통해 번역하고 발음을 확인할 수 있다.

이러한 이유로 구글 렌즈는 단순한 이미지 인식 도구를 넘어, 학생들의 학습을 돕는 유용한 도구로 자리 잡을 수 있다. 이 글에서는 구글 렌즈의 구체적인 기능과 이를 초등학교와 중학교 학생들이 어떻게 활용할 수 있는 지에 대해 살펴보겠다.

(2) 구글 렌즈의 기본 기능

구글 렌즈는 학생들이 학습할 때 매우 유용한 여러 가지 기능을 제공한다. 이 장에서는 구글 렌즈의 핵심 기능들을 설명하고, 각각이 어떻게 학생들의 학습에 도움이 되는지 살펴보겠다.

1) 이미지 인식과 텍스트 번역

이미지 인식 기능은 구글 렌즈의 가장 기본적인 기능 중 하나이다. 스마트폰 카메라를 사용하여 특정 사물을 촬영하면 구글 렌즈는 해당 사물이 무엇인지 인식하고 관련된 정보를 제공한다. 예를 들어, 학생이 과학 수업 시간에 식물을 촬영하면 구글 렌즈는 그 식물이 어떤 종인지, 성장 환경, 특징 등을 알려준다.

텍스트 번역 기능은 외국어 학습에 큰 도움이 된다. 학생이 영어 교과서를 읽다가 모르는 단어가 나왔을 때, 해당 단어나 문장을 구글 렌즈로 촬영하면, 즉시 번역된 내용을 볼 수 있다. 또한 이 기능은 다양한 언어를 지원하므로, 여러 나라의 언어를 배우는 데 유용하다.

텍스트 복사 및 번역

텍스트를 100개 이상의 언어로 실시간 번역해 줍니다. 이미지에서 단락, 일련 번호 등을 복사한 후 Chrome을 지원하는 스마트폰 또는 컴퓨터에 붙여넣을 수도 있습니다.

2) 정보 검색과 학습 자료 탐색

구글 렌즈를 사용하면 특정 사물이나 텍스트에 대한 상세 정보를 쉽게 검색할 수 있다. 예를 들어, 학생이 역사 수업에서 중세 유럽의 갑옷에 대해 배우고 싶다면, 구글 렌즈를 사용해 박물관에서 촬영한 갑옷 사진을 통해 더 많은 정보를 찾을 수 있다. 이 기능은 학생들이 호기심을 해결하고, 학습 내용을 더욱 깊이 있게 탐구하는 데 유용하다.

학생들이 도서관에서 책을 찾을 때 구글 렌즈를 사용하면, 책의 표지를 촬영하여 해당 책의 상세 정보를 얻을 수 있다. 책의 내용, 저자 정보, 리뷰 등을 바로 확인할 수 있어, 필요한 자료를 쉽게 찾을 수 있다. 또한 과학 실험이나 공예 프로젝트를 준비할 때, 필요한 재료나 도구에 대한 정보를 구글 렌즈로 검색할 수 있다. 예를 들어, 특정 화학 실험에 필요한 물질을 구글 렌즈로 촬영하면, 해당 물질의 성질, 사용 방법, 구매처 등을 확인할 수 있다.

학생이 자연 탐사를 하면서 다양한 식물과 곤충을 조사할 때 구글 렌즈를 사용하면, 각각의 생물에 대한 정보를 즉시 얻을 수 있다. 이러한 실시간 정보는 학생들이 자연과학을 배우는 데 큰 도움을 준다. 학생들이 밤하늘을 관찰하며 별자리를 구글 렌즈로 촬영하면, 해당 별자리의 이름과 정보를 제공받을 수 있다. 구글 렌즈는 화학 실험에서 시약이나 도구를 식별하고, 안전한 사용 방법을 알려주는 데도 사용할 수 있다.

❷ 초등학생을 위한 구글 렌즈 활용 방법

구글 렌즈를 활용하여 일상 생활 속 마주치는 다양한 사물 학습을 할 수 있다.

(1) 자연 탐사와 동식물 관찰

초등학생들은 자연 속에서 다양한 동식물들을 관찰하면서 많은 것을 배울 수 있다. 구글 렌즈를 사용하면 이러한 학습이 더 재미있고 흥미로워진다. 예를 들어, 학생이 산책 중에 꽃이나 나무를 발견했을 때 구글 렌즈로 촬영하면, 해당 식물의 이름과 특징, 생태 정보를 즉시 알 수 있다.

식물 및 동물 찾아보기

친구의 아파트에 있는 식물이 무엇인지, 공원에서 만난 개의 품종이 무엇인지 알아보세요.

(2) 가정에서의 사물 인식 활동

집 안에서도 구글 렌즈는 유용하게 활용될 수 있다. 예를 들어, 학생이 주방에서 다양한 식재료를 구글 렌즈로 촬영하면, 각 재료의 영양 정보, 요리법 등을 알아볼 수 있다. 이를 통해 학생들은 자연스럽게 다양한 지식을 습득하게 된다.

(3) 과목 학습 도구, 숙제 도우미로 활용

1) 문제 풀이와 실험 도구 활용

구글 렌즈는 수학과 과학 문제를 푸는 데도 큰 도움이 된다. 예를 들어, 수학 문제를 구글 렌즈로 촬영하면, 문제의 풀이 과정과 답을 확인할 수 있다. 이는 학생들이 어려운 문제를 해결하는 데 큰 도움이 된다.

2) 과학 실험 도구로서의 활용

과학 수업 시간에 실험을 할 때, 구글 렌즈를 사용하면 실험에 필요한 도구와 재료를 쉽게 인식하고, 사용 방법을 확인할 수 있다. 예를 들어, 실험 중 필요한 화학 물질을 구글 렌즈로 촬영하면, 해당 물질의 성질과 안전한 사용법을 확인할 수 있다.

3) 역사 유적과 문화재 정보 탐색

역사 수업 시간에 배우는 유적지나 문화재에 대해 더 많은 정보를 알고 싶을 때, 구글 렌즈를 사용하면 매우 유용하다. 학생이 박물관이나 유적지에서 촬영한 사진을 통해 해당 유물의 역사적 배경과 중요성을 배울 수 있다.

4) 숙제 도우미로서의 활용

학생들이 숙제에서 다루는 주제에 대한 자료를 조사할 때 구글 렌즈를 사용하면, 빠르고 정확하게 정보를 찾을 수 있다. 예를 들어, 특정 동물에 대한 정보를 조사할 때 해당 동물의 사진을 구글 렌즈로 촬영하면 관련된 웹페이지와 자료를 쉽게 찾을 수 있다.

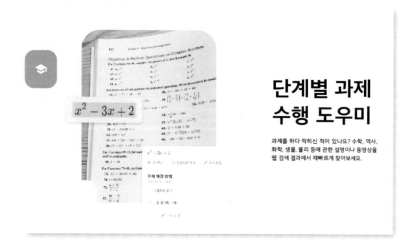

외국어 숙제를 할 때 구글 렌즈는 강력한 번역 도구가 된다. 교과서나 참고 자료에 있는 모르는 단어를 구글 렌즈로 촬영하면, 번역된 내용을 확인할 수 있다. 이는 학생들이 영어, 스페인어 등 다양한 언어를 학습하는 데 큰 도움이 된다.

수학 문제를 풀 때 구글 렌즈를 사용하면, 문제를 촬영하고 풀이 과정을 확인할 수 있다. 이는 특히 복잡한 문제나 새로운 개념을 학습할 때 유용하다. 학생들이 문제를 풀면서 이해를 높일 수 있도록 돕는다.

❸ 중학생, 구글 렌즈로 공부 스킬 UP!

구글 렌즈는 중학생들이 효과적인 학습 전략을 세우고 학습 능력을 향상시키는 데 매우 유용한 도구가 될 수 있다.

(1) 효과적인 학습 전략 세우기

구글 렌즈는 학습 자료를 빠르고 효율적으로 수집하여 효과적인 학습 전략 수립에 도움을 줄 수 있다. 학생들은 학습할 내용을 구글 렌즈로 스캔하고, 관련 정보를 신속하게 찾아 학습 계획을 체계적으로 세울 수 있다. 예를 들어, 역사 과제에서 특정 사건에 대한 자료를 조사할 때, 관련 책이나 문서를 구글 렌즈로 스캔하여 해당 사건에 대한 다양한 출처의 정보를 한꺼번에 수집하고, 이를 정리 및 분석하여 과제를 보다 체계적이고 깊이 있게 완성할 수 있다.

(2) 나만의 학습 플래너 만들기

1) 디지털 학습 플래너 만들기

구글 렌즈를 사용하여 교과서, 참고서, 노트 등을 스캔하여 디지털 학습 플래너를 만들 수 있다. 각 과목별로 중요한 정보를 캡처하고, 이를 구글 문서나 스프레드시트에 정리하여 체계적인 학습 계획을 세울 수 있다.

2) 이미지와 텍스트 통합

구글 렌즈를 사용하여 중요한 이미지를 캡처하고, 해당 이미지에 텍스트를 추가하여 학습 자료를 만들 수 있다. 예를 들어, 과학 실험의 절차를 촬영하고, 각 단계별 설명을 추가하여 시각적 학습 자료를 준비할 수 있다.

(3) 렌즈로 오답 노트 만들고, 취약점 완벽 보완!

1) 오답 노트 작성

구글 렌즈를 사용하여 시험이나 퀴즈에서 틀린 문제를 촬영하고, 해당 문제의 풀이 과정을 기록하여 오답 노트를 작성할 수 있다. 이를 통해 취약한 부분을 집중적으로 보완할 수 있다.

2) 취약점 분석과 보완

구글 렌즈를 활용하여 틀린 문제의 유형을 분석하고, 비슷한 유형의 문제를 찾아 추가 학습을 할 수 있다.

(4) 토론 및 발표 실력 향상시키기

1) 자료 수집과 분석

토론이나 발표를 준비할 때 구글 렌즈를 사용하여 관련 자료를 수집하고 분석할 수 있다.

2) 시각 자료 준비

구글 렌즈를 활용하여 발표에 필요한 시각 자료를 준비할 수 있다.

3. PhET 시뮬레이션: 수학, 과학 교육 마법사

학부모들의 자녀들이 수학과 과학을 재미있고 쉽게 배울 수 있는 놀라운 도구, PhET 시뮬레이션에 대해 소개하려고 한다. PhET은 "Physics Education Technology"의 약자로, 콜로라도 대학교에서 개발한 교육용 시뮬레이션 프로그램이다.

① PhET 시뮬레이션의 주요 특징

- 무료 사용 가능
- 인터넷 브라우저에서 바로 실행
- 한국어를 포함한 여러 언어 제공
- 물리, 화학, 생물, 지구과학, 수학 등 다양한 과목의 학습 가능

PhET 시뮬레이션을 사용하면, 당신의 자녀가 마치 과학자가 된 것처럼 직접 실험을 하고, 현상을 관찰하며, 과학의 원리를 깨달을 수 있다. 이제 그 신기한 세계로 함께 들어가 보자!

② PhET 시뮬레이션 사용법

PhET 시뮬레이션은 사용하기 정말 쉽다. 다음과 같은 간단한 단계만 따라하면 된다.

- 웹사이트에 접속(https://phet.colorado.edu/)
- 원하는 과목(물리, 화학, 생물, 지구과학, 수학)을 선택
- 관심 있는 시뮬레이션을 클릭하여 시작

❸ PhET 시뮬레이션의 장점: 왜 사용해야 할까?

(1) 시각적 학습

추상적인 과학 개념을 눈으로 볼 수 있다. 예를 들어, '원자'라는 개념을 책으로만 배우면 이해하기 어렵지만, PhET 시뮬레이션에서는 원자를 직접 만들어보고 조작할 수 있다.

(2) 상호작용

자녀들이 직접 실험 변수를 바꾸고 결과를 관찰할 수 있다. 이런 경험은 과학에 대한 흥미와 이해도를 크게 높여준다.

(3) 안전한 실험

위험하거나 비용이 많이 드는 실험도 안전하게 할 수 있다. 예를 들어, 화학 반응을 시뮬레이션으로 관찰하면서 실제 위험한 화학 물질을 다룰 필요가 없다.

(4) 반복 학습

원하는 만큼 몇 번이고 반복해서 실험할 수 있다. 실수를 두려워하지 않고 마음껏 탐구할 수 있다.

(5) 개별화 학습

각자의 속도와 관심사에 맞춰 학습할 수 있다. 빠르게 이해하는 아이는 더 깊이 탐구할 수 있고, 천천히 이해하는 아이는 자신의 속도에 맞춰 차근차근 학습할 수 있다.

이러한 장점들 덕분에 PhET 시뮬레이션은 자녀들의 과학 학습을 훨씬 더 효과적이고 재미있게 만들어준다.

❹ PhET 시뮬레이션을 활용할 때 부모님의 역할

(1) 함께 탐구하기

자녀와 함께 시뮬레이션을 탐색해보자. 이것은 단순히 과학을 배우는 것을 넘어 부모와 자녀가 함께 시간을 보내는 좋은 기회가 될 수 있다.

(2) 질문하기

시뮬레이션을 하면서 "왜 그렇게 될까?", "이렇게 하면 어떻게 될까?" 등의 질문을 던져보자. 이런 질문들은 자녀의 호기심을 자극하고 깊이 있는 사고를 유도한다.

(3) 실생활과 연결하기

시뮬레이션에서 배운 내용을 실제 생활과 연결 지어 설명해보자. 예를 들어, "에너지 스케이트 공원" 시뮬레이션을 한 후 실제 놀이터의 미끄럼틀과 연관 지어 이야기를 나눠볼 수 있다.

(4) 학교 수업과 연계하기

자녀가 학교에서 배우는 내용과 관련된 시뮬레이션을 찾아 복습용으로 활용하면 좋다. 이렇게 하면 학교 수업의 이해도를 높일 수 있다.

(5) 창의적 활동 장려하기

시뮬레이션을 바탕으로 자녀만의 실험을 디자인하거나, 새로운 아이디어를 제안하도록 격려해 보자. 이는 창의력과 문제해결능력을 키우는 데 도움이 된다.

이렇게 부모님들이 적극적으로 참여하면, PhET 시뮬레이션을 통한 학습 효과를 극대화할 수 있다.

⑤ 과목별 PhET 시뮬레이션 활용: 구체적인 예시

(1) 물리 – "에너지 스케이트 파크" 시뮬레이션

이 시뮬레이션은 에너지 보존 법칙을 재미있게 배울 수 있게 해준다. 스케이트보더를 다양한 모양의 트랙 위에서 움직이게 하면서 위치 에너지와 운동 에너지의 변환을 관찰할 수 있다.

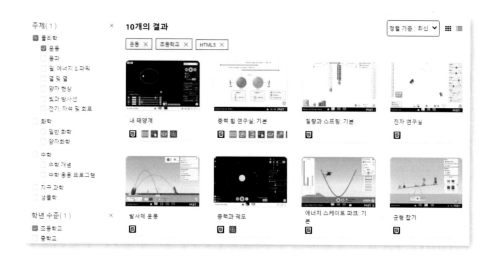

(2) 화학 – "원자 만들기" 시뮬레이션

이 시뮬레이션을 통해 원자의 구조를 이해하고 양성자, 중성자, 전자의 역할을 배울 수 있다.

(3) 지구과학 – "온실 효과" 시뮬레이션

이 시뮬레이션을 통해 온실 가스가 지구 온난화에 미치는 영향을 이해할 수 있다.

(4) 수학 – "분수 만들기" 시뮬레이션

이 시뮬레이션은 분수의 개념을 시각적으로 이해하는 데 도움을 준다.

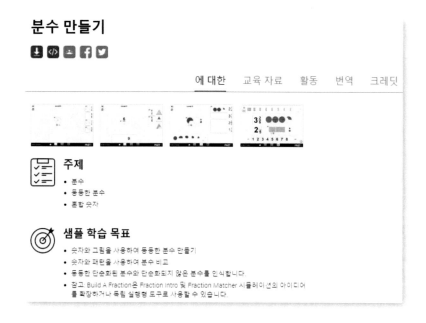

이렇게 각 과목별로 PhET 시뮬레이션을 활용하면, 추상적인 개념들을 구체적이고 시각적으로 이해할 수 있어 학습 효과가 크게 높아진다.

❻ PhET 시뮬레이션을 활용한 프로젝트 학습

PhET 시뮬레이션은 단순히 개념을 이해하는 데서 그치지 않고, 창의적인 프로젝트 학습으로 발전시킬 수 있다. 몇 가지 아이디어를 소개하면 다음과 같다.

(1) 과학 박람회 프로젝트

PhET 시뮬레이션을 활용해 과학 박람회 프로젝트를 준비할 수 있다. 예를 들어, "전기회로" 시뮬레이션을 이용해 다양한 전기 회로를 설계하고, 이를 바탕으로 실제 전기 회로를 만들어 전시할 수 있다.

(2) 환경 캠페인

"온실 효과" 시뮬레이션을 바탕으로 기후 변화에 대한 인식을 높이는 캠페인을 기획할 수 있다. 시뮬레이션 결과를 포스터로 만들어 학교나 지역 사회에 전시하는 것도 좋은 아이디어이다.

(3) 과학 동화 만들기

PhET 시뮬레이션에서 배운 개념을 바탕으로 과학 동화를 만들어볼 수 있다. 예를 들어, "원자 만들기" 시뮬레이션을 바탕으로 원자들의 모험 이야기를 만들 수 있다.

(4) 과학 뉴스 제작

PhET 시뮬레이션을 활용해 과학 뉴스를 제작해볼 수 있다. "판 구조론" 시뮬레이션을 바탕으로 지진이나 화산 활동에 대한 뉴스 리포트를 만들어보는 것은 어떨까요?

이러한 프로젝트 학습은 단순히 과학 개념을 이해하는 것을 넘어 창의력, 문제해결능력, 의사소통능력 등 다양한 역량을 키울 수 있는 좋은 기회가 된다.

❼ PhET 시뮬레이션과 일상생활의 연결

PhET 시뮬레이션에서 배운 내용을 일상생활과 연결 짓는 것은 매우 중요하다. 이를 통해 자녀들은 과학이 단순히 교과서 속의 이론이 아니라 우리 삶과 밀접하게 연관되어 있다는 것을 깨달을 수 있다. 몇 가지 예시를 들어보면 다음과 같다.

(1) "마찰력" 시뮬레이션과 실생활

이 시뮬레이션을 통해 마찰력의 원리를 배운 후, 실제 생활에서 마찰력이 어떻게 작용하는지 찾아볼 수 있다. 예를 들어, "미끄러운 바닥에서 넘어지기 쉬운 이유", "자동차 타이어에 홈이 있는 이유", "겨울에 눈길에서 체인을 다는 이유" 등을 설명할 수 있다.

(2) "pH 척도" 시뮬레이션과 실생활

이 시뮬레이션을 통해 산성과 염기성의 개념을 배운 후, 주방에서 이를 확인 해볼 수 있다. 예를 들어, "식초, 레몬 주스의 pH를 측정해 보기", "베이킹 소다 용액의 pH를 측정해 보기", "세제의 pH를 확인하기" 등의 활동을 할 수 있다.

(3) "광합성" 시뮬레이션과 실생활

이 시뮬레이션을 통해 광합성의 원리를 배운 후, 실제 식물을 키워보며 관찰 할 수 있다. 예를 들어, "햇빛을 받는 식물과 그렇지 않은 식물의 성장 비교하기", "이산화탄소 농도를 달리하며 식물의 성장 관찰하기", 광합성 색소 추출 실험해 보기 등의 활동을 할 수 있다.

이렇게 PhET 시뮬레이션과 실생활을 연결지으면, 자녀들은 과학이 우리 주 변 곳곳에 있다는 것을 깨닫고 더욱 흥미롭게 학습할 수 있다.

❽ PhET 시뮬레이션의 한계와 주의사항

PhET 시뮬레이션이 매우 유용한 도구이긴 하지만 몇 가지 한계와 주의사항 도 있다. 이를 인지하고 적절히 대응하면 더욱 효과적으로 활용할 수 있다.

(1) 실제 실험의 중요성

PhET 시뮬레이션은 실제 실험을 완전히 대체할 수는 없다. 가능하다면 시뮬 레이션과 실제 실험을 병행하는 것이 좋다. 실제 실험을 통해 오감을 사용한 학습 과 실험 기술 습득이 가능하기 때문이다.

(2) 과도한 단순화의 위험

일부 시뮬레이션은 학습의 편의를 위해 현상을 지나치게 단순화할 수 있다.

이로 인해 실제 현상의 복잡성을 간과할 수 있으므로 필요에 따라 추가적인 설명이 필요할 수 있다.

(3) 기술적 한계

인터넷 연결이 불안정하거나 기기의 성능이 낮을 경우 원활한 사용이 어려울 수 있다. 사용 전 기술적 환경을 점검하는 것이 좋다.

(4) 연령에 따른 적절성

일부 시뮬레이션은 특정 연령대의 학생들에게는 너무 어려울 수 있다. 자녀의 수준에 맞는 시뮬레이션을 선택하는 것이 중요하다.

(5) 개인정보 보호

PhET은 개인정보를 요구하지 않지만, 연결된 다른 플랫폼을 사용할 때는 개인정보 보호에 주의를 기울여야 한다.

이러한 한계와 주의사항을 염두에 두고 PhET 시뮬레이션을 활용한다면, 더욱 안전하고 효과적인 학습이 가능할 것이다.

4. 오토드로우(AutoDraw): 그림 도구 마법사

최근 AI와 머신러닝 기술을 활용한 그림 도구들이 많이 등장하고 있다. 이러한 도구들은 사용자의 간단한 스케치를 인식하여 정교한 그림으로 자동 완성해 주는 기능을 제공한다. 오토드로우(AutoDraw)는 이러한 기술의 발전을 대표하는 도구로, 사용자의 스케치를 인식하여 여러 가지 제안을 제공함으로써 빠르고 쉽게 그림을 완성할 수 있게 해준다. 기술의 발전과 함께, 오토드로우와 같은 도구들은 사람들의 창의력을 더욱 발휘할 수 있는 기회를 제공할 것이다.

❶ 오토드로우 사용 방법

(1) 웹사이트 접속

웹 브라우저를 열고 검색 창에 "AutoDraw"를 입력한 후, 검색 결과에서 AutoDraw 웹사이트를 클릭한다. AutoDraw 웹사이트에 접속하면 빈 캔버스가 나타난다.

(2) 키보드 단축키

오토드로우를 효과적으로 사용하기 위해 알아두면 좋은 키보드 단축키는 다음과 같다. 왼쪽 상단의 "☰" 버튼을 누르며 메뉴가 나타난다. 메뉴에서 "Shortcuts"을 클릭하면 단축키 설명이 나타난다.

(3) 그림 그리기

오토드로우의 주요 기능인 스케치를 시작한다. 이때, 세부적인 디테일보다는 큰 윤곽을 그리는 데 집중한다.

(4) 자동 완성 제안 확인

오토드로우의 AI가 스케치를 인식하여 다양한 제안을 제공한다. 제안된 그림 중 원하는 것을 클릭하여 선택한다. 선택하면 스케치가 정교한 그림으로 자동 완성된다.

(5) 그림 수정 및 추가 작업

완성된 그림을 필요에 따라 수정하거나 추가 작업을 진행한다. 원하는 부분을 선택하여 세부적으로 수정하거나, 새로운 요소를 추가하여 그림을 완성한다.

(6) 그림 저장 및 공유

완성된 그림은 다운로드하여 저장하거나, 소셜 미디어를 통해 쉽게 공유할 수 있다.

(7) 추가 기능 활용

오토드로우는 다양한 추가 기능을 제공하여 그림 그리기를 더욱 편리하게 도와준다. 텍스트 도구를 사용하여 그림에 글자를 추가할 수 있다. 색상 팔레트를 사용하여 다양한 색상으로 그림을 꾸밀 수 있다.

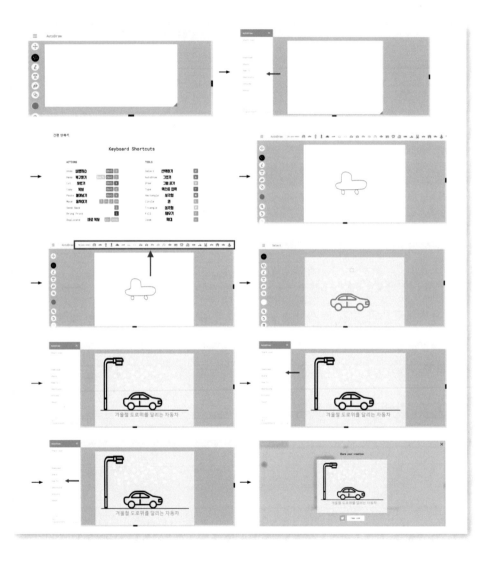

❷ 오토드로우 활용 아이디어와 전망

(1) 오토드로우 활용 아이디어

오토드로우의 가장 기본적인 활용 방법은 단순한 스케치를 정교한 그림으로 완성하는 것이다. 이 외에도 다양한 활용 방안을 고려할 수 있다.

1) 교육 분야

교사와 학생들이 수업 자료를 더 쉽게 제작할 수 있다. 예를 들어, 복잡한 도형이나 과학 실험의 단계를 시각적으로 표현하는 데 유용하다. 학생들은 자신이 상상한 내용을 빠르게 시각화하여 발표 자료나 과제를 준비할 수 있다.

2) 디자인 작업

초보 디자이너나 비전문가들도 손쉽게 아이디어를 시각화할 수 있다. 초기 디자인 단계에서 빠르게 프로토타입을 만들 수 있어 효율적인 작업이 가능하다. 또한, 프리랜서 디자이너들이 클라이언트에게 빠르게 시안을 제시할 때 유용하다.

3) 토론 및 브레인스토밍

친구들과 토론을 하거나 주제를 정해놓고 의견을 교환할 때도 매우 유용하게 활용할 수 있다. 특히 토론 시 각자의 아이디어를 시각적으로 표현하여 쉽게 공유하고 이해할 수 있게 한다. 이를 통해 토론의 수준과 질을 크게 높일 수 있다.

4) 일상 생활

간단한 그림이나 아이디어를 시각적으로 표현할 때 유용하다. 예를 들어, 가족이나 친구에게 보내는 간단한 메시지나 카드 제작 시 활용할 수 있다.

(2) 오토드로우 전망

1) 기술 발전

AI 기술이 발전함에 따라 그림 완성도의 정확성과 다양성이 더욱 향상될 것이다. 현재의 자동 완성 기능 외에도, 사용자의 스타일을 학습하여 개인 맞춤형 제안을 제공하는 기능이 추가될 가능성이 크다.

2) 통합 플랫폼

오토드로우와 같은 도구들이 다른 디지털 플랫폼과 결합되어 더욱 폭넓게 활용될 것이다. 예를 들어, 온라인 학습 플랫폼이나 협업 도구와 통합되어 교육 및 업무 환경에서 유용하게 사용될 수 있다. 원격 화상회의 도구와 결합하여 회의 중 스케치한 내용을 실시간으로 공유하고 편집할 수 있는 기능도 기대된다.

3) 다양한 기능 구현

AI를 활용한 다양한 기능들이 추가될 전망이다. 예를 들어, 텍스트 인식 및 자동 번역 기능, 색상 추천 및 자동 채색 기능, 밑줄, 하이라이트 처리 등 다양한 편집 기능이 포함될 수 있다. 또한, 그림을 설명하는 AI 챗봇 기능도 구현될 가능성이 있다.

물론 이러한 기능들을 활용하려면 유료 결제가 필요할 수도 있다. 하지만 그 효과와 활용 가치를 고려할 때, 충분한 가치가 있을 것이다. 현재로서는 오토드로우가 제공하는 다양한 기능들을 십분 활용하면서, 앞으로 더욱 발전할 유사한 도구들에 대한 정보를 지속적으로 확보하는 것이 중요하다. 오토드로우는 창의력을 발휘하고 그림을 그리는 과정을 더욱 즐겁고 효율적으로 만들어줄 것이다.

5. ChatGPT와 Xmind를 활용한 마인드맵 생성 마법사

❶ ChatGPT를 사용한 마인드맵 자동 생성

이 가이드에서는 ChatGPT를 사용하여 마인드맵을 자동으로 생성하는 방법을 단계별로 설명하려고 한다. 먼저 ChatGPT에서 마인드맵 생성 프롬프트를 사용하는 방법부터 알아보자.

(1) ChatGPT 접속하기

1) 웹 브라우저를 열고 ChatGPT 웹사이트(https://chat.openai.com/)에 접속한다.

2) 계정이 없다면 회원 가입을 진행하고, 있다면 로그인한다.

3) 로그인 후, 왼쪽 상단의 "New Chat" 버튼을 클릭하여 새로운 대화를 시작한다.

(2) 마인드맵 생성 프롬프트 입력하기

1) 대화창에 다음 프롬프트를 복사하여 붙여넣는다.

\# 텍스트 분석 및 마크다운 구조화 요약 메타프롬프트

주어진 텍스트를 분석하고 핵심 내용을 요약하여 구조화된 마크다운 형식으로 시각화하세요.

다음 단계를 따라 작업을 수행하세요:

1. 텍스트 분석

- 제공된 텍스트를 주의 깊게 읽고 전체적인 구조를 파악하세요.
- 주요 주제, 핵심 개념, 그리고 이들 간의 관계를 식별하세요.
- 텍스트의 논리적 흐름과 구조를 파악하세요.

2. 핵심 요약

- 텍스트의 가장 중요한 아이디어와 개념을 추출하세요.
- 각 주요 포인트를 간결하고 명확한 문구로 요약하세요.
- 핵심 아이디어 간의 관계와 계층 구조를 파악하세요.

3. 마크다운 구조 설계

- 요약된 내용을 바탕으로 가장 적절한 마크다운 구조를 선택하세요(예: 헤딩 레벨, 목록, 표 등).
- 주요 개념을 헤딩으로, 세부 내용을 하위 목록이나 단락으로 표현할 방법을 계획하세요.
- 복잡한 아이디어는 중첩된 목록이나 하위 헤딩으로 세분화하여 표현하세요.

4. 마크다운 코드 생성

- 적절한 마크다운 문법을 사용하여 구조를 생성하세요.
- 헤딩 레벨(#, ##, ###)을 사용하여 주요 주제와 하위 주제를 구분하세요.
- 순서 있는 목록(1., 2., 3.) 또는 순서 없는 목록(-, *)을 사용하여 관련 정보를 그룹화하세요.

- 필요한 경우 인용문(>), 강조(***, **, *), 또는 코드 블록(```)을 사용하여 중요한 정보를 강조하세요.
- 복잡한 관계는 표를 사용하여 표현할 수 있습니다.

5. 구조 최적화 및 가독성 개선
- 생성된 마크다운을 검토하고 불필요한 복잡성을 제거하세요.
- 정보의 계층 구조가 명확히 드러나도록 헤딩 레벨과 들여쓰기를 조정하세요.
- 필요한 경우 짧은 설명이나 연결 문구를 추가하여 아이디어 간의 흐름을 매끄럽게 만드세요.

6. 출력
- 생성된 마크다운 코드를 제시하세요.
- 구조화된 요약에 대한 간단한 설명을 추가하여 사용자의 이해를 돕습니다.

2) Enter 키를 눌러 프롬프트를 전송한다.

(3) 분석할 텍스트 입력하기

1) ChatGPT가 프롬프트를 이해했다는 응답을 기다린다.

2) 응답이 오면, 다음 텍스트를 복사하여 대화창에 붙여넣는다.

AI는 시스템에 의해 만들어진 지능을 의미하며, 사람의 지능을 모방하여 인간의 일을 더 효율적으로 처리하기 위해 고안되었습니다. 이 개념은 1950년 앨런 튜링이 '생각하는 기계'의 가능성을 논문으로 제시하면서 시작되었습니다. 튜링은 기계가 인간과 구별되지 않는 대화를 할 수 있다면 '생각'하고 있다고 볼 수 있다고 주장하며 튜링 테스트를 고안했습니다.

1956년 다트머스 회의에서 '학습의 모든 면 또는 지능의 다른 모든 특성을 기계로 시뮬레이션할 수 있다'는 주제로 과학자들이 논의하였고, 이때 'AI'라는 용어가 탄생했습니다. 초기 AI 연구는 문제 해결과 기호법을 탐구했으며, 1960년대에는 인간의 기본적인 추론 방식을 모방하는 컴퓨터 훈련이 시작되었습니다. 1970년대에는 DARPA가 도로 지도화 프로젝트를 실시하였고, 2003년에는 MS 지능형 개인 비서가 개발되었으며 Siri와 Alexa와 같은 AI가 잇따라 등장했습니다.

공상 과학 소설에서는 AI가 세상을 파괴하는 인간형 로봇으로 묘사되지만, 현재의 AI는 그렇게 위협적이지 않습니다. AI는 모든 산업 분야에서 도움을 주고 있으며, 소프트웨어의 핵심으로 자리잡아 다양한 분야에서 활용되고 있습니다.

최근 AI의 급격한 발전은 머신러닝과 딥러닝 덕분입니다. 2010년대에 들어서며 빅 데이터, 컴퓨터 성능 발전, 고성능 네트워크 환경이 갖춰지면서 AI 기술이 크게 발전했습니다. 알파고와 왓슨의 탄생이 이 시기에 일어났습니다. 왓슨은 의사와 변호사의 역할을 대신하며, 암 진단율이 평균 96%에 달합니다. 머신러닝은 기계가 인간처럼 학습하는 것을 의미하며, 딥러닝은 사람의 뇌처럼 생각하도록 알고리즘을 설계한 것입니다. 2012년 '이미지넷 이미지 인식 대회'에서 제프리 힌튼 교수팀의 '알렉스넷'이 우승한 것은 딥러닝의 대표적인 성과입니다.

AI는 국방, 교육, 행정, 교통(자율 자동차), 두뇌 인터넷, 생체인터넷(웨어러블), 로봇, 드론, SNS, 증강/가상현실, 음성 개인 비서, 핀테크 등 다양한 분야에 적용되고 있습니다.

앞으로 AI의 발전은 더욱 가속화될 것이며, 사람을 도와 창의적인 아이디어를 만들어주고, 사람들이 상상하지 못한 비전과 전략을 제시하며, 사람들과 협력하는 방향으로 나아갈 것입니다.

출처: 중학교 STEAM 자유학기제 학생용 교재 학습하는 AI(기계에 지능 부여하기), pp.4-7

3) Enter 키를 눌러 텍스트를 전송한다.

(4) 마크다운 코드 블록 생성 대기

1) ChatGPT가 텍스트를 분석하고 마크다운 형식의 마인드맵을 생성하는 동안 기다린다.

2) 이 과정은 텍스트의 길이와 복잡성에 따라 몇 초에서 1분 정도 소요될 수 있다.

(5) 생성된 마크다운 코드 블록 확인 및 복사

1) ChatGPT가 응답을 완료하면 생성된 마크다운 코드 블록을 확인한다.

2) 코드 블록은 일반적으로 다음과 같은 형식으로 표시된다.

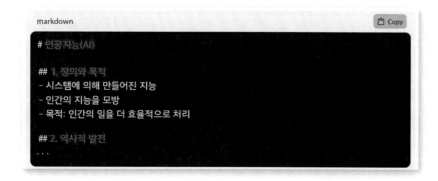

3) 코드 블록의 오른쪽 상단에 있는 "Copy code" 버튼을 클릭하여 전체 마크다운 코드를 복사한다.

(6) 마크다운 파일 생성 및 저장

1) 컴퓨터에서 메모장(Windows) 또는 TextEdit(Mac)을 실행한다.

2) 복사한 마크다운 코드를 새 문서에 붙여넣는다.

3) 파일 > 다른 이름으로 저장을 선택한다.

4) 파일 이름을 "mindmap.md"로 지정한다(파일 확장자가 .md인지 확인).

5) 저장 위치를 선택하고 '저장' 버튼을 클릭한다.

이제 ChatGPT를 사용하여 마인드맵용 마크다운 파일을 생성하였다. ❷에서는 이 파일을 Xmind로 가져와서 시각적 마인드맵으로 변환하는 방법을 알아보자.

❷ Xmind 상세 사용 메뉴얼

Xmind는 마인드맵과 브레인스토밍을 위한 강력한 도구이다. 이 소프트웨어를 사용하면 아이디어를 시각적으로 구조화하고 정리할 수 있어 학습, 프로젝트 관리, 문제 해결 등 다양한 상황에서 유용하다. 학생들은 Xmind를 사용하여 복잡한 개념을 정리하거나 에세이 구조를 계획할 수 있고, 전문가들은 프로젝트 계획이나 전략 수립에 활용할 수 있다. AI를 활용하면, 마인드 맵을 자동을 생성할 수 있어서 매우 편리하다.

(1) 설치방법

1) 구글에서 'Xmind'를 검색한다.

2) 검색 결과에서 공식 웹사이트(https://www.xmind.app)로 이동한다.

3) 웹사이트 상단 또는 하단의 "Download" 버튼을 클릭한다.

4) 운영 체제에 맞는 버전(예: "Download for Windows")을 선택한다.

5) 다운로드가 시작되면 완료될 때까지 기다린다. 파일 크기에 따라 몇 분 정도 소요될 수 있다.

6) 다운로드가 완료되면 설치 파일을 실행한다.

7) 설치 과정에서 라이선스 계약 동의를 요청하면, 내용을 읽고 동의한다.

(2) 계정 생성

1) Xmind 프로그램을 실행하면 로그인 화면이 나타난다.

2) '계정 만들기' 또는 'Sign Up' 버튼을 클릭한다.

3) 이메일 주소 입력란에 사용하실 이메일 주소를 입력한다.

4) '계속' 또는 'Continue' 버튼을 클릭한다.

5) 입력한 이메일 주소로 확인 코드가 전송된다. 이메일을 확인하여 코드를 찾는다.

6) 이메일에서 받은 숫자 코드를 복사한다.

7) Xmind 프로그램으로 돌아와 '확인 코드' 또는 'Verification Code' 입력란에 복사한 코드를 붙여넣기한다.

8) '비밀번호' 또는 'Password' 입력란에 원하는 비밀번호를 입력한다.

9) '등록' 또는 'Register' 버튼을 클릭한다.

10) 계정 생성이 완료되면 확인 메시지가 표시된다.

※ 무료 버전으로도 대부분의 기능을 사용할 수 있지만, 추가 기능이 필요하다면 유료 구독을 고려해 볼 수 있다.

(3) 새 마인드맵 만들기

1) Xmind 메인 화면에서 '새로 만들기' 또는 'New' 버튼을 클릭한다.
2) 빈 캔버스가 나타나면 중앙에 있는 주제(중심 아이디어)를 더블클릭하여 원하는 텍스트를 입력한다.

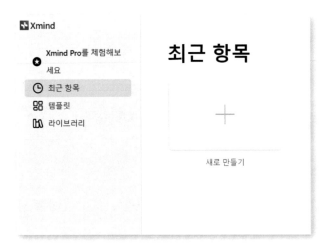

(4) 마인드맵 스타일 설정

1) 화면 오른쪽 상단의 '서식' 또는 'Format' 탭을 클릭한다.

2) '서식' 메뉴에서 다음 세 가지 주요 옵션을 확인할 수 있다.

- 스타일(Style): 마인드맵의 전체적인 모양을 변경
- 구조(Structure): 마인드맵의 기본 구조를 선택
- 테마(Theme): 색상 테마를 선택

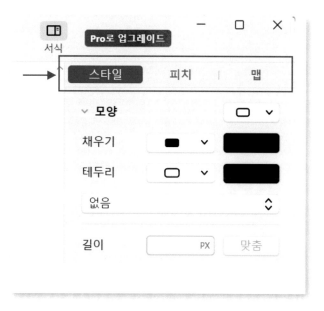

3) '구조'에서 원하는 마인드맵 구조를 선택한다. 기본 구조는 '마인드맵'이다.

4) '테마'에서 원하는 색상 테마를 선택한다.

5) '스타일'에서 마인드맵의 세부적인 모양, 선 스타일, 글꼴 등을 조정할 수 있다.

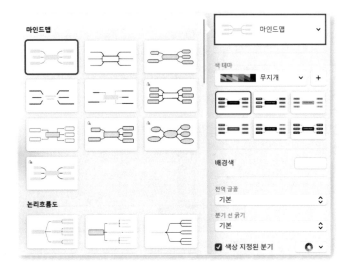

(5) 내용 추가 및 편집

1) 주제에 하위 주제를 추가하려면 주제를 선택하고 'Tab' 키를 누르거나, 주제 옆의 '+' 버튼을 클릭한다.

2) 같은 레벨의 주제를 추가하려면 'Enter' 키를 누른다.

3) 주제를 삭제하려면 선택 후 'Delete' 키를 누른다.

4) 주제의 위치를 변경하려면 마우스로 드래그하여 원하는 위치로 이동한다.

(6) 추가 요소 삽입

1) 화면 상단의 '삽입' 또는 'Insert' 탭을 클릭한다.

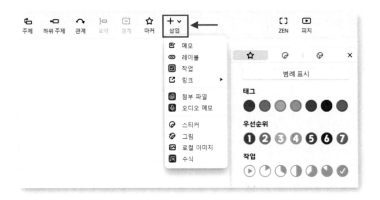

2) 다양한 요소를 선택하여 마인드맵에 추가할 수 있다.

- 메모: 주제에 대한 추가 설명을 작성한다.
- 이미지: 관련 이미지를 추가한다.
- 링크: 웹페이지나 파일 링크를 추가한다.
- 오디오: 음성 메모를 추가한다.

❸ Xmind를 사용한 마인드맵 생성 자동화

이제 생성한 마크다운 파일을 Xmind로 가져와 시각적인 마인드맵으로 만들고, 마인드맵을 자동으로 생성해 보자.

(1) Xmind 실행 및 새 프로젝트 시작

1) Xmind 프로그램을 실행한다.
2) 시작 화면에서 "Blank" 또는 "새로 만들기"를 선택하여 새 프로젝트를 시작한다.

(2) 마크다운 파일 가져오기

1) 상단 메뉴에서 "파일" > "가져오기" > "Markdown…"을 선택한다.

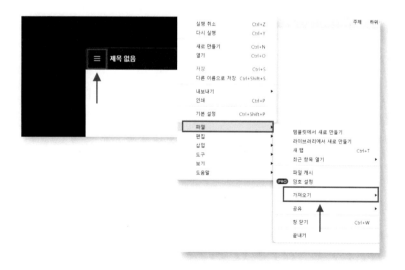

2) 파일 선택 창에서 이전에 저장한 "mindmap.md" 파일을 찾아 선택한다.

3) "열기" 버튼을 클릭하여 파일을 가져온다.

(3) 자동 생성된 마인드맵 확인

1) Xmind가 마크다운 파일을 해석하여 자동으로 마인드맵을 생성한다.

2) 생성된 마인드맵의 구조와 내용을 확인한다.

(4) 마인드맵 저장 및 내보내기

1) 프로젝트 저장

- "파일" > "저장" 또는 Ctrl+S(Windows)/Cmd+S(Mac)를 사용하여 저장한다.
- 적절한 파일 이름(예: "AI_Mindmap_Final")을 지정한다.

2) 이미지로 내보내기

- "파일" > "내보내기" > "이미지"를 선택한다.
- 원하는 이미지 형식(PNG, JPEG, SVG 등)을 선택한다.
- 해상도와 품질을 조정하고 저장한다.

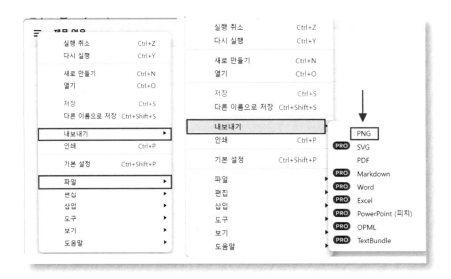

3) 다른 형식으로 내보내기

- 필요에 따라 PDF, Microsoft Word, PowerPoint 등 다양한 형식으로 내보낼 수 있다.
- "파일" > "내보내기"에서 원하는 형식을 선택한다.

ChatGPT로 생성한 마크다운 파일을 Xmind로 가져와 시각적으로 매력적이고 정보가 풍부한 마인드맵을 만드는 방법을 알아 보았다. 이 기술을 활용하면 복잡한 정보를 체계적으로 정리하고, 아이디어를 효과적으로 시각화할 수 있다.

Xmind의 다양한 기능을 계속 탐험하고 연습하면서 여러분만의 독특한 마인드맵 스타일을 개발할 수 있다. 학습, 프로젝트 계획, 문제 해결 등 다양한 상황에서 이 도구를 활용하면 생각을 명확히 하고 창의성을 높일 수 있다.

마인드맵 작성은 단순히 정보를 나열하는 것이 아니라 정보 간의 관계를 이해하고 새로운 통찰을 얻는 과정이다. 지속적인 연습과 실험을 통해 여러분의 마인드맵 기술을 향상시키고, 보다 효과적으로 정보를 관리하고 아이디어를 발전시킬 수 있을 것이다.

6. 브루(Vrew): 영상 편집 마법사

영상 제작은 창의성과 상상력 자극을 위해 중요한 역할을 한다. 자신이 상상한 이미지나 영상을 시각과 영상으로 표현하려면 콘텐츠 제작 및 영상 편집 기술이 필요하다. 특히, 정교한 스토리 라인이나 복잡한 콘텐츠 영상이 있는 작업을 하기 위해서는 높은 수준의 기술과 많은 연습이 요구된다. 따라서 그 영상 편집은 창의적인 작업의 복합체라고 할 수 있다.

그런데 영상을 제작하기란 쉽지 않은 일이다. 특히, 예술적인 재능이나 감각이 없거나 영상을 제작할 시간이 부족한 사람들에게는 더욱 그렇다. 정밀한 컷편집을 하거나 정확한 장면 연출을 구현하기 위해서는 많은 노력이 필요하다. 또한,

디지털 작업을 위해 영상을 병합하고 자막을 입히고, 다양한 언어로 편집하는 과정 역시 번거롭다.

최근 AI와 머신러닝 기술을 활용한 그림 도구들이 많이 등장하고 있다. 이러한 도구들은 사용자의 간단한 지시 및 의도를 인식하여 완성도 있는 자막과 음성 있는 영상으로 자동 완성해주는 기능을 제공한다. 브루(Vrew)는 이러한 기술의 발전을 대표하는 도구로, 사용자의 지시를 인식하여 여러 가지 제안을 제공함으로써 빠르고 쉽게 영상을 완성할 수 있게 해준다.

브루(Vrew)는 누구나 쉽게 사용할 수 있는 도구이다. 사용자가 간단한 명령어를 입력하면 시작하면 AI가 이를 분석하여 다양한 제안을 제공한다. 사용자는 제안된 텍스트, 자막, 이미지, 음성 중 원하는 것을 선택하여 완성할 수 있다. 이는 영상을 만드는데 많은 시간을 절약할 수 있게 해주며, 예술적인 재능과 감각이 부족한 사람들도 고품질의 결과물을 얻을 수 있게 한다.

게다가 브루는 웹 기반 도구이기도 하고, 간단히 다운로드 후 설치해서 사용할 수 있다. 웹 브라우저에서 브루 사이트에 접속하여 바로 무료로 사용할 수 있다. 이는 접근성을 높여 누구나 쉽게 이용할 수 있게 한다. 또한, 완성된 영상은 다운로드하여 저장하거나 소셜 미디어를 통해 쉽게 공유할 수 있다.

브루는 영상 제작 도구로 다양한 분야에서 활용될 수 있다. 교육 분야에서는 교사와 학생들이 학습 자료를 더 쉽게 제작할 수 있다. 디자인 및 영상 분야에서는 초보 영상 디자이너나 비전문가들도 손쉽게 아이디어를 시각 및 영상화할 수 있다. 일상 생활에서는 간단한 그림이나 아이디어를 시각 영상으로 제작하여 소셜 미디어에 쉽게 업로드하여 숏츠 등 짧은 동영상으로 제작하여 표현할 때 유용하다.

결론적으로 브루는 AI 기술을 활용하여 영상 제작하기를 쉽고 빠르게 해주는 혁신적인 도구이다. 사용자는 간단한 아이디어만으로도 고품질의 영상을 얻을 수 있으며, 무료 웹 기반으로도 쉽게 접근할 수 있다. 브루는 앞으로도 다양한 분야에서 더욱 폭넓게 활용될 가능성이 크다. 기술의 발전과 함께, 브루와 같은 에듀테크 도구들은 사람들의 창의력을 더욱 발휘하여 상상력을 펼칠 수 있는 기회를 제공할 것이다.

❶ 브루 앱의 기능

브루는 AI를 활용한 영상, 자막 편집 프로그램이자, 음성 인식을 통해 텍스트로 변환된 영상을 쉽고 간편하게 편집할 수 있다. 음성 인식 결과를 문장 단위로 나누어 자동으로 자막을 생성해 주고, 자막을 원하는 스타일로도 간편하게 편집할 수 있다. 영상 내용을 문서 편집하듯이 쉽고 간편하게 편집할 수 있고, 다양한 언어지원이 가능하므로 다양한 지역의 원어민 음성을 지원하므로, 영어 회화 및 리스닝, 스피킹 연습에 탁월하다.

브루는 AI 기술을 활용하여 사용자의 간단한 아이디어를 정교한 영상으로 완성해주는 혁신적인 도구이다. 누구나 쉽게 사용할 수 있도록 설계된 브루를 효과적으로 활용하는 방법을 단계별로 자세히 설명하겠다.

❷ 브루 사용법

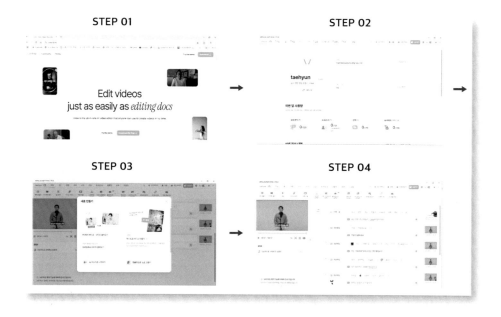

STEP 01. 웹에서 다운로드받은 후 계정을 생성한다.

STEP 02. 회원 가입하고 계성을 생성한다.

STEP 03. 자막이 필요한 영상을 업로드한다.

STEP 04. 컷 편집 등 활용하기에 적합하게 영상을 편집하고, 자막의 인식 오류 부분을 수정하고 영상을 완성한다.

(1) 스마트 폰 앱을 이용할 때

1) 브루는 자동으로 음성을 인식해서 초벌 자막을 만들어 준다.

2) 자막을 수정할 때는 수정할 자막 부분을 선택하고 다시 작성하면 된다.

3) 붓 모양을 누르면 다양한 자막 스타일(글꼴, 글자 크기, 상하 여백, 테두리, 그림자, 자간, 행간) 선택 및 변경 가능하다.

4) 자막 스타일을 생성한 후, 상단의 별 모양을 눌러 즐겨찾기에 추가하면, 다음 영상에서도 설정한 스타일로 사용 가능하다.

5) 배경 음악은 음표 버튼을 누르면 삽입(저작권 없는 무료 음악, 내음악)이 가능하다.

6) 저장은 앱의 오른쪽 상단을 눌러 원하는 해상도와 프레임 레이트, 포맷을 선택하고 내보내기를 누른다.

(2) 컴퓨터 프로그램을 이용할 때

수업 자료를 제작할 때 컴퓨터 프로그램 브루를 활용하면 편리하다.

브루는 웹 기반 도구이자 다운로드 가능 학습툴이다. 다음의 절차를 따라 브루 웹사이트에 접속하여 브루 프로그램을 무료로 다운받으면 된다.

웹 브라우저를 열고 검색 창에 "Vrew"를 입력한 후, 검색 결과에서 vrew 웹사이트를 클릭한다. Vrew 웹사이트에 접속하면 다운받은 프로그램이 생성된다. (http://https://vrew.ai/ko)

③ 브루 활용 아이디어와 전망

브루는 AI를 활용하여 사용자의 간단한 영상 아이디어를 AI 자막 및 목소리를 추가한 정교한 동영상으로 완성해주는 혁신적인 도구이다. 최근 관련 기술의 발달로 인해 영상 편집 과정이 더욱 간편해졌으며, 누구나 쉽게 고품질의 동영상을 얻을 수 있는 시대가 되었다. 특히 브루의 자동 완성 기능은 사용자에게 빠르고 정확한 결과물을 제공하여 큰 주목을 받고 있다. 간단한 영상 파일을 자동으로 인식하고 다양한 제안을 제공함으로써, 자막과 목소리(음성)를 추가한 영상을 완성하는 데 소요되는 시간과 노력을 크게 절약할 수 있다. 이러한 기능은 예술적 재능 및 영상 편집 기술이 부족한 사람들뿐만 아니라, 전문 영상 편집 디자이너들에게도 유용하다. 더불어 스마트폰이나 웹에서 편리하게 다운로드 받아 접근성이 높아 많은 사용자들에게 사랑받고 있다.

④ AI 기술 및 브루의 교육적 활용 아이디어

브루의 가장 기본적인 활용 방법은 단순한 동영상을 정교한 자막 및 음성을 갖춘 영상으로 완성하는 것이다. 브루에서 사용한 AI 기술은 STT(Speech-to Text) 기술이다.

STT 기술은 사람이 말하는 음성 언어를 컴퓨터가 해석해 그 내용을 문자 데이터로 전환하는 처리를 의미한다. 브루 서비스 내 적용된 마인즈 랩의 한국어 STT API는 한국어 발음/발화에 특화된 모델이지만, 다양한 영미권 문화의 영어 음성도 지원하므로 외국어 교육에도 매우 다양한 활용 방안을 고려할 수 있다.

(1) 교육 분야

교사와 학생들이 수업 자료를 더 쉽게 제작하여 디지털 활용 능력인 디지털 리터러시를 신장 시킬수 있다. 예를 들어, 복잡한 자막을 가진 영상에 다양한 음성을 추가하여 시청각적으로 표현하는 데 유용하다. 학생들은 자신이 상상한 내용을 빠르게 시청각화하여 발표 자료나 과제를 준비할 수 있다. 학생들이 학습 프로젝트 결과물을 영상으로 제작할 때 사용할 수 있기에 아이들이 영상을 만드는 과정에 직접 참여함으로써 영상 미디어를 능동적으로 활용, 창작하는 경험과 동기를 통해 영상 문화 시대의 주제로서 성당할 수 있게 해준다.

또한 영상 활용 및 창작 경험으로 무심코 지나쳤던 영상 미디어에 대해 새로운 시각으로 관찰하고 의미를 부여함으로써, 영상 문화 시대에 남발하는 영상 미디어를 비판적으로 수용하는 자세를 함양시킬 수 있다.

(2) 디자인 작업

초보 영상 편집 디자이너나 비전문가들도 손쉽게 아이디어를 시각화할 수 있다. 초기 디자인 단계에서 빠르게 초벌 작업을 만들 수 있어 효율적인 작업이 가능하다. 또한 프리랜서 디자이너들이 클라이언트에게 빠르게 영상 시안을 제시할 때 화용도가 높다.

(3) 토론 및 브레인스토밍

친구들과 토론을 하거나 주제를 정해놓고 의견을 교환할 때도 매우 유용하게 활용할 수 있다. 특히 토론 시 각자의 영상에 대해 자막과 음성을 가진 영상을 통해 시청각적으로 표현하여 쉽게 공유하고 이해할 수 있게 한다. 이를 통해 토론의 수준과 질을 크게 높일 수 있다.

(4) 일상 생활

간단한 그림이나 영상을 시청각적으로 표현해서, 감성을 담아야 할 때 유용하다. 예를 들어, 가족이나 친구에게 보내는 간단한 메시지나 카드 영상 제작 시 감동을 담아 활용할 수 있다.

❺ 브루 전망

브루와 같은 도구들은 앞으로도 더욱 발전할 전망이다. 국내외에서 다양한 AI 기반의 영상 편집 도구들이 등장하고 있으며, 이들 도구들은 점점 더 정교한 기능을 제공하고 있다.

(1) 기술 발전

AI 기술이 발전함에 따라 영상 완성도의 정확성과 다양성이 더욱 향상될 것이다. 현재의 자동 완성 기능 외에도, 사용자의 스타일을 학습하여 개인 맞춤형 제안을 제공하는 기능이 추가될 가능성이 크다.

(2) 통합 플랫폼

브루와 같은 도구들이 다른 디지털 플랫폼과 결합되어 더욱 폭넓게 활용될 것이다. 예를 들어, 온라인 학습 플랫폼이나 협업 도구와 통합되어 교육 및 업무 환경에서 유용하게 사용될 수 있다. 원격 화상회의 도구와 결합하여 회의 중 발표한 시청각 동영상 자료 내용을 실시간으로 공유하고 편집할 수 있는 기능도 기대된다.

(3) 다양한 기능 구현

AI를 활용한 다양한 기능들이 추가될 전망이다. AI 기술로 정확하고 빠른 음성 인식이 가능하다. 예를 들어, 텍스트 및 음성 및 자동 번역 기능, 색상 추천 및 자동 채색 필터 효과 기능, 밑줄, 하이라이트 처리 등 다양한 서식 편집 등의 강화된 컷 편집 기능등이 포함될 수 있다. 또한, 영상을 설명하는 AI 챗봇 기능도 구현될 가능성이 있다.

물론 이러한 기능들을 활용하려면 부분적 유료 결제가 필요할 수도 있다. 하지만 그 효과와 활용 가치를 고려할 때, 충분한 가치가 있을 것이다. 현재로서는 브루가 제공하는 다양한 기능들을 십분 활용하면서, 앞으로 더욱 발전할 유사한 도구들에 대한 정보를 지속적으로 확보하는 것이 중요하다. 브루는 창의력을 발휘하고 영상 편집을 완성하는 과정을 원클릭 자막 생성과정을 통해 자막 디자인을 더욱 즐겁고 효율적으로 만들어줄 것이다.

❻ 브루의 교육적 유의점 및 팁

- 음성 인식으로 자동으로 생성된 자막이 정확한지 확인하고 삽입해야 한다.
- 현재 한국어 음성 인식만 지원하고 있으므로, 외국어 자막을 넣을 경우, 번역 프로그램에서 번역하여 삽입해야 한다.
- 노래 가사는 음성 인식률이 낮아 직접 삽입해야 하는 경우가 잦다.

❼ 브루의 교육적 활용 예시

- 학교급: 중, 고등학교
- 학년: 1~3학년
- 과목: 영어 듣기, 쓰기
- 수업 흐름: 교수 학습 중 Vrew를 활용해 제작한 영상을 사용하여 특정 부분을 제외하고, 자막을 삽입한다. 자막이 없는 특정 부분을 전후 맥락과 함께 듣기, 쓰기 후 제출하도록 수업을 진행하면, 영어 듣기 및 쓰기 능력을 향상시킬 수 있다.

7. AI로 만들고 넷리파이(Netlify)로 우리 아이 꿈 포트폴리오 웹페이지 배포하기

❶ 아이디어 구상하기

AI의 도움을 받아 자녀의 미래 관심사에 대한 포트폴리오 웹페이지를 만드는 활동은 단순히 웹페이지를 만드는 것을 넘어서, 부모와 자녀가 함께 미래에 대해 대화하고 계획을 세우는 소중한 기회를 제공한다.

웹페이지 제작을 시작하기에 앞서, 가장 중요한 단계는 아이디어를 구상하는 것이다. 이 단계에서는 자녀의 꿈이나 관심사를 중심으로 웹페이지의 내용을 구성하게 된다. 부모는 자녀와 함께 앉아 진지하게 대화를 나누며, 자녀의 미래 희망이나 현재 가장 흥미를 느끼는 분야에 대해 이야기를 나눌 수 있다.

> 1) **자녀의 꿈 또는 관심 직업:** 이는 웹페이지의 주제가 되는 핵심 내용이다. 우주 비행사, 환경 운동가, 로봇 공학자 등 자녀가 꿈꾸는 미래의 모습을 명확히 정의한다.
> 2) **꿈과 관련된 간단한 설명이나 이유:** 왜 그 꿈을 갖게 되었는지, 그 직업의 어떤 점이 매력적인지 등을 자녀의 언어로 표현하도록 한다. 이는 자녀의 가치관과 관심사를 반영하는 중요한 부분이다.
> 3) **꿈을 이루기 위한 계획이나 노력:** 현재 하고 있는 활동이나 앞으로 해보고 싶은 것들을 정리한다. 이는 꿈을 향한 구체적인 로드맵 역할을 하며, 자녀에게 목표 의식을 심어줄 수 있다.

이러한 내용을 정리하는 과정에서 부모는 자녀의 생각을 경청하고, 적절한 질문을 통해 자녀가 자신의 꿈에 대해 더 깊이 생각해볼 수 있도록 유도할 수 있다. 예를 들어, "그 꿈을 갖게 된 특별한 계기가 있니?", "그 직업을 가지면 어떤 점이 가장 즐거울 것 같아?", "그 꿈을 이루기 위해 지금 할 수 있는 일은 뭐가 있을까?" 등의 질문을 통해 대화를 발전시킬 수 있다.

❷ AI에게 코드 요청하기

아이디어 구상이 완료되면, 다음 단계는 이를 실제 웹페이지로 구현하는 것이다. 여기서 AI 채팅봇의 도움을 받아 웹페이지의 기본 구조를 만들 수 있다.

> 1) AI 채팅봇에 접속한다. ChatGPT의 경우 "chat.openai.com"에서, 클로드의 경우 "claude.ai/new"에서 이용할 수 있다.
> 2) AI에게 구체적인 요청을 한다. 예를 들어, 다음과 같이 요청할 수 있다.
>   "안녕하세요. 제 아이의 꿈을 소개하는 간단한 웹페이지를 만들고 싶습니다. HTML, CSS, 그리고 간단한 JavaScript가 포함된 코드를 작성해 주세요. 페이지에는 제목, 아이의 꿈 소개, 꿈을 갖게 된 이유, 그리고 꿈을 이루기 위한 계획이 포함되어야 합니다. 디자인은 밝고 아이들이 좋아할 만한 스타일로 해주세요."

그림 6-1 ▸ ChatGPT에게 코드 요청하기

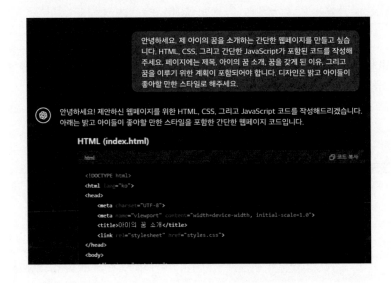

이러한 요청을 하면, AI는 요구사항에 맞는 기본 적인 웹페이지 코드를 제공할 것이다. 이 코드는 HTML, CSS, JavaScript의 세 부분으로 구성된다.

1. **HTML(HyperText Markup Language):** 웹페이지의 구조와 내용을 정의한다. 여기에는 제목, 문단, 이미지 등의 요소가 포함된다.
2. **CSS(Cascading Style Sheets):** 웹페이지의 레이아웃과 디자인을 담당한다. 색상, 폰트, 요소의 크기와 위치 등을 지정한다.
3. **JavaScript:** 웹페이지에 동적인 기능을 추가한다. 예를 들어, 버튼을 클릭했을 때 특정 동작을 수행하게 하는 등의 기능을 구현할 수 있다.

AI가 제공한 코드는 대략 다음과 같은 모습을 가질 것이다.

```
<!DOCTYPE html>
<html lang="ko">
<head>
    <meta charset="UTF-8">
    <meta name="viewport" content="width=device-width, initial-scale=1.0">
    <title>우리 아이의 꿈 포트폴리오</title>
    <style>
 ...
</html>
```

AI가 제공한 코드를 이해하기 어렵더라도 걱정할 필요는 없다. 이 코드는 웹페이지의 기본 뼈대를 제공하는 것일 뿐이며, 다음 단계에서 우리의 필요에 맞게 수정할 수 있다. 만약 코드의 특정 부분에 대해 이해가 가지 않거나 수정하고 싶은 부분이 있다면, 다시 AI에게 물어볼 수 있다. 예를 들어, "이 코드에서 배경색을 파란색으로 바꾸고 싶어요. 어떻게 해야 할까요?"와 같은 질문을 할 수 있다. AI는 친절하게 설명해 주고 필요한 코드 수정 방법을 알려줄 것이다.

다음 단계에서는 AI가 제공한 이 기본 코드를 바탕으로, 우리 아이의 구체적인 꿈과 계획을 반영하여 웹페이지를 개인화하게 된다. 이 과정에서 부모와 자녀가 함께 협력하며, 창의성을 발휘할 수 있는 기회가 될 것이다.

❸ 코드 수정 및 개인화하기

AI가 제공한 기본 코드를 바탕으로, 이제 우리 아이의 구체적인 꿈과 내용을 반영하여 웹페이지를 개인화하는 단계이다. 이 과정은 부모와 자녀가 함께 참여하며 창의성을 발휘할 수 있는 흥미로운 단계이다.

먼저, 텍스트 에디터를 사용하여 코드를 수정한다. 텍스트 에디터는 코드를 작성하고 편집하는 데 사용되는 프로그램으로, 윈도우의 메모장이나 맥의 텍스트 편집기와 같은 기본 프로그램을 사용할 수 있다. 보다 편리한 사용을 위해 Visual Studio Code나 Sublime Text와 같은 전문 텍스트 에디터를 다운로드하여 사용할 수도 있다.

텍스트 에디터에서 AI가 제공한 코드를 열고, 다음과 같은 부분들을 우리 아이에 맞게 수정한다.

---

1) 제목

<title> 태그와 <h1> 태그 내의 텍스트를 아이의 이름이나 특정 주제로 변경한다.

예: <title>민서의 우주 탐험 꿈 포트폴리오</title>

2) 아이의 꿈 소개

<section id="dream"> 내의 내용을 아이의 꿈에 대한 구체적인 설명으로 바꾼다.

예: <p>민서는 우주 비행사가 되어 미지의 행성을 탐험하고 싶어합니다.</p>

3) 꿈을 갖게 된 이유

<section id="reason"> 내의 내용을 아이가 그 꿈을 갖게 된 이유로 채운다.

예: <p>어릴 때부터 별자리를 관찰하는 것을 좋아했고, 우주의 신비에 매료되었습니다.</p>

4) 꿈을 이루기 위한 계획

<section id="plan"> 내의 리스트를 아이의 구체적인 계획으로 수정한다.

예: <ul>

<li>과학 동아리에 가입하여 활동하기</li>

<li>천문대 방문하여 천체 관측하기</li>

<li>우주 관련 책 매달 한 권씩 읽기</li>

</ul>

그림 6-2 ▸ ChatGPT에서 코드 수정하기

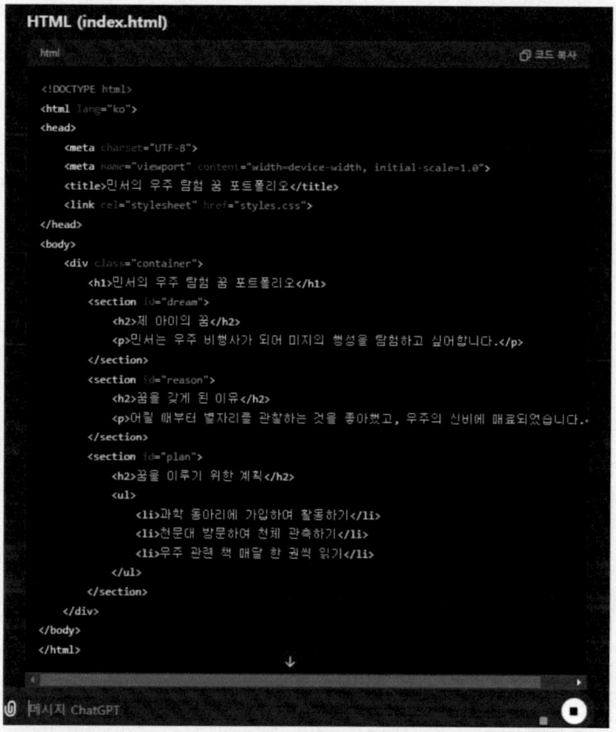

```html
HTML (index.html)

html                                                          코드 복사

<!DOCTYPE html>
<html lang="ko">
<head>
    <meta charset="UTF-8">
    <meta name="viewport" content="width=device-width, initial-scale=1.0">
    <title>민서의 우주 탐험 꿈 포트폴리오</title>
    <link rel="stylesheet" href="styles.css">
</head>
<body>
    <div class="container">
        <h1>민서의 우주 탐험 꿈 포트폴리오</h1>
        <section id="dream">
            <h2>제 아이의 꿈</h2>
            <p>민서는 우주 비행사가 되어 미지의 행성을 탐험하고 싶어합니다.</p>
        </section>
        <section id="reason">
            <h2>꿈을 갖게 된 이유</h2>
            <p>어릴 때부터 별자리를 관찰하는 것을 좋아했고, 우주의 신비에 매료되었습니다.</p>
        </section>
        <section id="plan">
            <h2>꿈을 이루기 위한 계획</h2>
            <ul>
                <li>과학 동아리에 가입하여 활동하기</li>
                <li>천문대 방문하여 천체 관측하기</li>
                <li>우주 관련 책 매달 한 권씩 읽기</li>
            </ul>
        </section>
    </div>
</body>
</html>
```

메시지 ChatGPT

CSS 부분에서는 색상, 폰트, 레이아웃 등을 수정하여 아이의 취향에 맞게 디
자인을 변경할 수 있다. 예를 들어, 우주를 테마로 한다면 다음과 같이 수정할 수
있다.

```
body {
    background-color: #000033;  /* 어두운 남색 배경 */
    color: #ffffff;  /* 흰색 텍스트 */
    font-family: 'Arial', sans-serif;
}h1, h2 {
    color: #ffff00;  /* 노란색 제목 */
}#dream, #reason, #plan {
    background-color: rgba(255, 255, 255, 0.1);  /* 반투명한 흰색 배경 */
    border-radius: 10px;  /* 둥근 모서리 */
    padding: 20px;
    margin-bottom: 20px;
}
```

그림 6-3 ▸ CSS 스타일 수정하기

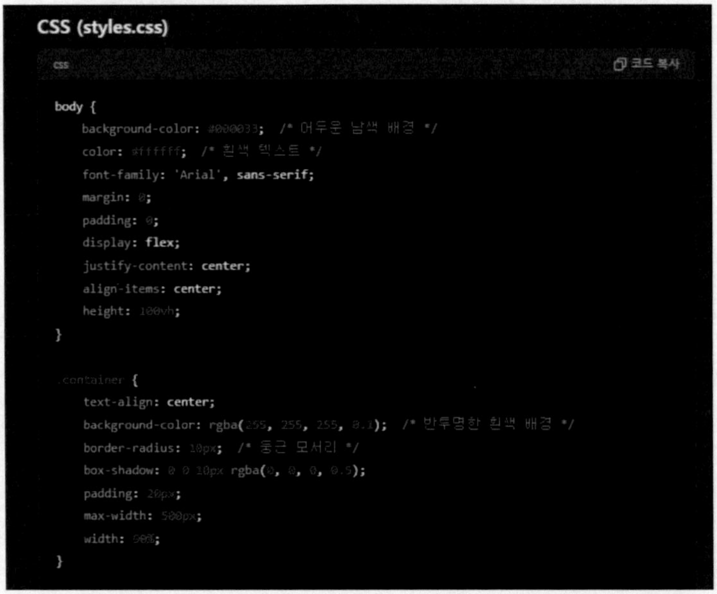

CSS (styles.css)

```
body {
    background-color: #000033;  /* 어두운 남색 배경 */
    color: #ffffff;  /* 흰색 텍스트 */
    font-family: 'Arial', sans-serif;
    margin: 0;
    padding: 0;
    display: flex;
    justify-content: center;
    align-items: center;
    height: 100vh;
}

.container {
    text-align: center;
    background-color: rgba(255, 255, 255, 0.1);  /* 반투명한 흰색 배경 */
    border-radius: 10px;  /* 둥근 모서리 */
    box-shadow: 0 0 10px rgba(0, 0, 0, 0.5);
    padding: 20px;
    max-width: 500px;
    width: 90%;
}
```

이미지를 추가하고 싶다면, 먼저 이미지 파일을 웹페이지 파일과 같은 폴더에 저장한 후, HTML 코드에 다음과 같이 추가할 수 있다.

```
<img src="우주비행사.jpg" alt="우주 비행사 이미지" style="width:100%; max-width: 500px;">
```

그림 6-4 ▸ 우주비행사 (미드저니에서 생성)

코드 수정 과정에서 어려움을 겪는다면, 다시 AI의 도움을 받을 수 있다. 예를 들어, "이미지를 둥근 모서리로 만들고 싶어요. 어떻게 해야 할까요?"와 같은 질문을 AI에게 할 수 있다. AI는 필요한 CSS 코드를 제공하고 사용 방법을 설명해 줄 것이다.

자바스크립트(JavaScript)를 사용하여 간단한 상호작용 요소를 추가할 수도 있다. 예를 들어, 버튼을 클릭하면 추가 정보가 나타나게 하는 기능을 다음과 같이 구현할 수 있다.

```
<button id="moreInfoBtn">더 알아보기</button>
<p id="moreInfo" style="display:none;">우주 비행사가 되기 위한 자세한 정보...</p>
<script>
document.getElementById('moreInfoBtn').addEventListener('click', function() {
    var moreInfo = document.getElementById('moreInfo');
    if (moreInfo.style.display === 'none') {
        moreInfo.style.display = 'block';
    } else {
        moreInfo.style.display = 'none';
    }
});
</script>
```

❹ 웹페이지 미리보기

코드 수정과 개인화 작업이 완료되면, 이제 실제로 웹페이지가 어떻게 보이는지 확인하는 단계이다. 이 과정은 우리가 만든 웹페이지를 직접 눈으로 확인하고, 필요한 경우 추가적인 수정을 할 수 있는 중요한 단계이다.

(1) 바탕화면에 project라는 폴더를 만든다.

그림 6-5 ▸ 바탕화면 폴더 생성

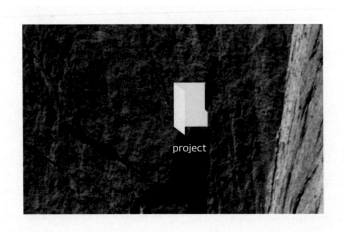

(2) 메모장에 코드를 붙여 넣는다. 이 코드 안에는 html과 javascript가 함께
   들어 있다.

그림 6-6 ▸ 메모장 코드 붙여넣기

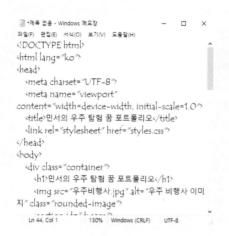

(3) 파일 이름을 index.html로 저장한다.

그림 6-7 ▸ 파일 저장(index.html)

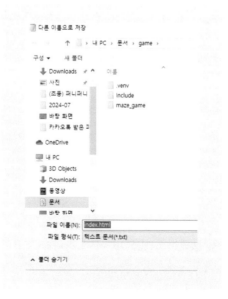

(4) 바탕화면에 생성한 project 폴더에 저장한다.

(5) css 파일도 마찬가지로 project 폴더에 저장한다. 파일 이름을 'styles.css'로 저장한다.

그림 6-8 ▸ project 폴더에 저장된 파일

이름	수정한 날짜	유형	크기
⦿ index	2024-07-24 오후 5:16	Chrome HTML D...	2KB
# styles	2024-07-24 오후 6:20	CSS 원본 파일	2KB

웹페이지를 미리보기 하는 방법은 다음과 같다.

• 먼저, 수정한 코드를 'index.html'이라는 이름으로 저장한다.

• 저장한 'index.html' 파일을 찾아 더블 클릭한다. 이렇게 하면 기본 웹 브라우저(예: 크롬, 파이어폭스, 사파리 등)에서 파일이 열리게 된다.

• 브라우저에서 열린 페이지가 바로 우리가 만든 웹페이지이다. 여기서 텍스트, 이미지, 레이아웃 등이 의도한 대로 표시되는지 확인한다.

❺ 넷리파이에 배포하기

웹페이지를 완성하고 미리보기를 통해 확인했다면, 이제 이를 인터넷에 공개하여 누구나 접속할 수 있게 만드는 '배포' 단계로 넘어간다. 여기서는 넷리파이라는 무료 호스팅 서비스를 이용하여 간단하게 웹페이지를 배포하는 방법을 설명한다.

넷리파이는 개인 프로젝트나 작은 규모의 웹사이트를 무료로 호스팅할 수 있는 플랫폼이다. 사용이 간편하고 별도의 서버 관리가 필요 없어 초보자들도 쉽게 사용할 수 있다.

넷리파이를 이용한 배포 과정은 다음과 같다.

1) 넷리파이 가입하기
- 웹 브라우저에서 www.netlify.com에 접속한다.
- 우측 상단의 'Sign up' 버튼을 클릭한다.
- 이메일 주소를 이용하거나 GitHub, GitLab, Bitbucket 계정을 통해 가입할 수 있다.

그림 6-9 ▸ 넷리파이 메인페이지

2) 새 사이트 만들기
- 오른쪽 하늘색 바탕의 "Add new site"를 클릭한다.
- 'Deploy manually' 링크를 클릭한다.

그림 6-10 ▸ 새 사이트 만들기

3) 파일 업로드하기

- 'Drag and drop your site output folder here' 영역이 나타난다.
- 이곳에 우리가 만든 project 폴더 전체를 드래그앤드롭한다.

그림 6-11 ▸ 파일을 드래그해서 떨구기

그림 6-12 ▸ Open production deploy 클릭

- Open production deploy를 클릭하면 배포된 웹페이지가 나타나면 성공이다.

4) 배포 완료

- 파일 업로드가 완료되면 넷리파이가 자동으로 사이트를 배포한다.
- 배포가 완료되면 임의의 URL이 생성된다. 예: https://random-words-123.netlify.app

그림 6-13 ▸ 배포된 홈페이지

5) 도메인 설정(선택사항)

- 생성된 URL을 그대로 사용해도 되지만, 원한다면 'Site settings'에서 사용자 정의 도메인
  을 설정할 수 있다.
- 예를 들어, 'minseodream.netlify.app'과 같이 변경할 수 있다.

그림 6-14 ▸ 사이트 이름 바꾸기

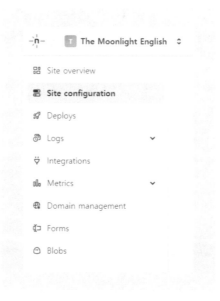

• 왼쪽 패널의 Site configuration을 클릭하면 웹페이지의 주소를 바꿀 수 있다.

그림 6-15 ▸ Change site name을 클릭하여 이름을 바꾸기

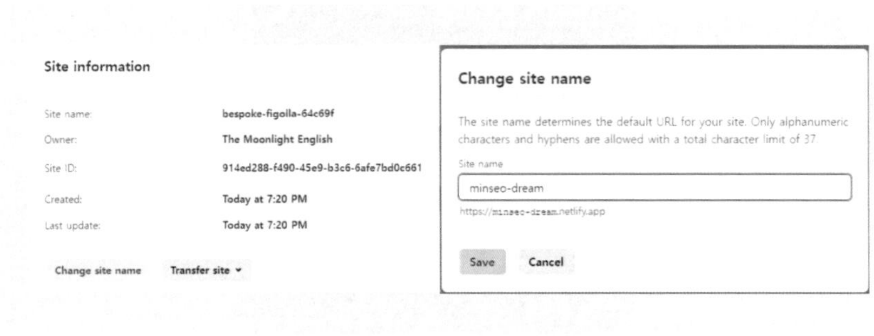

이렇게 간단한 과정을 통해 우리가 만든 웹페이지를 전 세계 누구나 접속할 수 있는 인터넷상에 공개할 수 있다. 이는 아이에게 큰 성취감과 자부심을 줄 수 있는 경험이 될 것이다.

배포가 완료된 후에는 다음과 같은 활동을 할 수 있다.

• 가족과 친구들에게 URL을 공유하고 피드백을 받는다.

• 시간이 지난 후 웹페이지의 내용을 업데이트하고, Netlify에서 새로운 버전을 배포해본다.

• 웹페이지 방문 통계를 확인하며 데이터 분석의 기초를 경험한다.

이러한 과정을 통해 아이는 자신의 작품이 실제로 인터넷상에서 작동하는 것을 보며 큰 성취감을 느낄 수 있다. 또한 이는 디지털 시대의 창작과 공유 문화를 직접 체험하는 좋은 기회가 된다.

더불어 이 프로젝트는 단순히 끝나는 것이 아니라, 아이의 꿈과 함께 계속해서 성장하고 발전할 수 있는 살아있는 포트폴리오가 될 수 있다. 시간이 지나면서 아이의 꿈이 변화하거나 구체화될 때마다 웹페이지를 함께 업데이트하며, 아이의 성장 과정을 기록하고 응원하는 도구로 활용할 수 있을 것이다.

이 프로젝트는 단순한 웹페이지 제작을 넘어서는 종합적인 학습 경험이자, 가족이 함께 성장하는 의미 있는 활동이다. 이를 통해 아이들은 자신의 꿈을 향해 한 걸음 더 나아가고, 미래 사회에 필요한 다양한 역량을 즐겁게 키워나갈 수 있을 것이다. 또한 부모에게도 아이의 내면세계를 이해하고, 함께 성장하는 소중한 기회가 될 것이다. 이러한 경험이 모여 아이의 밝은 미래를 위한 단단한 기반이 될 수 있기를 기대한다.

8. 결론: AI는 꿈을 현실로 만드는 마법사

현재 많이 사용되고 있는 학습 도구들에는 위에서 언급한 것들 외에도 카훗(Kahoot!), 퀴즐렛(Quizlet), 에드모도(Edmodo), 클래스도조(ClassDojo)와 같은 다양한 플랫폼들이 있다. 이러한 도구들은 게임 요소와 소셜 상호작용을 결합하여 학생들이 학습을 재미있게 경험할 수 있도록 돕는다. 앞으로도 더 다양한 학습 도구들이 개발되고 출시될 것이다. AI 기술의 발전과 함께, 개인 맞춤형 학습이 더욱 정교해지고, 접근성이 향상될 것으로 기대된다.

이러한 다양한 학습 도구들이 나오는 시대에 어떤 학습 도구가 좋은 학습 도구인지를 고를 수 있는 안목을 갖추는 것이 중요하다. 좋은 학습 도구를 선택하려면 다음과 같은 기준을 고려할 수 있다.

- 사용자 친화성: 인터페이스가 직관적이고 사용하기 쉬워야 한다.
- 개인화된 학습 경험: AI를 활용하여 개인의 학습 수준과 진도에 맞춘 맞춤형 학습을 제공해야 한다.
- 콘텐츠의 질: 제공되는 학습 자료가 신뢰할 수 있고, 교육적으로 가치가 있어야 한다.
- 상호작용 및 참여도: 학습 도구가 학생의 참여를 유도하고, 흥미를 유지할 수 있도록 설계되어야 한다.
- 안전성 및 개인정보 보호: 학생들의 데이터를 안전하게 보호하며, 개인정보

보호를 준수하는 도구여야 한다.

학습 도구를 사용할 때는 몇 가지 주의 사항도 있다. AI 도구는 모든 것을 해결해주는 만능 도구가 아니므로, 도구의 한계를 인지하고, 과도한 의존을 피하는 것이 중요하다. 또한, 균형 잡힌 학습을 위해 다양한 학습 방법을 병행하는 것이 좋다. 부모님은 자녀의 학습 과정을 지속적으로 모니터링하고, 필요시 적절한 지도를 제공해야 한다.

AI 시대, 우리 아이들의 꿈은 이제 현실로 다가가고 있다. AI와 함께 미래를 향해 나아가는 짜릿한 여정을 시작해 보자!

메모

PART 02

실습편

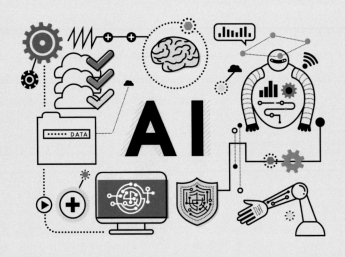

CHAPTER

07

AI 활용 정서 교육 및 가족 관계 강화

CHAPTER 07 / AI 활용 정서 교육 및 가족 관계 강화

1. 사회정서학습(SEL)의 이해와 중요성

사회정서학습(Social and Emotional Learning, SEL)의 역사는 1990년대 초반 미국에서 시작되었다. 당시 학업 성취에만 치중된 교육에 대한 반성과 함께, 학생들의 전인적 발달을 위해 정서적, 사회적 역량 함양의 중요성이 대두되었다. 1994년 CASEL(Collaborative for Academic, Social, and Emotional Learning)이 설립되면서 SEL에 대한 체계적인 연구와 실행이 시작되었다.

CASEL의 설립은 사회정서학습 연구의 전환점이 되었다. CASEL은 사회정서학습의 개념을 정립하고, 효과적인 프로그램의 기준을 마련하는 데 큰 역할을 했다. 2000년대에 들어서면서 그 효과성에 대한 다양한 연구 결과가 발표되었고 그 중요성을 더욱 부각시켰다.

2011년 메타분석 연구에 따르면, 사회정서학습 프로그램에 참여한 학생들은 학업 성취도가 11% 향상되었고, 친사회적 행동이 증가하며, 정서적 스트레스가 감소하는 등의 긍정적인 효과가 있었다. 이러한 연구 결과들은 사회정서학습이 단순히 정서적, 사회적 능력 향상뿐만 아니라 학업 성취에도 긍정적인 영향을 미친다는 것을 보여주었다.

2015년 미국에서는 '모든 학생 성공법(ESSA)'이 통과되면서 사회정서학습이 연방 교육법에 포함되어, 그 중요성이 국가 차원에서 인정받게 되었다. 이후 많은 주와 학교 지구에서 사회정서학습을 정규 교육과정에 포함시키기 시작했다.

최근에는 COVID-19 팬데믹을 겪으며 학생들은 사회적 고립과 불안을 경험하게 되었다. 또한 학생들이 디지털 기기의 과도한 사용으로 인한 대면 소통 능력 저하가 우려되고, 학부모의 과보호로 인해 학생들의 자립심과 문제해결능력이 약화되고 있으며, 학교 규율의 약화로 인해 학생들의 자기 통제력과 책임감 향상이 필요한 상황이다. 사회 전반에 학생들의 정신 건강과 행복에 대한 우려와 관심이 높아지면서, 사회정서학습의 역할은 어느 때보다 중요해졌다.

교육 전문가들은 AI 디지털 교과서를 도입하면서 정서지능교육의 필요성을 절감하고 있다. 이것은 최근 교육부가 AI 디지털 교과서 도입을 위한 각종 정책과 연수를 실시하면서 사회정서학습(SEL) 또한 비중 있게 다루고 있는 이유이다.

사회정서학습의 중요성은 앞으로 더욱 커질 것이며, 우리 자녀가 다니는 학교 교육에서도 그 비중이 확대될 것이다. 이러한 맥락에서, 이번 장을 통해 학부모들의 사회정서학습에 대한 이해를 돕고, 가정에서도 실천할 수 있는 유용한 정보를 제공하고자 한다. 특히 AI 기술을 활용한 다양한 사회정서학습 방법들을 소개하여, 가정에서도 효과적으로 자녀의 정서 교육을 지원하고 가족 관계를 강화할 수 있도록 돕고자 한다.

사회정서학습은 학생들의 전인적 성장을 위해 필수적인 교육 접근법이다. 사회정서학습은 학생들이 자신과 타인의 감정을 이해하고 관리하며, 긍정적인 관계를 형성하고, 책임 있는 결정을 내리는 능력을 개발하는 과정을 포함한다.

사회정서학습의 5가지 핵심 역량은 다음과 같다.

- 자기인식(Self-Awareness)
- 자기관리(Self-Management)
- 사회적 인식(Social Awareness)
- 관계 기술(Relationship Skills)
- 책임 있는 의사결정(Responsible Decision-Making)

그림 7-1 ▸ SEL(사회정서학습)의 5가지 핵심 역량

출처: https://casel.org/casel-sel-framework-11-2020/

❶ 자기인식(Self-awareness)

자기 인식은 사회정서학습의 첫 번째 핵심 역량으로, 개인이 자신의 감정, 생각, 가치관을 정확하게 인식하고 이해하는 능력을 말한다. 이는 단순히 자신에 대해 아는 것을 넘어서, 자신의 내면 상태가 행동과 결정에 미치는 영향을 이해하는 것까지 포함한다. 자기 인식은 사회정서학습의 다른 모든 역량의 기초가 되는 중요한 요소로, 이를 통해 학생들은 자신의 강점과 한계를 파악하고, 자신감과 낙관성을 키울 수 있다.

- 감정 인식과 이해: 자신의 감정을 정확하게 인식하고 그 원인을 이해하는 능

력이다. 이는 복잡하고 때로는 상충되는 감정을 인식하고 명명할 수 있는 능력을 포함한다.

- 자기 평가와 성찰: 자신의 행동, 생각, 감정을 객관적으로 관찰하고 평가하는 능력이다. 이를 통해 자신의 장단점을 파악하고, 개선이 필요한 부분을 인식할 수 있다.
- 자아존중감과 자기효능감 발달: 자신의 가치를 인정하고, 자신의 능력에 대한 믿음을 갖는 것이다. 이는 긍정적인 자아상 형성에 중요한 역할을 한다.
- 강점과 한계 인식: 자신의 능력과 재능을 파악하고, 동시에 개선이 필요한 영역을 인식하는 것이다. 이를 통해 개인적 성장의 방향을 설정할 수 있다.

자기관리능력을 개발하기 위한 활동

- 감정 일기 쓰기: 매일 자신의 감정을 기록하고 그 원인을 분석하는 활동이다. 이를 통해 학생들은 자신의 감정 패턴을 이해하고, 감정과 상황 간의 연관성을 파악할 수 있다.
- 마음챙김 명상: 현재 순간에 집중하며 자신의 생각과 감정을 관찰하는 활동이다. 이는 자기 인식을 높이고 스트레스를 줄이는 데 도움이 된다.
- 자기 평가 설문지 작성: 자신의 성격, 가치관, 관심사 등을 파악하기 위한 설문지를 작성하는 활동이다. 이를 통해 학생들은 자신에 대해 더 깊이 이해할 수 있다.
- '나만의 인생 코치 되기' 활동: 이 활동에서 학생들은 자신의 내면의 목소리를 시각화하고 대화를 나누는 과정을 통해 자기 수용과 긍정적 자아상을 형성한다. 예를 들어, 학생들은 자신의 '내면의 코치'와 '불안한 자아'를 캐릭터로 만들어 대화를 나누게 할 수 있다.

자기 인식 능력의 발달은 학업 성취와도 밀접한 관련이 있다. 자신의 학습 스타일, 강점, 약점을 잘 이해하는 학생들은 더 효과적인 학습 전략을 수립할 수 있다. 예를 들어, 자신이 청각적 학습자라는 것을 아는 학생은 강의를 녹음하여 복습하는 전략을 사용할 수 있다. 또한 자신의 감정 상태가 학습에 미치는 영향을 인식함으로써, 더 나은 학습 환경을 조성할 수 있다. 예를 들어, 스트레스가 집중력을 저하시킨다는 것을 알고 있는 학생은 학습 전에 스트레스 해소 활동을 할 수 있다.

자기 인식은 또한 진로 선택과 개인적 성장에도 중요한 역할을 한다. 자신의 관심사, 가치관, 강점을 잘 이해하는 학생들은 더 적합한 진로를 선택할 가능성이 높다. 또한, 자기 인식은 개인의 성장과 발전을 위한 기초가 된다. 자신의 현재 상태를 정확히 인식함으로써, 개선이 필요한 영역을 파악하고 성장의 방향을 설정할 수 있다.

❷ 자기관리(Self-management)

자기관리는 사회정서학습의 두 번째 핵심 역량으로, 개인이 자신의 감정, 생각, 행동을 효과적으로 조절하는 능력을 말한다. 이는 스트레스 관리, 충동 조절, 자기 동기부여, 목표 설정과 달성을 위한 노력 등을 포함한다. 자기관리능력은 학업 성취, 대인 관계, 그리고 전반적인 삶의 질에 중요한 영향을 미치는 핵심적인 요소이다.

자기관리의 주요 구성 요소는 다음과 같다.

- 감정 조절: 자신의 감정을 인식하고 상황에 적절하게 표현하는 능력이다. 이는 부정적인 감정을 건설적인 방식으로 다루는 것을 포함한다.
- 스트레스 관리: 스트레스 요인을 인식하고 효과적으로 대처하는 능력이다. 이는 스트레스 해소 기법을 알고 활용하는 것을 포함한다.
- 자기 동기부여: 내적 동기를 유지하고 목표를 향해 지속적으로 노력하는 능력이다.
- 목표 설정과 달성: 현실적이고 도전적인 목표를 설정하고, 이를 달성하기 위한 계획을 수립하고 실행하는 능력이다.
- 시간 관리와 조직화: 자신의 시간과 자원을 효율적으로 관리하고, 우선순위를 설정하는 능력이다.

> ### 자기관리능력을 개발하기 위한 활동
>
> - 목표 설정 워크숍: 학생들이 단기 및 장기 목표를 설정하고, 이를 달성하기 위한 구체적인 계획을 수립하는 활동이다. SMART(구체적(Specific), 측정 가능한(Measurable), 달성 가능한(Achievable), 관련성 있는(Relevant), 기한이 있는(Timebound)) 목표 설정 기법을 활용할 수 있다.
> - 시간 관리 연습: 일일 계획표나 주간 계획표를 작성하고, 우선순위를 설정하는 활동이다. 이를 통해 학생들은 효율적인 시간 관리 기술을 익힐 수 있다.
> - 스트레스 관리 기법 학습: 명상, 심호흡, 점진적 근육 이완법 등 다양한 스트레스 관리 기법을 배우고 실습하는 활동이다.
> - '성장 마인드셋 순서도' 활동: 학생들이 자신의 학습 과정을 시각화하고, 실패를 성장의 기회로 인식하도록 돕는 활동이다. 이를 통해 학생들은 어려움을 극복하는 과정을 긍정적으로 바라볼 수 있다.
> - '만다라 그리기' 활동: 집중력을 기르고 스트레스를 관리하는 데 도움을 주는 미술 활동이다. 이 활동은 마음챙김과 자기 조절 능력을 향상시키는 데 효과적이다.

자기관리능력의 발달은 학업 성취와 개인적 성장에 중요한 영향을 미친다. 자신의 감정과 행동을 잘 관리하는 학생들은 학업 스트레스를 더 잘 다룰 수 있으며, 장기적인 학업 목표를 설정하고 달성할 수 있다. 예를 들어, 효과적인 시간 관리 기술을 가진 학생은 여러 과목의 과제를 균형 있게 수행할 수 있으며, 시험 준비도 더 체계적으로 할 수 있다.

또한 자기관리능력은 회복탄력성의 발달과도 밀접한 관련이 있다. 어려움이나 실패를 경험했을 때 이를 극복하고 다시 일어설 수 있는 능력은 자기관리능력의 중요한 부분이다. 예를 들어, 중요한 시험에서 실패했을 때, 자기관리능력이 뛰어난 학생은 이를 학습의 기회로 삼고, 다음 시험을 위해 더 효과적인 학습 전략을 수립할 수 있다.

❸ 사회적 인식(Social Awareness)

사회적 인식은 사회정서학습의 세 번째 핵심 역량으로, 다양한 배경과 문화를 가진 사람들의 관점을 이해하고 공감하는 능력을 말한다. 이는 타인에 대한 존중, 다양성 인식, 사회적 규범 이해 등을 포함한다. 사회적 인식 능력은 건강한 대인 관계 형성, 효과적인 의사소통, 그리고 더 넓게는 사회적 책임감과 시민의식 함양에 중요한 역할을 한다.

사회적 인식의 주요 구성 요소는 다음과 같다.

- 공감 능력: 타인의 감정과 경험을 이해하고 공감하는 능력이다. 이는 다른 사람의 입장에서 생각해보는 능력을 포함한다.
- 다양성 인식과 존중: 다양한 문화, 배경, 관점을 가진 사람들을 이해하고 존중하는 능력이다.
- 사회적 규범 이해: 다양한 사회적 상황에서의 적절한 행동과 기대를 이해하는 능력이다.
- 타인의 감정과 관점 인식: 언어적, 비언어적 신호를 통해 타인의 감정과 관점을 정확히 파악하는 능력이다.
- 공동체 의식: 자신이 속한 공동체와 더 넓은 사회에 대한 이해와 책임감을 가지는 것이다.

사회적 인식 능력을 개발하기 위한 활동

- 역할극: 다양한 사회적 상황이나 갈등 상황을 역할극으로 재현하여 다른 사람의 입장을 이해하고 적절한 대응 방법을 학습하는 활동이다.
- 다문화 교육 프로그램: 다양한 문화에 대해 배우고 체험하는 활동을 통해 문화적 다양성을 이해하고 존중하는 태도를 기른다.
- 봉사 활동: 지역 사회나 학교에서의 봉사 활동을 통해 공동체 의식을 기르고 사회적 책임감을 함양한다.
- '학생을 위한 공감 지도 만들기' 활동: 학생들이 다른 사람의 감정과 관점을 시각화하여 표현하는 활동이다. 이를 통해 타인에 대한 이해와 공감 능력을 향상시킬 수 있다.
- '우리의 두 가지 환경' 활동: 학생들이 자신의 주변 환경(자연 환경과 인공 환경)이 자신과 타인에게 미치는 영향을 탐구하는 활동이다. 이를 통해 환경에 대한 인식과 공동체 의식을 키울 수 있다.

사회적 인식 능력의 발달은 대인 관계와 사회생활에 중요한 영향을 미친다. 타인의 감정과 관점을 잘 이해하는 학생들은 더 효과적으로 의사소통을 할 수 있으며, 갈등 상황을 더 잘 해결할 수 있다. 예를 들어, 팀 프로젝트에서 다른 팀원의 의견을 경청하고 이해하며, 서로 다른 관점을 조화롭게 통합할 수 있다.

또한 사회적 인식 능력은 학교 폭력 예방과 긍정적인 학교 문화 조성에도 중요한 역할을 한다. 다양성을 존중하고 타인의 감정을 고려하는 학생들은 괴롭힘이나 차별 행동을 덜 할 가능성이 높으며, 이러한 상황을 목격했을 때 적극적으로 개입할 가능성도 높다.

사회적 인식 능력은 더 나아가 글로벌 시민으로서의 자질 함양에도 기여한다. 다양한 문화와 관점을 이해하고 존중하는 능력은 글로벌 사회에서 효과적으로 소통하고 협력하는 데 필수적이다. 이는 학생들이 미래에 다양한 배경의 사람들과 함께 일하고 생활하는 데 큰 도움이 될 것이다.

❹ 관계 기술(Relationship Skills)

관계 기술은 사회정서학습의 네 번째 핵심 역량으로, 다양한 개인 및 그룹과 건강하고 보람 있는 관계를 형성하고 유지하는 능력을 말한다. 이는 효과적인 의사소통, 적극적 경청, 협력, 갈등 해결, 도움 요청과 제공 등을 포함한다. 관계 기술은 개인의 사회적 성공과 정서적 행복에 핵심적인 역할을 하며, 학업 성취와 직업적 성공에도 큰 영향을 미친다.

관계 기술의 주요 구성 요소는 다음과 같다.

- 효과적인 의사소통: 자신의 생각과 감정을 명확하고 적절하게 표현하는 능력이다. 이는 언어적, 비언어적 의사소통을 모두 포함한다.
- 적극적 경청: 타인의 말을 주의 깊게 듣고, 그 내용을 정확히 이해하려는 노력이다.
- 협력과 팀워크: 공동의 목표를 위해 다른 사람들과 효과적으로 협력하는 능력이다.

- 갈등 해결: 갈등 상황을 인식하고, 이를 건설적으로 해결하는 능력이다.
- 도움 요청과 제공: 필요할 때 적절히 도움을 요청하고, 타인에게 도움을 제공하는 능력이다.

관계 기술을 개발하기 위한 활동

- 협력 학습 프로젝트: 학생들이 팀을 이루어 프로젝트를 수행하면서 협력하는 방법을 배우고 실천할 수 있다.
- 갈등 해결 워크숍: 다양한 갈등 상황을 제시하고, 이를 해결하는 방법을 토론하고 실습하는 활동이다.
- 의사소통 기술 훈련: 적극적 경청, 나-전달법, 비언어적 의사소통 등 다양한 의사소통 기술을 학습하고 연습하는 활동이다.
- '연극을 만들어 봅시다' 활동: 학생들이 갈등 해결에 대한 짧은 연극을 쓰고 공연하는 활동이다.
- '우리 지역사회에서 친절이 중요합니다' 활동: 학생들이 지역사회에서 친절을 실천하고 그 경험을 공유하는 활동이다.

관계 기술의 발달은 학업 성취와 개인적 성장에 중요한 영향을 미친다. 효과적인 의사소통과 협력 기술을 가진 학생들은 그룹 프로젝트에서 더 나은 성과를 낼 수 있으며, 학업적 어려움에 직면했을 때 적절히 도움을 요청할 수 있다. 또한, 갈등해결능력은 학교 생활에서 발생할 수 있는 다양한 갈등 상황을 건설적으로 해결하는 데 도움을 준다.

관계 기술은 긍정적인 관계를 형성하고 유지할 수 있는 능력이다. 이는 소속감과 자아존중감을 높이며, 스트레스와 불안을 줄이는 데 도움이 된다. 특히 청소년기에 또래 관계는 매우 중요하므로, 건강한 관계를 형성하고 유지하는 능력은 학생들의 전반적인 행복에 크게 기여한다. 더 나아가, 관계 기술은 미래의 직업 성공에도 중요하다. 대부분의 직업에서 팀워크, 의사소통, 갈등해결능력이 요구되므로, 학교에서 이러한 기술을 개발하는 것은 학생들의 장기적인 성공에 도움이 된다.

⑤ 책임 있는 의사결정(Responsible Decision-making)

책임 있는 의사결정은 사회정서학습의 다섯 번째 핵심 역량으로, 개인의 행동과 사회적 상호작용에 대해 건설적이고 존중하는 선택을 하는 능력을 말한다. 이는 문제 식별, 상황 분석, 윤리적 책임, 결과 평가 등을 포함한다. 책임 있는 의사결정 능력은 개인의 성공적인 삶과 사회의 건전한 발전에 중요한 역할을 한다.

책임 있는 의사결정의 주요 구성 요소는 다음과 같다.

- 문제 식별과 상황 분석: 문제나 결정이 필요한 상황을 정확히 인식하고, 관련된 요소들을 체계적으로 분석하는 능력이다.
- 윤리적 책임 인식: 결정이 자신과 타인, 그리고 사회에 미치는 영향을 고려하고, 윤리적 기준을 적용하는 능력이다.
- 대안 생성과 결과 예측: 다양한 해결책을 창의적으로 생각해내고, 각 선택의 가능한 결과를 예측하는 능력이다.
- 반성적 사고: 결정 과정과 결과를 되돌아보고, 이를 통해 학습하는 능력이다.
- 개인 및 사회적 안녕 고려: 의사결정 시 개인의 이익뿐만 아니라 공동체의 이익도 함께 고려하는 능력이다.

책임 있는 의사결정 능력을 개발하기 위한 활동

- 윤리적 딜레마 토론: 다양한 윤리적 딜레마 상황을 제시하고, 이에 대해 토론하는 활동이다.
- 의사결정 모델 학습 및 적용: SWOT 분석이나 의사결정 나무와 같은 의사결정 도구를 배우고 실제 상황에 적용해보는 활동이다.
- 사회 문제 해결 프로젝트: 학교나 지역사회의 문제를 식별하고, 이를 해결하기 위한 계획을 수립하고 실행하는 프로젝트 활동이다.
- '성공으로 가는 길에서 실수를 축하하기' 활동: 실수나 실패를 학습의 기회로 인식하고, 이를 통해 더 나은 의사결정을 하는 방법을 배우는 활동이다.
- '더 나은 세상을 위한 만화와 스토리보드 만들기' 활동: 사회 문제에 대한 인식을 높이고, 이를 해결하기 위한 창의적인 아이디어를 만화나 스토리보드로 표현하는 활동이다.
- '당신이 휴대폰을 가지고 있나요, 아니면 휴대폰이 당신을 가지고 있나요?' 활동: 기술 사용에 대한 책임 있는 결정을 내리는 방법을 배우는 활동이다.

책임 있는 의사결정능력의 발달은 학업 성취와 개인적 성장에 중요한 영향을 미친다. 체계적인 문제해결능력과 윤리적 판단 능력을 가진 학생들은 학업적 과제를 더 효과적으로 수행할 수 있으며, 학교 생활에서 발생하는 다양한 상황에 더 잘 대처할 수 있다. 예를 들어, 시간 관리나 학습 전략 선택과 같은 학업적 결정에서 더 나은 선택을 할 수 있다.

또한 책임 있는 의사결정능력은 학생들의 사회적 책임감과 시민의식 함양에도 기여한다. 자신의 결정이 타인과 사회에 미치는 영향을 고려하는 습관은 더 책임감 있는 시민으로 성장하는 데 도움이 된다. 이는 학교에서의 봉사 활동 참여, 환경 보호 활동, 민주적 의사결정과정 참여 등으로 이어질 수 있다.

책임 있는 의사결정능력은 또한 학생들의 정서적 안정과 회복탄력성 향상에도 기여한다. 자신의 결정에 대해 숙고하고 그 결과를 평가하는 능력은 자기 인식과 자기관리능력을 높이며, 실패나 어려움을 극복하는 데 도움이 된다.

Q: 사회정서학습이 우리 아이에게 어떤 도움이 될까요?

A: 사회정서학습은 여러 면에서 아이에게 도움이 됩니다. 정서적 안정과 성장에 도움을 주고, 대인관계 능력을 향상시키며, 학업 성취에도 긍정적인 영향을 미칩니다. 또한 책임감 있는 의사결정을 하는 데 도움을 주고, 자아존중감과 자신감을 높여줍니다.

Q: 사회정서학습을 가정에서 어떻게 실천할 수 있을까요?

A: 가정에서 사회정서학습을 실천하는 방법은 다양합니다. 예를 들어, 매일 저녁 가족과 함께 그날의 감정과 경험을 나누는 시간을 가질 수 있습니다. 또한 역할극을 통해 다양한 사회적 상황을 연습해볼 수 있고, 가족 회의를 통해 책임 있는 의사결정을 연습할 수 있습니다.

Q: 사회정서학습 활동을 위한 구체적인 프로젝트 예시가 있을까요?

A: 네, '가족 감정 지도 만들기' 프로젝트를 소개해 드리겠습니다.

프로젝트: 가족 감정 지도 만들기

목적: 가족 구성원의 감정을 시각화하고 이해하며, 서로의 감정에 대해 소통하는 능력을 기르는 것이다

준비물

1. 큰 종이나 보드

2. 다양한 색의 마커 또는 스티커

3. 감정을 나타내는 이모티콘 스티커(직접 그려도 됨)

진행 방법

1. 큰 종이나 보드에 집의 평면도를 그린다.

2. 가족 구성원별로 색깔을 정한다.

3. 하루 동안 각자가 집 안에서 느낀 감정을 해당 위치에 이모티콘이나 색깔로 표시한다.

4. 저녁 시간에 가족이 모여 각자의 감정 지도를 설명하고 이야기를 나눈다.

5. 일주일 동안 진행하고, 주말에 한 주간의 감정 변화에 대해 토론한다.

사회정서학습은 학교뿐만 아니라 가정에서도 이루어져야 한다. 부모님들의 적극적인 참여와 지원이 아이들의 사회정서적 능력 발달에 큰 도움이 된다. 일상생활 속에서 SEL을 실천함으로써, 아이들은 더 건강하고 행복한 삶을 살아갈 수 있는 기반을 마련할 수 있다.

그림 7-2 ▸ 가족 감정 지도 만들기

2. AI를 활용한 정서 교육 활동

AI 기술의 발전은 정서 교육에 새로운 가능성을 열어주고 있다. AI를 활용한 정서 교육 활동은 아이들의 감정 인식, 표현, 조절 능력을 향상시키는 데 도움을 줄 수 있다. 이러한 활동들은 전통적인 방식을 보완하며, 아이들에게 더 흥미롭고 효과적인 학습 경험을 제공할 수 있다.

AI 챗봇의 이미지 인식 기능을 활용하면 가족 사진 속 감정을 분석하는 흥미로운 활동을 할 수 있다. 이 활동은 가족 구성원의 감정 표현을 이해하고, AI 기술에 대한 탐구도 함께 할 수 있는 좋은 기회가 될 수 있다.

프로젝트: AI 챗봇과 함께하는 가족 감정 사진 분석

목적: AI 챗봇의 이미지 인식 기능을 활용하여 가족 구성원들의 감정 표현을 분석하고, 서로의 감정에 대한 이해를 높이는 것이다.

준비물

1. 스마트폰 또는 태블릿(카메라 기능이 있는 것)
2. AI 챗봇 앱(예: ChatGPT 앱, Claude 앱)
3. 다양한 상황을 연출할 수 있는 소품들(선택사항: 모자, 안경, 가면 등)

진행 방법

1. AI 챗봇 앱 설치하기
   - 앱 스토어에서 ChatGPT나 Claude 앱을 다운로드하고 설치
   - 앱 사용 방법을 가족과 함께 숙지
2. 가족 감정 표현 사진 촬영하기
   - 가족 구성원들이 다양한 감정(기쁨, 슬픔, 놀람, 화남 등)을 표현하며 사진 찍기
   - 자연스러운 표정과 과장된 표정 모두 시도해 보기
   - 원하면 소품을 활용하여 더 다양한 표정을 만들어보기
3. AI 챗봇에 사진 업로드하기
   - 촬영한 사진을 AI 챗봇 앱에 업로드
   - 챗봇에게 "이 사진 속 인물들의 감정 상태를 분석해 줘."라고 요청

그림 7-3 ▸ ChatGPT에 [그림 7-2]를 넣어서 인물의 감정을 분석하였다.

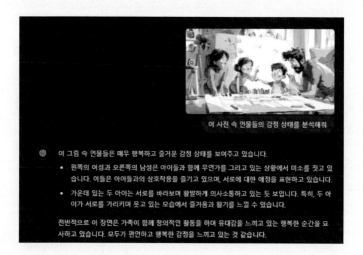

4. AI 분석 결과 확인하기
- AI 챗봇이 제공하는 감정 분석 결과를 확인
- 챗봇에게 추가 질문을 하여 더 자세한 분석을 요청
   예: "왜 이 사람이 슬퍼 보인다고 생각해?"
5. 결과 토론하기
- AI의 분석 결과와 실제 의도한 감정을 비교
- 왜 AI가 그렇게 인식했는지, 어떤 표정이나 특징이 영향을 미쳤는지 토론
- AI가 잘 인식한 점과 놓친 점에 대해 이야기를 나누기
6. 감정 표현 게임하기
- AI가 가장 잘 인식한 감정 표현을 선정
- 서로의 감정 표현을 따라해보고, 다시 AI로 분석
7. 가족 감정 일기 만들기
- 분석한 사진과 AI의 해석, 가족들의 코멘트를 모아 디지털 감정 일기를 만들기
- 주기적으로 새로운 사진을 추가하여 가족의 감정 표현 변화를 관찰하기
8. AI와 인간의 감정 인식 비교하기
- 같은 사진에 대해 가족 구성원들의 감정 해석과 AI의 해석을 비교해 보기
- 인간과 AI의 감정 인식 차이에 대해 토론하기

이 활동은 가족 구성원들은 서로의 감정 표현을 더 잘 이해하고, AI 기술의 가능성과 한계에 대해서도 배울 수 있다. 또한, 정기적인 활동을 통해 가족 간 소통이 증진되고 감정 표현 능력이 향상될 수 있다.

3. 자녀의 사회적 기술 향상을 위한 AI 활용 가이드

AI기술은 자녀의 사회적 기술을 향상시키는 데 유용한 보조 도구로 활용될 수 있다. AI는 실제 상황에서의 상호작용을 대체하는 것이 아니라, 이를 보완하고 준비하는 역할을 한다. 다음은 AI를 활용하여 자녀의 사회적 기술을 향상시키는 방법들이다.

❶ AI 챗봇을 활용한 대화 기술 연습

뤼튼의 '캐릭터챗(https://wrtn.ai/character)'이나 'Character AI(https://character.ai)'와 같은 AI 챗봇은 다양한 상황에서의 대화를 시뮬레이션할 수 있다. 자녀는 대화 시작하기, 경청하기, 질문하기, 공감 표현하기 등을 안전한 환경에서 연습할 수 있다. 예를 들어, 다음과 같은 프롬프트를 사용할 수 있다.

"당신은 10살 아이의 새 학교 친구입니다. 처음 만난 상황에서 자연스럽게 대화를 이어나가 주세요."

그림 7-4 ▸ 뤼튼의 캐릭터 챗(검색어 '선생님'을 입력하여 다양한 선생님 챗봇을 사용할 수 있다)

❷ AI 지원 사회적 상황 분석

유튜브나 넷플릭스의 짧은 비디오 클립을 AI에 입력하여 등장인물들의 행동
과 감정을 분석하도록 할 수 있다. 이를 통해 자녀는 다양한 사회적 상황을 관찰
하고 이해하는 능력을 기를 수 있다.

그림 7-5 ▸ 유튜브 영상 아래 쪽에 more를 눌러서 펼쳐서 'show transcript'를 클릭한다.

그림 7-6 ▸ 영상 오른쪽 Transcript를 복사해서 AI 챗봇에 입력한다.

다음과 같은 프롬프트를 사용해 보자.

"다음 비디오 클립의 상황을 분석해 주세요. 등장인물들의 감정, 행동, 그리고 그들 사이의 상호작용에 초점을 맞춰주세요."

> (유튜브에 올라온 영화 '노트북' 중에서 한 장면의 대사를 입력하였다)
>
> **AI 챗봇)**
> 첫 번째 인물(여성)은 혼란스러움과 죄책감을 느끼고 있는 것 같습니다. 그녀는 최근 며칠 동안 벌어진 일들에 대해 감정적으로 갈등하고 있으며, 자신의 행동이 무책임했음을 인정하고 있습니다. 그녀는 현재의 상황과 자신의 선택이 다른 사람에게 상처를 줄 것이라는 점을 인식하고 있으며, 이에 대해 고민하고 있습니다.
> 두 번째 인물(남성)은 분노와 실망을 느끼고 있습니다. 그는 자신이 사랑을 나눴던 여성이 결국 남편에게 돌아갈 것이라는 사실에 배신감을 느끼고 있으며, 이 관계가 단순히 시험에 불과했는지 묻고 있습니다. 그의 질문은 그녀의 진정성을 의심하고 있는 듯하며, 감정적으로 매우 상처받은 상태임을 나타냅니다.

Q: AI를 활용한 사회적 기술 향상이 실제 상황에도 도움이 될까요?

A: 네, AI를 통한 연습은 실제 상황에 대한 자신감과 준비성을 높여줄 수 있습니다. 하지만 이는 실제 경험을 완전히 대체할 수는 없으며, 보완적 도구로 활용해야 합니다.

Q: 가정에서 쉽게 시작할 수 있는 AI 활용 사회적 기술 향상 활동이 있을까요?

A: 'AI 스토리텔링'을 활용해 볼 수 있습니다. 예를 들어, GPT-4 기반의 GPTs 챗봇을 사용하여 다양한 사회적 상황에 대한 이야기를 만들고, 이에 대해 자녀와 토론하는 활동을 할 수 있습니다.

(프롬프트: 바위, 오렌지나무, 달, 부엉이 4개의 단어로 동화를 만들어 주세요)

AI 챗봇)

동화: 바위와 오렌지나무의 신비로운 우주 여행

옛날 옛적, 외계 행성 네브라카에는 모든 생명이 텔레파시로 소통하는 마법 같은 세계가 있었습니다. 이곳에는 거대한 바위로 이루어진 산과 울창한 오렌지나무 숲이 자리 잡고 있었습니다. 달빛이 밝게 빛나는 밤이면, 부엉이들이 하늘을 날며 노래하는 모습이 펼쳐졌습니다.

주인공 리아는 텔레파시 능력을 가진 어린 소녀였습니다. 어느 날 밤, 리아는 신비로운 부엉이인 아스트라를 만나게 됩니다. 아스트라는 리아에게 네브라카 행성의 언어를 가르쳐주기로 했습니다. 아스트라는 리아를 오렌지나무 숲으로 데려가, 나무가 가진 이야기와 에너지를 전해주었습니다. 리아는 오렌지 향기를 통해 언어의 상쾌함을 느끼고, 오렌지나무가 자라는 환경과 문화적 중요성을 이해하게 되었습니다.

리아와 아스트라는 바위산으로 이동했습니다. 그곳에서 리아는 바위가 지닌 힘과 안정감을 텔레파시로 느꼈습니다. 바위는 오랜 세월 동안 네브라카의 역사와 전통을 지켜온 존재였습니다. 리아는 바위의 이야기를 통해 지혜를 얻었고, 외계 친구들과 더욱 깊은 소통을 할 수 있게 되었습니다.

마지막으로 리아와 아스트라는 달빛 아래에서 부엉이들의 노래를 들었습니다. 부엉이들은 달빛의 지혜를 전하며 리아에게 용기와 평화의 메시지를 전달했습니다. 리아는 이 경험을 통해 네브라카의 언어와 문화를 완전히 이해하게 되었습니다.

리아는 텔레파시 능력을 통해 네브라카의 모든 생명체와 깊이 연결되었고, 언어의 소리, 의미, 문화적 맥락을 자연스럽게 터득했습니다. 이렇게 리아는 네브라카 행성에서 가장 현명한 통역사가 되었습니다.

그림 7-7 ▸ 바위와 오렌지나무의 신비로운 우주 여행

4. AI 활용 가족 감정 코칭과 정서 교육

AI 기술을 활용한 가족 감정 코칭과 정서 교육은 가족 구성원 간의 이해와 소통을 증진시키는 데 도움을 줄 수 있다. 이는 전통적인 방식을 대체하는 것이 아니라 보완하는 역할을 한다. 다음은 AI를 활용한 가족 감정 코칭과 정서교육의 방법들이다.

❶ 가족 대화 기록하고 감정 분석해 보기

가족 회의나 일상적인 대화를 텍스트로 기록하는 것은 가족 간의 소통을 보다 명확하게 이해하고 개선하는 데 유용할 수 있다. 이때, 각 가족 구성원의 대화를 구분하여 기록하면, 대화 흐름을 명확하게 파악하고 각자의 의견과 반응을 더욱 정확하게 분석할 수 있다. 이러한 기록을 텍스트-음성 변환 기술(TTS)과 연결하면, 단순히 텍스트로 남기는 것 이상의 이점을 얻을 수 있다. 예를 들어, 기록된 대화를 텍스트-음성 변환 기술을 통해 음성으로 변환하면, 실제 대화를 재생할

수 있어 감정 표현이나 억양 같은 요소를 함께 분석할 수 있다. 이를 통해 가족 간의 의사소통 패턴을 더욱 명확하게 파악할 수 있으며, 이러한 데이터를 기반으로 개선점을 제안받는 것도 가능하다.

OpenAI의 TTS(텍스트-음성 변환) Playground를 사용하는 방법

1. Playground 접속하기
제공된 링크(https://platform.openai.com/playground/tts)를 클릭해 Playground 페이지로 이동한다.

2. 텍스트 입력
페이지에 접속하면 큰 텍스트 입력란에 변환하고 싶은 텍스트를 입력한다. 예를 들어, "안녕하세요!"와 같은 문장을 입력해 보자.

3. 모델 선택하기
입력란 아래쪽에 모델을 선택하는 옵션이 있다. 다양한 TTS 모델 중 하나를 선택할 수 있으며, 선택한 모델에 따라 음성 스타일이나 언어가 달라질 수 있다. 모든 설정이 완료되면 '변환' 버튼을 클릭하거나 '재생' 버튼을 눌러 텍스트를 음성으로 변환한다.

4. 결과 확인하기
변환된 음성을 다운 받아 결과를 확인한다. 음성이 마음에 들지 않으면 텍스트를 수정하거나 다른 모델 및 설정을 시도해 볼 수 있다.

그림 7-8 ▸ OpenAI의 TTS(텍스트-음성 변환) Playground

❷ 감정 표현 카드 만들기

다음은 AI 챗봇과 이미지 생성 AI를 활용하여 가족 감정 인식 게임을 위한 감정 표현 카드를 만드는 방법이다.

1. 준비물

- 스마트폰 또는 컴퓨터
- ChatGPT 또는 다른 AI 챗봇 접속
- Adobe Firefly 접속(https://www.adobe.com/sensei/generative-ai/firefly.html)
- 프린터(선택사항)

2. 감정 목록 생성하기

- ChatGPT에 다음과 같은 프롬프트를 입력한다.

"가족 감정 인식 게임을 위한 20가지 다양한 감정 목록을 만들어주세요. 기본적인 감정부터 복잡한 감정까지 포함해 주세요."

- AI가 제시한 감정 목록을 저장한다.

3. 감정 설명 얻기

- 각 감정에 대해 ChatGPT에 다음과 같이 질문한다.

"[감정 이름]을 간단히 설명하고, 이 감정을 표현하는 얼굴 표정과 몸짓을 설명해 주세요."

- AI의 설명을 기록한다.

4. 이미지 프롬프트 생성

- ChatGPT에 다음과 같은 프롬프트를 입력한다.

"Adobe Firefly로 [감정 이름]을 나타내는 이모티콘 스타일의 이미지를 생성하기 위한 프롬프트를 작성해 주세요. 얼굴 표정과 간단한 배경 요소를 포함해 주세요."

- AI가 제안한 프롬프트를 저장한다.

5. Adobe Firefly로 이미지 생성

- Adobe Firefly 웹사이트에 접속한다.
- ChatGPT가 생성한 프롬프트를 입력란에 붙여넣는다.
- 'Create' 버튼을 클릭하여 이미지를 생성한다.
- 마음에 드는 이미지가 나올 때까지 여러 번 시도한다.

6. 카드 디자인 완성

- 생성된 이미지를 다운로드한다.
- 이미지 편집 프로그램(예: Canva, Adobe Express)을 사용하여 카드 형태로 디자인한다.
- 카드 하단에 해당 감정의 이름을 추가한다.

그림 7-9 ▶ 어도비 파이어플라이로 생성한 20가지 감정 이미지

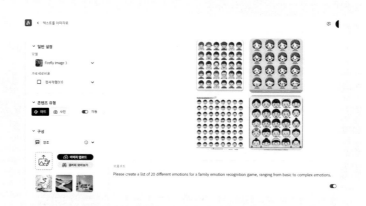

Please create a list of 20 different emotions for a family emotion recognition game, ranging from basic to complex emotions.

7. 카드 제작

완성된 디자인을 프린트하거나, 디지털 기기에서 볼 수 있도록 저장한다.

8. 게임 규칙 생성

- ChatGPT에 다음과 같은 프롬프트를 입력한다.
  "이 감정 표현 카드를 사용한 가족 감정 인식 게임의 규칙을 만들어 주세요. 재미있고 교육적인 요소를 포함해 주세요."
- AI가 제안한 규칙을 검토하고 필요에 따라 수정한다.

이 방법을 통해 AI 기술을 활용하여 독특하고 개인화된 감정 표현 카드를 만들 수 있다. 이 과정 자체가 가족이 함께 참여할 수 있는 재미있는 활동이 될 수 있으며, 완성된 카드로 진행하는 게임은 가족 구성원들의 감정 인식 능력과 공감 능력을 향상시키는 데 도움을 줄 수 있다.

가족 감정 인식 게임 규칙

1. 게임 준비

- 카드 준비: 생성된 감정 표현 카드와 감정 이름이 적힌 카드를 준비
- 참가자: 3명 이상의 가족 구성원 필요. 모든 참가자는 순서대로 돌아가면서 게임에 참여
- 타이머: 각 라운드마다 시간 제한을 설정하기 위해 타이머를 준비하기(예: 1분)

2. 게임 목표

- 감정 표현: 가족 구성원들이 다양한 감정을 인식 및 표현, 감정을 이해하는 능력을 키우기
- 포인트: 감정 카드를 맞추거나 표현한 감정을 잘 인식한 참가자에게 점수를 부여
- 게임 종료 시 가장 많은 점수를 얻은 사람이 승리

3. 게임 규칙

- 카드 섞기
- 모든 감정 표현 카드를 잘 섞어 뒤집어 놓기

1) 첫 번째 라운드: 감정 추측하기

- 첫 번째 참가자가 카드 한 장을 뽑아 다른 사람에게 보여주지 않고, 그 감정을 표현하기 (얼굴 표정이나 몸짓 사용)
- 나머지 참가자들은 해당 감정을 추측하기. 각 참가자는 한 번씩만 답을 말할 수 있다.
- 맞춘 사람에게 1점을 부여한다.
- 감정을 맞히지 못한 경우, 표현자가 감정의 이름을 밝히고 다음 라운드로 넘어가기

2) 두 번째 라운드: 감정 이야기하기

참가자가 뽑은 감정 카드를 이용해, 그 감정을 느꼈던 상황을 간단히 이야기하기. 예를 들어, "기쁨" 카드가 나왔다면, "나는 내 생일에 깜짝 파티를 받았을 때 기쁨을 느꼈어"라고 말한다.

3) 세 번째 라운드: 감정 연결하기

참가자들은 앞서 이야기된 감정과 연결될 수 있는 감정을 다른 카드에서 찾아낸다. 예를 들어, "기쁨"이 나왔다면, "흥분"이나 "사랑" 같은 감정을 연결지을 수 있다. 감정을 연결한 참가자는 그 감정과 관련된 경험을 간단히 이야기한다.

4) 점수 계산

라운드마다 획득한 점수를 기록한다. 모든 카드가 사용되었거나, 일정 시간이 지나면 게임을 종료. 가장 높은 점수를 받은 참가자가 승리한다.

4. 추가 규칙 및 변형

- 팀전: 참가자들을 두 팀으로 나누고, 각 팀이 감정을 표현하거나 맞추는 방식으로 진행할 수 있다.

- 난이도 조절: 어린 아이들과 함께할 경우, 기본 감정만 사용하거나 표현 방식을 좀 더 단순하게 조정할 수 있다.

그림 7-10 ▸ 감정 표현 카드 예시(미드저니 생성)

Q: AI를 활용한 가족 감정 코칭이 실제로 가족 관계 개선에 도움이 될까요?

A: 네, AI는 객관적인 분석과 맞춤형 제안을 해줄 수 있기 때문에 가족 구성원들이 미처 인식하지 못했던 의사소통 패턴이나 감정적 이슈를 발견하는 데 도움을 줄 수 있습니다. 하지만 이는 가족 간의 직접적인 대화와 노력을 대체할 수 없으며, 보조 도구로 활용해야 합니다.

Q: 가정에서 쉽게 시작할 수 있는 AI 활용 가족 감정 코칭 활동이 있을까요?

A: 'AI 가족 감정 일기'를 써보는 것은 어떨까요? 각 가족 구성원이 매일 자신의 감정을 기록하고, AI가 이를 분석하여 가족 전체의 감정 트렌드를 파악해주는 활동을 할 수 있습니다. 이를 통해 서로의 감정을 이해하고 공감하는 능력을 기를 수 있습니다.

Q: AI를 활용할 때 주의해야 할 점은 무엇인가요?

A: 가족의 감정 데이터는 매우 민감한 정보이므로 철저한 개인정보 보호가 필

요합니다. 또한 AI의 분석 결과를 절대적인 것으로 받아들이지 않고, 가족 간의 대화와 이해를 통해 해석해야 합니다.

5. AI 감정 다이어리와 정서 지원 도우미 활용

AI 감정 다이어리와 정서 지원 도우미는 개인의 정서적 발달을 향상시키는 데 도움을 줄 수 있는 혁신적인 도구이다. 이러한 도구들은 자신의 감정을 더 잘 이해하고 관리하는 데 도움을 주며, 정서적 지원이 필요할 때 즉각적인 도움을 제공할 수 있다.

❶ AI 감정 다이어리의 주요 기능

- 일일 감정 기록: 매일의 감정 상태와 그 이유를 기록한다.
- 감정 분석 리포트: 주간 또는 월간 단위로 감정 분석 리포트를 제공한다.
- 맞춤형 조언: 분석 결과를 바탕으로 개인화된 정서 관리 조언을 제공한다.
- 감정 예측: 과거 데이터를 바탕으로 향후 감정 상태를 예측하고 대처 방법을 제안한다.

❷ AI 정서 지원 도우미의 주요 기능

- 실시간 감정 인식: 사용자의 표정, 음성, 텍스트 등을 분석하여 현재의 감정 상태를 파악한다.
- 맞춤형 대처 전략 제안: 인식된 감정에 따라 적절한 대처 전략을 즉시 제안한다.
- 24/7 정서적 지원: 언제든 대화가 필요할 때 AI 도우미와 대화할 수 있다.
- 정신 건강 모니터링: 장기적인 감정 변화를 모니터링하고, 필요시 전문가의 도움을 받도록 제안한다.

Albus AI를 활용한 감정 일기 프로젝트

AI 기반 지식 관리 도구인 Albus AI를 활용하여 감정 다이어리를 작성하고 관리하는 프로젝트를 소개한다. 이 프로젝트는 가족 구성원들의 정서적 웰빙을 향상시키고, 서로의 감정에 대한 이해를 증진시키는 것을 목적으로 한다.

1. 목적
- AI를 활용하여 가족 구성원들의 감정을 체계적으로 기록하고 분석한다.
- 감정 패턴을 파악하고 정서적 웰빙을 향상시킨다.
- 가족 간 정서적 유대를 강화한다.

2. 준비물
- 컴퓨터 또는 스마트폰
- Albus AI 계정(https://albus.org)

3. 진행 방법
- **Albus AI 설정**
  - 각 가족 구성원별로 Albus AI 계정을 만든다.
  - 나의 감정 일기 파일을 생성한다(예: "나의 감정 일기").

그림 7-11 ▸ albus AI에 파일 생성

- **일일 감정 기록**
  - 매일 저녁, 각자 Albus AI에 그날의 감정과 경험을 기록한다.
  - 예시 프롬프트: "오늘 내가 경험한 주요 감정을 3가지 나열하고, 각 감정의 원인과 강도 (1-10)를 설명해 줘."

그림 7-12 ▸ albus AI에 파일 생성

- **AI 분석 활용**
  - Albus AI의 분석 기능을 사용하여 감정 패턴을 파악한다.
  - 예시 프롬프트: "지난 주 내 감정 기록을 분석하고, 주요 패턴과 트렌드를 요약해 줘."
- **감정 관리 전략 수립**
  - AI의 분석을 바탕으로 개인화된 감정 관리 전략을 세운다.
  - 예시 프롬프트: "분석 결과를 바탕으로 나의 정서적 발달을 향상시킬 수 있는 3가지 실천 방안을 제안해 줘."
- **가족 공유 및 토론**
  - 주간 가족 모임에서 각자의 감정 일기와 AI 분석 결과를 공유한다.
  - Albus AI를 활용하여 가족 토론 주제를 생성한다.
  - 예시 프롬프트: "우리 가족의 이번 주 감정 기록을 바탕으로, 가족 관계 개선을 위한 토론 주제 3가지를 제안해 줘."
- **AI 기반 정서 지원 활동**
  - Albus AI를 활용하여 가족 맞춤형 정서 지원 활동을 계획한다.
  - 예시 프롬프트: "우리 가족의 현재 정서 상태를 고려하여, 이번 주말에 할 수 있는 정서적 유대 강화 활동 3가지를 제안해 줘."

생성한 파일을 다운로드하여 가족 구성원이 생성한 감정 일기를 공유해 볼 수 있다.

이 프로젝트를 통해 가족 구성원들은 자신과 타인의 감정을 더 잘 이해하고 표현할 수 있게 된다. Albus AI의 지식 관리 기능을 활용함으로써, 감정 기록을 체계적으로 관리하고 분석할 수 있으며, 이를 바탕으로 한 가족 간 대화는 정서적 유대를 강화할 수 있다.

Q: AI 감정 다이어리가 실제로 정서 관리에 도움이 될까요?

A: 네, AI 감정 다이어리는 자신의 감정 패턴을 객관적으로 파악하는 데 도움을 줄 수 있습니다. 하지만 이는 자기 성찰과 실제 대인 관계에서의 정서적 경험을 대체할 수 없으며, 보조 도구로 활용해야 합니다.

Q: AI 정서 지원 도우미를 사용할 때 주의해야 할 점은 무엇인가요?

A: AI 정서 지원 도우미는 전문 상담사를 대체할 수 없다는 점을 기억해야 합니다. 심각한 정서적 문제가 있다면 반드시 전문가의 도움을 받아야 합니다. 또한, 개인정보 보호에 주의를 기울여야 합니다.

6. 결론

AI를 활용한 정서 교육 및 가족 관계 강화는 현대 교육과 가정 환경에서 중요한 의미를 지닌다. AI 기술은 사회정서학습의 다섯 가지 핵심 역량 발달에 기여할 수 있다.

AI 챗봇을 활용한 대화 기술 연습, 사회적 상황 분석, 스토리텔링 등의 방법은 자녀의 사회적 기술 향상에 도움을 준다. 이는 관계 기술과 사회적 인식 역량 강화로 이어진다. 가족 감정 코칭과 정서 교육에 AI를 활용하면 가족 구성원 간 감정 인식과 공감 능력이 향상되어 자기 인식과 사회적 인식 역량 개발에 기여한다.

AI 감정 다이어리와 정서 지원 도우미는 개인의 자기 인식과 관리 역량을 강화하고, 가족 간 정서적 유대를 돈독히 한다. 이러한 도구들은 책임 있는 의사결정 능력 향상에도 도움을 준다.

그러나 AI 도구들은 사회정서학습의 보조 수단일 뿐, 전문가 지도나 실제 대인 관계 경험을 대체할 수 없다. 사회정서학습의 궁극적 목표는 학생들이 실생활에서 이러한 역량을 자연스럽게 발휘하도록 하는 것이다.

향후 AI 기술 발전과 함께, 사회정서학습을 위한 AI 활용 방안에 대한 추가 연구가 필요하다. 이를 통해 AI 기술이 각 역량 개발에 미치는 영향을 정확히 파악하고, 더 효과적인 교육 방법을 모색할 수 있을 것이다. 이러한 노력들은 학생들의 전인적 성장과 행복한 삶의 토대 마련에 기여할 것이다.

• • •

PART 02

실습편

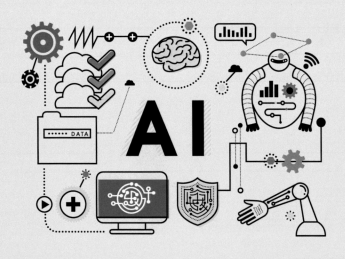

CHAPTER

08

AI 활용 독서 및 영어 교육

CHAPTER 08 / AI 활용 독서 및 영어 교육

AI 기술의 발전은 독서와 영어 교육의 혁신적인 변화를 가져오고 있다. 전통적인 교육 방식이 교과서와 교사의 지도에 의존했다면, 이제는 AI 기반 도구들이 학습의 방식을 근본적으로 바꾸고 있다. AI는 독서와 영어 학습을 보다 개인화하고, 학생 개개인의 필요에 맞춘 학습 경험을 제공하며, 이로 인해 학습의 효율성이 크게 향상되고 있다. 이번 장에서는 AI를 활용한 독서와 영어 교육의 다양한 혁신적 방법들을 소개하고자 한다.

먼저, AI는 다양한 목소리와 감정 표현을 통해 책을 읽어주는 기능을 제공함으로써 독서 경험을 더욱 생동감 있게 만들어준다. 이는 아이들이 독서에 더 쉽게 몰입할 수 있게 도와주며, 독서 습관을 자연스럽게 형성하는 데 큰 도움이 된다. 또한, AI는 학생들의 읽기 수준과 흥미를 분석하여 맞춤형 도서를 추천하고, 이를 통해 아이들이 꾸준히 독서에 관심을 가지도록 유도한다. AI 기반 독후 활동은 어휘력을 향상시키고, 학생들이 읽은 내용을 깊이 이해할 수 있도록 도와준다.

영어 교육에서도 AI의 역할은 매우 중요하다. AI 영어 튜터는 맞춤형 영어 회화 연습을 제공하여 학생들의 말하기 능력을 체계적으로 향상시킨다. 또한, AI 기반 영어 게임은 재미있게 듣기 능력을 강화할 수 있는 기회를 제공하며, 학생들이 영어를 보다 자연스럽게 익히도록 한다.

결론적으로 AI는 독서와 영어 교육에서 매우 유용한 도구로 자리잡고 있으며, 이를 적절히 활용하면 학생들의 학습 성과를 크게 향상시킬 수 있다. 이번 장에서는 AI를 활용한 독서와 영어 교육의 다양한 사례와 그 효과, 그리고 실용적인 활용 방법을 구체적으로 다룰 것이다.

1. AI 기반 독서 혁신: 다양한 목소리로 책 읽어주기

❶ AI의 활용과 독서 경험의 혁신

AI 기술의 발전으로 다양한 목소리로 책을 읽어주는 기능이 독서 교육에 혁신을 가져왔다. 이 기술은 텍스트를 생동감 있는 음성으로 변환하여 아이들에게 흥미로운 독서 경험을 제공하며, 언어 이해를 깊게 한다. 일레븐랩스(ElevenLabs), 플리키(Fliki), 오더블(Audible)과 같은 도구들은 각각의 고유한 방식으로 아이들의 독서 몰입도를 높이고, 새로운 언어나 어휘 학습을 지원한다. 결과적으로, AI는 독서에 대한 흥미를 유발하고 학습 효과를 증대시키는 데 큰 역할을 한다.

❷ 음성 변환 플랫폼: 일레븐랩스

(1) 소개

일레븐랩스는 고급 딥 러닝 기술을 활용하여 텍스트를 자연스러운 음성으로 변환하는 AI 기반 텍스트-음성 변환 플랫폼이다. 다양한 언어와 방언을 지원하며, 리얼리스틱한 인토네이션과 억양을 포함한 음성 옵션을 제공한다. 사용자 친화적인 인터페이스를 통해 손쉽게 텍스트를 음성으로 변환할 수 있다. 일레븐랩스는 맞춤형 목소리 생성 기능을 통해 개인화된 오디오 콘텐츠를 제작하는 데 뛰어난 성능을 보인다.

그림 8-1 ▶ 일레븐랩스: 텍스트를 음성으로 변환하는 생성 AI 플랫폼

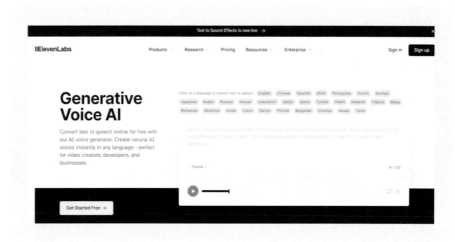

(2) 사용 방법

일레븐랩스를 사용하려면 먼저 웹사이트(https://elevenlabs.io/)에서 계정을 생성하고 로그인해야 한다. 회원 가입 버튼을 클릭하고 이메일과 비밀번호를 입력한 후 이메일 인증을 완료한다. 로그인 후 대시보드에서 텍스트-음성 변환을 위한 다양한 옵션과 설정을 탐색할 수 있다. 텍스트를 입력하거나 파일을 업로드한 후, 음성의 톤, 억양, 속도 등을 조절하여 맞춤형 음성을 생성할 수 있다. 설정이 완료되면 '변환' 버튼을 클릭하여 음성을 생성하고, 생성된 음성 파일을 다운로드할 수 있다.

(3) 특징 및 활용 방법

1) 다국어 및 방언 지원

일레븐랩스는 다양한 언어와 방언을 지원하여 글로벌 사용자들에게 적합한 플랫폼이다. 사용자는 영어뿐만 아니라 여러 언어로 텍스트를 음성으로 변환할 수 있다. 이러한 다국어 지원은 다문화 교육, 국제 마케팅, 다국적 기업의 커뮤니케이션 등 다양한 분야에서 활용되며, 방언 지원 기능도 있어 특정 지역의 언어적 특성을 반영한 음성 생성이 가능하다.

2) 고품질 음성 및 감정 표현

일레븐랩스는 리얼리스틱한 인토네이션과 억양을 포함한 고품질 음성을 제공한다. 이 기능은 오디오북 제작, 교육 자료, 마케팅 콘텐츠 등에서 더욱 생동감 있는 음성 경험을 제공하는 데 유용하다. 감정 표현을 통해 청중의 몰입도를 높이고, 메시지를 효과적으로 전달할 수 있다.

그림 8-2 ▸ 29개 언어를 지원하는 AI 음성 생성기

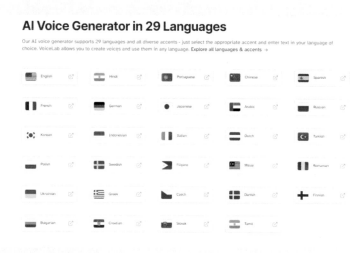

그림 8-3 ▸ 텍스트 프롬프트로 상상 가능한 모든 소리를 생성

3) 사용자 친화적인 인터페이스

텍스트 입력부터 음성 설정, 변환, 다운로드까지의 모든 과정이 간단하고 명료하게 구성되어 있다. 사용자는 별도의 기술 지식 없이도 쉽게 텍스트를 음성으로 변환할 수 있고, 음성 미리 듣기 기능을 통해 설정된 음성을 미리 확인하고 필요에 따라 조정할 수 있다.

❸ 텍스트-비디오 AI 플랫폼: 플리키

(1) 소개

플리키는 텍스트를 음성과 비디오로 변환하는 AI 기반 플랫폼입니다. 이 도구는 2,000개 이상의 리얼리스틱한 음성과 75개 이상의 언어를 지원하며, 사용자가 콘텐츠를 쉽게 생성할 수 있도록 돕습니다. 이 플랫폼은 특히 교육 자료, 마케팅 콘텐츠, 오디오북 제작에 유용하게 사용될 수 있습니다. 사용자는 텍스트를 입력하고, 원하는 목소리와 비디오 스타일을 선택하여 전문적인 수준의 오디오와 비디오 콘텐츠를 생성할 수 있습니다

그림 8-4 ▶ 플리키: AI 음성을 활용한 텍스트 기반 비디오 생성

Turn text into videos with AI voices

Transform your ideas into stunning videos with our AI video generator.
Easy to use Text to Video editor featuring lifelike voiceovers, dynamic AI
video clips, and a wide range of AI-powered features.

Start for free →

credit card not required

(2) 사용 방법

플리키를 사용하려면 먼저 웹사이트(https://fliki.ai/)에서 계정을 생성하고 로그인해야 한다. 회원 가입을 위해 이메일 주소와 비밀번호를 입력한 후, 이메일 인증을 완료한다. 로그인 후, 대시보드에서 'New File' 버튼을 클릭하여 프로젝트를 시작할 수 있다. 텍스트를 입력하거나 파일을 업로드하고, 제공된 2,000개 이상의 목소리 옵션 중 원하는 목소리를 선택한다. 목소리의 톤, 억양, 속도 등을 설정한 후, 미리 보기를 통해 결과를 확인한다. 설정이 만족스러우면 'Generate Video' 버튼을 클릭하여 비디오를 생성하고, 이를 다운로드하거나 공유할 수 있다. 플리키의 직관적인 인터페이스는 사용자들이 쉽게 비디오 콘텐츠를 제작할 수 있도록 돕는다.

(3) 특징 및 활용 방법

1) 다양한 목소리 및 언어 지원

플리키는 2,000개 이상의 리얼리스틱한 Text-to-Speech 목소리를 제공하며, 75개 이상의 언어를 지원한다. 이러한 다양한 목소리 옵션은 사용자가 원하는 음성을 선택할 수 있게 하며, 글로벌 청중을 대상으로 하는 콘텐츠 제작에 유용하다. 사용자들은 각 언어의 다양한 억양과 방언을 선택할 수 있어 콘텐츠의 지역적 특성을 반영할 수 있다. 이는 특히 다문화 환경에서의 교육 자료나 마케팅 콘텐츠 제작에 큰 도움이 된다.

2) 텍스트-비디오 통합 플랫폼

플리키는 단순한 텍스트-음성 변환을 넘어 텍스트를 비디오 AI와 결합하여 완성된 비디오 콘텐츠를 생성할 수 있다. 사용자는 텍스트를 입력하고, 적절한 목소리를 선택한 후, 비디오 요소를 추가하여 고품질의 비디오를 쉽게 제작할 수 있다. 이러한 통합 플랫폼은 비디오 제작 과정을 간소화하고, 비디오 콘텐츠의 품질을 향상시키며, 다양한 목적에 맞는 비디오를 손쉽게 만들 수 있도록 돕는다.

그림 8-5 ▸ 플리키의 주요 기능: 텍스트-비디오 변환과 AI 음성 생성

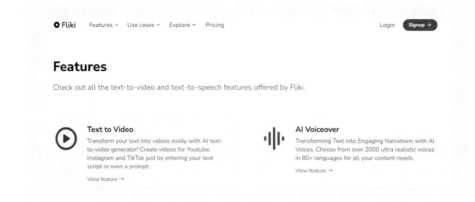

그림 8-6 ▸ 플리키의 '매직 크리에이트' 기능: 창의적인 비주얼 생성 옵션

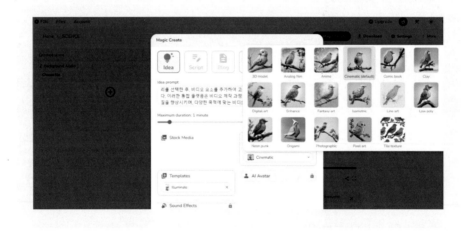

3) 사용자 친화적인 인터페이스

플리키는 직관적이고 사용하기 쉬운 인터페이스를 제공하여, 기술적 지식이 없는 사용자도 쉽게 접근할 수 있다. 텍스트 입력, 음성 설정, 비디오 편집 등 모든 과정이 간단하고 명료하게 구성되어 있어, 사용자들은 빠르게 작업을 진행할 수 있다. 미리 보기 기능을 통해 설정된 내용을 실시간으로 확인하고, 필요에 따라 즉시 수정할 수 있어 최종 결과물의 만족도를 높인다.

2. AI 맞춤형 추천 도서와 독서 습관 형성

❶ 자녀의 관심사 및 수준에 맞는 도서의 필요성

독서는 자녀의 언어 능력, 사고 능력, 창의력 향상에 중요한 역할을 하며, 특히 관심사와 수준에 맞는 도서를 선택하는 것이 독서 습관 형성과 학습 능력 향상에 필수적이다. 부모는 자녀의 흥미와 읽기 능력을 이해하고, 이를 바탕으로 적절한 도서를 추천해야 하지만, 자녀의 빠르게 변화하는 관심사와 정확한 읽기 수준을 파악하는 데 어려움을 겪을 수 있다. AI는 이러한 문제를 해결할 수 있는 도구로, 자녀의 독서 기록과 관심사를 분석해 맞춤형 도서를 추천하며, 자녀의 독서 능력과 흥미를 지속적으로 유지하는 데 큰 도움을 준다. AI를 활용하면 부모는 자녀의 독서 습관 형성과 전인적 성장을 더욱 효과적으로 도울 수 있다.

❷ 자녀의 수준에 맞는 도서 추천 AI 시스템: 밀리의 서재

(1) 소개

밀리의 서재는 AI 기반 도서 추천 시스템을 통해 자녀의 독서 습관과 관심사에 맞춘 도서를 제공하는 한국의 대표적인 전자책 플랫폼이다. 이 플랫폼은 다양한 기능과 도서 추천 알고리즘을 통해 자녀의 독서 경험을 향상시키고 독서 습관을 형성하는 데 도움을 준다.

(2) 사용 방법

1) 초기 설정 및 사용자 정보 입력

밀리의 서재를 처음 사용할 때, 자녀의 기본 정보를 입력해야 한다. 여기에는 나이, 학년, 성별, 관심사, 선호하는 장르 등이 포함된다. 초기 설정 단계에서 자녀의 관심사와 독서 수준을 상세하게 입력하면, AI는 이 데이터를 바탕으로 적합한 도서를 추천하기 시작한다.

그림 8-7 ▸ 밀리의 서재: 맞춤형 도서 추천 AI 시스템

2) 독서 기록 및 평가

자녀가 밀리의 서재에 기록한 독서 데이터는 AI가 자녀의 읽기 패턴과 선호도를 분석하는 데 사용되며, 자녀가 남긴 리뷰와 별점은 독서 취향을 파악하는 데 도움을 준다. 이 데이터를 바탕으로 AI는 자녀의 선호도와 독서 능력을 정밀하게 분석할 수 있다.

3) AI 알고리즘의 작동 방식

밀리의 서재는 자녀의 읽기 이력, 평가, 읽기 속도, 검색 기록 등을 AI 알고리즘으로 분석하여 자녀의 현재 읽기 수준과 이해도를 평가한다. 이를 바탕으로 AI는 자녀에게 적절한 난이도의 도서를 추천해 독서 능력 향상을 지원한다.

(3) 특징 및 활용 방법

1) 맞춤형 도서 추천

밀리의 서재는 자녀의 관심사와 읽기 수준에 맞춘 맞춤형 도서 추천 기능을 제공한다. AI는 자녀의 독서 패턴과 선호 장르를 기반으로 유사한 도서나 주제를 추천한다. 예를 들어, 자녀가 판타지 장르를 선호하고 해당 장르의 도서를 많이 읽었다면, AI는 최신 판타지 소설이나 유사한 테마의 도서를 추천한다.

2) 실시간 업데이트 및 피드백

자녀의 독서 기록이 업데이트될 때마다 AI는 새로운 데이터를 학습하여 추천 알고리즘을 개선한다. 부모와 자녀가 제공하는 피드백은 AI의 도서 추천 정확도를 높이는 데 중요한 역할을 한다. 지속적인 피드백을 통해 AI는 자녀의 변화하는 관심사와 읽기 능력을 실시간으로 반영한다. 피드백 시스템을 통해 부모와 자녀는 추천된 도서에 대한 의견을 공유하고, AI가 이를 반영하도록 도와준다.

3) 오디오북 기능

밀리의 서재는 오디오북 기능을 제공하여 자녀가 읽기뿐만 아니라 듣기를 통해서도 독서를 지속할 수 있게 도와준다. AI는 자녀의 청취 기록과 선호도를 분석하여 맞춤형 오디오북을 추천하며, 다양한 방식으로 책에 흥미를 유지할 수 있도록 돕는다

4) 부모와 자녀의 소통 강화

부모와 자녀 간의 독서 대화를 촉진하여 부모가 자녀의 독서 경험을 더 잘 이해하고, 적합한 도서를 선택하는 데 도움을 준다. 부모는 자녀의 독서 기록과 추천 도서를 함께 검토하고, 독서 후의 느낌을 공유하며 자녀의 독서 습관을 깊이 이해할 수 있다. 또한, AI 기술을 활용해 자녀의 독서 습관과 관심사를 분석하여 맞춤형 도서를 추천하고, 실시간 피드백으로 추천의 정확도를 높인다. 이를 통해 자녀의 독서 경험을 풍부하게 하고, 지속적인 독서 습관 형성에 기여한다.

3. AI 독후 활동과 어휘력 향상

❶ AI를 활용한 독서 후 활동의 중요성

독서 후 다양한 활동을 통해 얻는 경험은 그 이상의 가치를 제공한다. 단순히 책을읽고 끝내는 것만으로는 깊이 있는 이해와 창의적인 사고를 이끌어내기 어려울 수 있다. 독서 후 활동은 책의 내용을 재해석하고, 다양한 시각에서 접근할 수

있는 기회를 제공한다. 단순히 책을 읽고 끝내는 것과 독서 후 활동을 통해 얻는 점을 비교해 보자. 이 과정은 독서의 즐거움을 배가시키고, 지식을 실생활에 적용하는 데 있어 큰 도움이 된다.

(1) 독서 후 활동의 장점

독서 후 다양한 활동을 통해 얻을 수 있는 장점은 다음과 같다. 첫째, 이해도 향상이다. AI를 활용한 퀴즈와 게임을 통해 책의 내용을 복습하고, 중요한 내용을 다시 한번 확인할 수 있다. 이는 독서의 이해도를 크게 향상시킨다. 둘째, 기억력 강화이다. 독후 활동을 통해 책의 내용을 다시 접하면서 기억에 오래 남게 된다. 반복적인 학습은 기억력 강화에 매우 효과적이다. 셋째, 창의력 증진이다. AI 기반 스토리텔링 도우미나 독서 일기 작성 도우미를 활용하여 창의적인 글쓰기 활동을 할 수 있다. 이는 자녀들의 창의력과 표현력을 키우는 데 큰 도움이 된다.

(2) AI를 활용한 독서 후 활동 소개

1) 자동 퀴즈 생성기

이 프로그램은 텍스트 분석 기술을 통해 책의 주요 사건, 등장인물, 배경 등을 바탕으로 객관식, 단답형, 빈칸 채우기 등의 문제를 자동으로 만든다. 이를 통해 자녀들은 책의 내용을 복습하고 중요한 부분을 다시 한번 확인할 수 있다. 맞춤형 학습이 가능하며, AI가 자녀의 수준에 맞게 문제를 조절하여 제공하므로 학습 효과를 극대화할 수 있다. 자동 퀴즈 생성기는 자녀들이 자신이 읽은 책의 내용을 얼마나 잘 이해하고 있는지를 평가할 수 있는 좋은 도구이다.

2) 스토리텔링 도우미

AI를 활용한 스토리텔링 도구는 자녀들이 책의 결말을 바꾸거나 새로운 등장인물을 추가하는 등의 창의적인 글쓰기 활동을 지원한다. 이를 통해 자녀들은 창의력을 키우고, 자신의 생각을 글로 표현하는 능력을 발전시킬 수 있다. 스토리텔링 도우미는 자녀들이 책을 읽고 나서 새로운 이야기를 창작해보는 기회를 제공하여, 능동적인 참여와 상상력을 발휘할 수 있게 한다. 이러한 AI 기반 도구는 창의적 글쓰기를 촉진하는 효과적인 교육 도구로 활용되고 있다.

3) AI 챗봇을 통한 대화 도우미

AI 챗봇을 통해 자녀들은 책의 등장인물이나 작가와 대화하며 책의 내용을 복습하고 궁금한 점을 질문할 수 있다. 이러한 대화형 도우미는 자녀들이 책의 내용을 깊이 이해하고, 지속적인 대화를 통해 책에 대한 관심을 유지하며 확장할 수 있는 기회를 제공한다. 이를 통해 자녀들은 비판적 사고와 문제해결능력을 향상시키고, 책과 더욱 친밀해지며 독서의 즐거움을 배가시킬 수 있다. AI 챗봇 기술은 다양한 교육 애플리케이션에서 학습자의 질문에 맞춤형 답변을 제공하는 데 활용되고 있다.

❷ ChatGPT를 활용한 활동 – 독서퀴즈 생성기

(1) 소개

ChatGPT를 활용하여 책의 내용을 분석하고 자동으로 퀴즈를 생성하는 방법은 자녀들이 책의 내용을 효율적으로 복습하고 중요한 부분을 다시 한번 확인할 수 있도록 돕는다. 이 프로그램은 텍스트 분석 기술을 통해 책의 주요 사건, 등장인물, 배경 등을 바탕으로 다양한 유형의 문제를 자동으로 만들어낸다. 다음은 이 프로그램을 사용하는 방법에 대한 쉬운 가이드이다.

(2) 사용 방법

1) ChatGPT로 책 내용 요약하기

예시: "저자 황순원의 '소나기'라는 책의 내용을 2000자 이내로 요약해 줘."

> 저자 황순원의 '소나기'라는 책의 내용을 2,000자 이내로 요약해 줘.

황순원의 단편 소설 "소나기"는 아름다운 시골 마을을 배경으로 한 소년과 소녀의 순수하고 짧은 사랑 이야기를 담고 있다. 이야기는 자연 속에서 혼자 시간을 보내는 소년으로부터 시작된다. 소년은 시골의 한적함과 자연의 아름다움을 만끽하며 일상을 보내고 있다. 그러던 어느 날, 서울에서 온 소녀가 등장하면서 그의 일상에 큰 변화가 찾아온다.

처음 만났을 때 소년은 소녀에게 큰 관심을 보이지 않지만, 소녀는 점차 그의 관심을 끌게 된다. 소녀는 도시에서 온 새로운 친구로서 시골 생활에 적응해 나가면서 소년과 다양한 활동을 함께 하게 된다. 두 사람은 함께 논둑길을 걷고, 개울가에서 물장난을 치고, 들판과 산을 탐험하며 서로에 대한 호감을 키워간다. 이들은 자연 속에서 맑고 순수한 시간을 보내며 깊은 유대감을 쌓아 나간다.

특히, 소나기가 내리던 어느 날, 그들은 비를 피하기 위해 작은 오두막에 함께 머물게 된다. 이 시간 동안 소년과 소녀는 서로에게 솔직한 마음을 털어놓으며 감정을 더욱 깊이 나누게 된다. 소녀는 자신의 병약함과 소년에게 의지하고 싶은 마음을 드러내고, 소년은 그녀를 위로하며 자신의 애정을 표현한다. 이 순간은 두 사람의 관계가 가장 깊어지는 계기가 된다.

그러나 행복한 시간은 오래 가지 않는다. 소나기가 지나가고 소녀는 병세가 악화되면서 집에서 요양

⊘ 메시지 Chat GPT

2) 요약된 내용을 바탕으로 퀴즈 생성하기

예시: "이 책의 내용을 바탕으로 주요 사건, 등장인물, 배경 등을 포함한 객관식, 단답형, 빈칸 채우기 문제를 만들어줘."

> 이 책의 내용을 바탕으로 주요 사건, 등장인물, 배경 등을 포함한 객관식, 단답형, 빈칸 채우기 문제를 만들어줘.
> 문제 유형 설정: 필요한 문제 유형을 설정한다.
>
> 객관식 문제: 질문과 4~5개의 선택지를 포함한 문제
> 단답형 문제: 짧은 답변이 필요한 문제
> 빈칸 채우기 문제: 문장 속 빈칸을 채우는 문제

⊛ **자동 퀴즈 생성 예시**

챗GPT를 활용하여 황순원의 "소나기" 내용을 바탕으로 한 퀴즈 문제를 자동으로 생성하는 예시입니다. 주요 사건, 등장인물, 배경 등을 포함한 다양한 문제 유형을 제공합니다.

객관식 문제

1. 소년과 소녀가 처음 만난 곳은 어디인가요?

- a) 소년의 집앞
- b) 학교 운동장

⊘ 메시지 Chat GPT

단답형 문제

1. 소녀는 어디에서 왔나요?
   - 정답: 서울

2. 소녀가 세상을 떠난 이유는 무엇인가요?
   - 정답: 병

3. 소녀와 소년이 함께 시간을 보낸 장소는 어디인가요?
   - 정답: 시골

4. 소년이 소녀를 마지막으로 본 장소는 어디인가요?
   - 정답: 오두막

5. 소나기 후 소녀의 상태는 어떻게 되었나요?

메시지 Chat GPT

3) 문제 난이도와 길이 설정하기

예시: "문제의 난이도를 상, 중, 하로 나누어 설정해 줘.", "문제의 길이는 간단하게, 선택지는 4개로 설정해 줘."

(3) 활용 방법

자녀가 생성된 퀴즈를 풀어보며 책의 내용을 복습한다. 각 문제를 풀고 정답을 확인하여 자신의 이해도를 평가할 수 있다. ChatGPT는 자녀의 퀴즈 풀이 결과를 분석하여 강점과 약점을 파악할 수 있도록 도와준다.

❸ ChatGPT를 활용한 활동 – 스토리텔링 도우미

(1) 소개

ChatGPT는 자녀들이 책의 결말을 바꾸거나 새로운 등장인물을 추가하는 등 창의적인 글쓰기 활동을 도와주는 AL TOOL이다. 스토리텔링 도우미로서 ChatGPT는 자녀들이 책을 읽고 나서 새로운 이야기를 만들어보는 기회를 제공하여 창의적 사고를 넓혀준다.

문제의 난이도를 상, 중, 하로 나누어 설정하려고 해요.
난이도는 아주 어려운 "상"으로 설정하고 문제의 길이는 간단하게, 선택
지는 4개로 설정해주세요.
문제는 총 2문제 만들어주세요.

⑤ "소나기"를 바탕으로 한 고난이도(상) 퀴즈 문제

객관식 문제 1

소녀가 소년에게 손수건을 남긴 이유는 무엇인가요?

- a) 소년에게 자신의 사랑을 표현하기 위해

- b) 소년과의 추억을 간직하도록 하기 위해

- c) 소년에게 작별 인사를 남기기 위해

- d) 소년에게 병세를 알리기 위해

정답: c) 소년에게 작별 인사를 남기기 위해

🔗 메시지 Chat GPT　　　　　　　　　　　　　　　　　　　⬆

소나기의 배경을 현대 도시로 바꿔서 이야기를 재구성해 줘.

⑤ 소나기의 배경을 현대 도시로 바꾼 재구성 이야기

소나기: 현대 도시 버전

한적한 시골 마을이 아닌, 소설의 배경은 이제 고층 빌딩과 번화한 거리로 가득한 현대 도시이다. 도심 속 한 고등학교에 다니는 소년과 소녀의 이야기로 시작된다.

등장인물

- **소년**: 도시의 고등학교에 다니는 평범한 학생. 자연을 좋아하고, 혼자 산책하는 것을 즐긴다.

- **소녀**: 서울에서 전학 온 새로운 학생. 도시 생활에 익숙하지만, 새로운 환경에서 적응 중이다.

주요 사건

1. 첫 만남

- 소년은 평소처럼 학교에서 집으로 돌아가는 길에 도심 속 공원을 지나가고 있었다. 그곳에서 새로 전학 온 소녀를 우연히 만나게 된다. 소녀는 공원의 벤치에 앉아 책을 읽고 있었고,

🔗 메시지 Chat GPT　　　　　　　　　　　　　　　　　　　⬆

(2) 사용 방법

1) 기존 이야기 분석

자녀가 읽은 책의 내용을 ChatGPT에 입력하여 요약하고 주요 사건, 등장인물, 배경 등을 분석한다.

예시: "저자 황순원의 '소나기'라는 책의 내용을 2,000자 이내로 요약해 줘."

2) 결말 바꾸기

자녀가 책의 결말을 다르게 상상해보도록 유도한다. ChatGPT를 활용해 새로운 결말을 작성한다.

예시: "소나기의 결말을 새로운 방식으로 바꿔서 이야기해 줘."

3) 새로운 등장인물 추가

기존 이야기 속에 새로운 캐릭터를 추가하여 이야기를 확장한다.

예시: "소나기 이야기 속에 새로운 등장인물을 추가해 줘. 이 인물이 이야기 속에서 어떤 역할을 할지 설명해 줘."

4) 전체 이야기 재구성

예시: "소나기의 배경을 현대 도시로 바꾸고, 새로운 결말과 추가된 등장인물을 포함한 이야기를 다시 써줘."

(3) 활용 방법

ChatGPT를 활용하면 자녀들은 책의 내용을 기반으로 창의적인 글쓰기를 경험할 수 있으며, 상상력을 발휘하여 자신의 아이디어를 글로 표현하는 데 큰 도움을 받을 수 있다. 이러한 활동은 자녀들이 책을 단순히 읽는 것을 넘어 능동적으로 참여하고 창의적 사고를 촉진하는 경험을 제공한다. 스토리텔링 도우미로서의 ChatGPT는 이미 여러 플랫폼에서 제공되며, 자녀들이 독서와 글쓰기를 더욱 재미있고 흥미롭게 즐길 수 있도록 지원하는 효과적인 도구로 사용되고 있다.

1) 주요 어휘 추출 및 학습

책을 읽으면서 모르는 단어나 중요한 어휘를 기록한다. 추출한 단어들을 리스트로 정리하고, 각 단어의 정의와 예문을 작성한다. ChatGPT를 활용하여 어휘 리스트를 입력하고 정의와 예문을 요청할 수 있다.

- 단어 리스트 작성: 소나기, 강가, 전학
- ChatGPT에게 요청: "이 단어들의 정의와 예문을 알려줘: 소나기, 강가, 전학"

> 이 단어들의 정의와 예문을 알려줘: 소나기, 강가, 전학

소나기, 강가, 전학 단어 정의와 예문

소나기
- 정의: 갑자기 세차게 내리다가 곧 그치는 비
- 예문: 하늘이 어두워지더니 갑자기 소나기가 내리기 시작했다.

강가
- 정의: 강의 가장자리
- 예문: 소년과 소녀는 강가에서 물놀이를 즐겼다.

전학
- 정의: 학교를 옮겨 다니는 것

메시지 Chat GPT

> 문장 "하늘이 갑자기 어두워지더니 소나기가 쏟아졌다"에서 '소나기'라는 단어의 의미와 문맥 속 사용법을 설명해 줘."

문장 '하늘이 갑자기 어두워지더니 소나기가 쏟아졌다'에서 '소나기'라는 단어의 의미와 문맥 속 사용법을 설명하겠다.

소나기
- **의미**: '소나기'는 갑자기 세차게 내리다가 곧 그치는 비를 의미한다.
- **문맥 속 사용법**: 이 문장에서 '소나기'는 하늘이 어두워진 후 갑작스럽게 내리는 비를 묘사하는데 사용되었다. '소나기'라는 단어는 비가 예고 없이 갑자기 시작되어 강하게 내리다가 금방 그치는 상황을 생생하게 전달한다. 이 문맥에서 '소나기'는 자연 현상의 갑작스러움과 그 강렬함을 강조하며, 전체적인 분위기를 드라마틱하게 만드는 역할을 한다.

메시지 Chat GPT

2) 문맥 속 어휘 이해

책에서 중요한 문장을 선택하고 문맥 속에서 단어의 의미를 파악한다. ChatGPT에게 선택한 문장의 의미와 단어의 사용법을 물어본다.

- 문장 선택: "하늘이 갑자기 어두워지더니 소나기가 쏟아졌다."
- ChatGPT에게 요청: "하늘이 갑자기 어두워지더니 소나기가 쏟아졌다'에서 '소나기'라는 단어의 의미와 문맥 속 사용법을 설명해 줘."

3) 독해력 향상을 위한 질문 생성

- ChatGPT를 활용하여 "소나기"의 내용을 바탕으로 독해력을 평가할 수 있는 질문을 생성한다.
- ChatGPT에게 요청: "책 '소나기'의 내용을 바탕으로 독해력을 향상시킬 수 있는 질문을 만들어줘."

> "책 '소나기'의 내용을 바탕으로 독해력을 향상시킬 수 있는 질문을 만들어줘."

책 '소나기'의 내용을 바탕으로 독해력을 향상시킬 수 있는 질문을 몇 가지 만들어보겠다.

1. 소년과 소녀가 처음 만났을 때의 상황은 어떻게 묘사되었는가?
2. 소녀가 소년에게 자신의 집안을 이야기할 때 소년의 반응은 어땠는가?
3. 소나기가 내린 후 두 주인공의 감정 변화는 어떻게 나타났는가?
4. 소년과 소녀의 관계가 발전해 나가는 과정에서 중요한 사건은 무엇이었는가?
5. 소녀가 소년에게 준 선물은 무엇이었으며, 그것이 이야기에서 어떤 의미를 가지는가?
6. 소녀가 아프기 시작한 이후 소년의 행동이나 감정은 어떻게 변화하였는가?
7. 이야기의 마지막에서 소년이 느낀 감정은 무엇이었으며, 그 이유는 무엇인가?
8. '소나기'라는 제목이 이야기의 전체적인 주제와 어떻게 연결되는가?
9. 소년과 소녀의 만남이 주는 상징적 의미는 무엇인가?

메시지 Chat GPT

첫 번째 장 요약 작성
"소년은 강가에서 소녀를 처음 만났다. 두 사람은 서로에게 호감을 느끼고 함께 시간을 보내며 우정을 쌓아갔다."
"책 '소나기'의 첫 번째 장을 요약했는데, 피드백을 줄 수 있어?"

 책 '소나기'의 첫 번째 장을 요약한 내용은 다음과 같다.

"소년은 강가에서 소녀를 처음 만났다. 두 사람은 서로에게 호감을 느끼고 함께 시간을 보내며 우정을 쌓아갔다."

피드백

첫 번째 장의 요약이 잘 되어 있다. 다만, 소녀의 전학 온 배경과 첫 만남의 구체적인 상황을 조금 더 추가하면 좋겠다. 예를 들어, 소년이 소녀를 처음 만났을 때의 구체적인 장소나 활동을 언급하면 더 생동감 있게 전달될 것이다. 또한, 소녀의 건강 상태와 그들이 어떻게 가까워지게 되었는지에 대한 설명을 추가하면 요약이 더욱 풍부해질 것이다.

메시지 Chat GPT

4) 요약 및 정리

각 장이나 주요 사건을 요약하여 기록한 후 ChatGPT에게 요약문을 보여주고 피드백을 받아본다.

• ChatGPT에게 요청: "책 '소나기'의 첫 번째 장을 요약했는데, 피드백을 줄 수 있어?"

• ChatGPT에게 요청: "책 '소나기'의 결말을 바꿔서 새로운 이야기를 작성해 줘."

자신만의 글 작성 후 ChatGPT에게 피드백 요청한다.

"이 결말을 바탕으로 한 제 글을 읽고 피드백을 줄 수 있어?"

책 '소나기'의 결말을 해피엔딩으로 바꾸어 보겠다.

해피엔딩 결말

소년은 소녀가 병으로 쓰러졌다는 소식을 듣고 가슴이 아팠다. 그는 매일같이 소녀의 집을 찾아가 그녀의 쾌유를 기도하며 정성껏 간호했다. 소년의 진심 어린 노력 덕분에 소녀의 병세는 차츰 나아지기 시작했다.

어느 날, 소녀는 창밖을 바라보며 소년에게 말했다. "너 덕분에 많이 나아졌어. 이제 우리 다시 강가에서 놀 수 있겠지?" 소년은 기쁜 마음으로 고개를 끄덕였다.

그 후로 소녀는 점점 건강을 회복했고, 마침내 완전히 나았다. 두 사람은 다시 강가에서 만나 함께 시간을 보내며 더욱 깊은 우정을 나누었다. 그들은 강가에서 물놀이를 하고, 꽃을 꺾어 서로에게 주며, 아름다운 자연 속에서 행복한 나날을 보냈다.

세월이 흘러 두 사람은 성장했고, 서로에 대한 마음이 깊어졌다. 소년과 소녀는 마을 사람들의 축복

🔗 메시지 Chat GPT

이와 같이 감정 표현과 구체적인 디테일을 추가하면 더 생동감 있고 감동적인 이야기가 될 수 있다.

피드백 요약

1. **전개와 흐름:** 이야기의 전개가 자연스럽고 읽기 쉬우며, 소년과 소녀의 감정 변화를 잘 담고 있음

2. **디테일 추가:** 소녀의 회복 과정에서 일어난 구체적인 사건이나 에피소드를 추가하면 좋음

3. **감정 표현:** 소년과 소녀의 대화나 행동을 통해 감정을 더 풍부하게 표현할 필요가 있음

4. **결말의 강조:** 결혼식 장면을 조금 더 상세하게 묘사하면 독자들에게 더 깊은 인상을 남길 수 있음

🔗 메시지 Chat GPT

이러한 방법들을 통해 책을 읽고 난 후 어휘 학습과 독해력을 효과적으로 향상시킬 수 있다. ChatGPT와 같은 AI 도구를 활용하면 맞춤형 학습과 실시간 피드백을 제공받아 학습 효율을 극대화할 수 있다. 독서를 통해 어휘력과 독해력을 강화하는 경험은 학업 성취뿐만 아니라 개인적인 성장에도 큰 도움이 된다.

ChatGPT를 활용한 어휘 학습과 독해력 향상은 독서 경험을 더욱 풍부하고 의미 있게 만들어준다. 다양한 어휘를 효과적으로 습득하고, 문맥 속에서 단어의 의미를 이해하며 독해력을 강화할 수 있다. 이러한 학습 방법은 단순한 지식 습득을 넘어 창의적 사고와 문제해결능력을 기르는 데도 큰 도움이 된다. 독서는 평생 학습의 중요한 기반이며, 이를 AI 도구와 결합하면 학습의 효율성을 극대화할 수 있다. 꾸준한 독서와 AI 도구의 활용을 통해 어휘력과 독해력을 지속적으로 향상시켜 나가길 바란다.

4. AI 영어 튜터와 맞춤형 영어 회화

❶ 다양한 AI 영어 튜터 도구

AI 영어 튜터와 1:1 맞춤형 영어 회화 도구들은 개별 맞춤형 학습 경험을 제공하여 영어 학습의 효율성을 높이며, 무료로 사용할 수 있는 도구들도 포함되어 있어 접근성이 뛰어납니다. 듀오링고(Duolingo)는 게임화된 학습 환경에서 어휘와 문법을 자연스럽게 익히고, 실생활 표현을 중심으로 종합적인 영어 능력을 학습할 수 있는 인기 앱입니다. 헬로톡(HelloTalk)과 탠덤(Tandem)은 영어 원어민과의 실시간 대화를 통해 회화 능력을 향상시키는 언어 교환 앱이며, 멤라이즈(Memrise)는 어휘와 발음을 중심으로 영어를 재미있게 학습할 수 있는 게임화된 학습 앱으로, 다양한 주제에서 어휘와 표현을 익힐 수 있도록 돕습니다.

❷ AI 영어 튜터 – ELSA Speak

(1) 소개

ELSA Speak는 AI 기반의 발음 교정 앱으로, 사용자의 영어 발음을 분석하고 실시간 피드백을 제공하여 발음 교정과 영어 학습을 지원한다. 이제 ELSA Speak의 다양한 기능과 그 사용 방법을 자세히 알아보자. 이 앱은 맞춤형 학습 계획을 통해 사용자의 수준과 목표에 맞는 레슨을 제공하며, 다양한 주제별 레슨으로 실생활에서 적용 가능한 표현을 배울 수 있다. 발음 연습 도구를 사용하여 자신의 발음을 녹음하고, 원어민 발음과 비교하여 개선할 수 있다.

(2) 사용 방법

ELSA Speak는 처음 사용 시 레벨 테스트를 통해 학습자의 현재 발음 수준을 평가하고, 이를 바탕으로 개인 맞춤형 학습 계획을 제공하며 학습자의 수준과 목표에 맞춘 다양한 레슨을 통해 체계적으로 발음을 개선할 수 있다.

그림 8-8 ▸ 대화 게임 시작 후 도전하는 과정

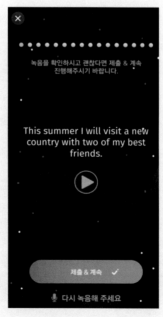

그림 8-9 ▸ 스크립트별 점수 보고서 및 발음 평가 점수 확인 과정

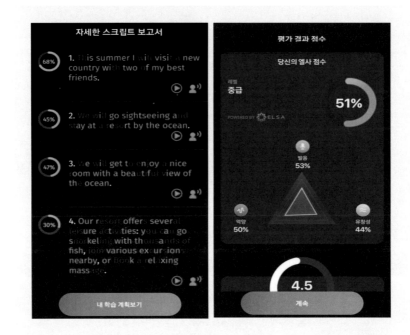

(3) 활용 방법

1) 발음 분석 및 실시간 피드백

ELSA Speak는 AI를 통해 사용자의 발음을 분석하고, 단어와 문장 단위로 발음의 정확성을 평가한다. 실시간 피드백을 통해 발음 오류를 즉시 교정할 수 있으며, 정확한 발음을 위한 구체적인 안내를 제공한다.

그림 8-10 ▸ 발음 연습과 피드백 제공 과정

2) 다양한 학습 콘텐츠

ELSA Speak는 기본 단어부터 고급 단어까지 다양한 어휘를 학습할 수 있는 콘텐츠를 제공하며, 문장 단위의 연습을 통해 실생활에서 사용할 수 있는 표현을 익힐 수 있다.

그림 8-11 ▸ 학습 카테고리 선택과 발음 훈련 과정

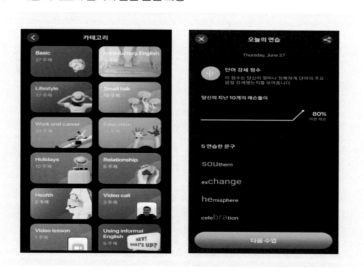

그림 8-12 ▸ 학습 카테고리 선택과 발음 훈련 과정

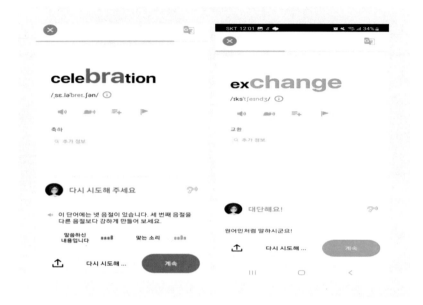

3) 발음 연습 도구

ELSA Speak는 녹음 기능을 활용해 사용자의 발음을 녹음하고, 원어민 발음과 비교하여 차이점을 확인할 수 있다. 반복 연습을 통해 자주 틀리는 발음을 집중적으로 교정할 수 있으며, 발음 교정을 위한 구체적인 피드백을 제공받을 수 있다.

그림 8-13 ▸ 역할극을 통한 영어 회화 능력 훈련 과정

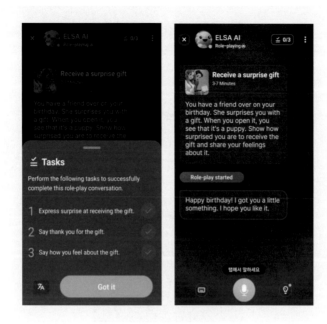

그림 8-14 ▸ 역할극을 통한 영어 회화 능력 훈련 과정 2

그림 8-15 ▸ 학습 평가 화면

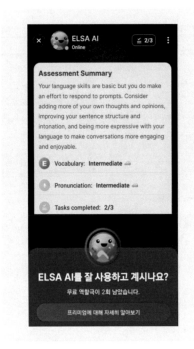

❸ AI 영어 튜터 - ChatGPT

(1) 소개

ChatGPT는 음성으로 대화할 수 있는 기능을 제공하여, 실시간으로 영어 회화를 연습할 수 있다. 대화 내용을 텍스트로 확인할 수 있어, 자신의 발음을 점검하고 필요한 부분을 개선할 수 있다. 또한, 대화를 통해 실생활에서 자주 사용되는 자연스러운 영어 표현을 익히고, 다양한 주제에 대해 영어로 이야기하는 능력을 향상시킬 수 있다.

(2) 사용 방법

1) 대화 주제 선택하기

먼저, 대화할 주제를 골라본다. 재미있는 주제를 선택하면 더 즐겁게 연습할 수 있다.

예시: "Let's talk about animals. What is your favorite animal?"(동물에 대해 이야기해 보자. 네가 제일 좋아하는 동물은 뭐야?)

2) 질문과 답변 연습

ChatGPT에게 질문을 하고, ChatGPT의 대답을 들어본다. 그런 다음 다시 그 질문에 대답해 본다.

- 질문 예시: "What is your favorite color?"(네가 제일 좋아하는 색깔은 뭐야?)
- 답변 연습: "My favorite color is blue."(내가 제일 좋아하는 색깔은 파란색이야.)

3) 피드백 요청

ChatGPT에게 말한 문장이 맞는지 물어보고, 틀린 부분을 고쳐달라고 한다.

예시: "Is this sentence correct: 'I goed to the park'?"(이 문장이 맞나요: 'I goed to the park'?) → "It's 'I went to the park.'"(그건 'I went to the park'라고 해야 해.)

4) 롤플레이 연습

ChatGPT와 역할 놀이를 하면서 영어로 대화하는 연습을 해본다. 예를 들어, 가게에서 물건 사기, 친구와 대화하기 같은 상황을 연습해 본다.

예시: "You are the shopkeeper, and I am the customer. 'Hello, can I buy a candy?'"(네가 가게 주인이고, 내가 손님이야. '안녕하세요, 사탕을 살 수 있을까요?')

You

Let's talk about animal. What is your favorite animal?

Snoopy

제가 좋아하는 동물은 개입니다. 개는 충성스럽고 친근한 성격으로 많은 사람들에게 사랑받고 있습니다. 당신의 좋아하는 동물은 무엇인가요?

My favorite animal is the dog. Dogs are loyal and friendly, and they are loved by many people. What is your favorite animal?

You

Uh, I want to ask...

Snoopy

어떤 것을 물어보고 싶으신가요? 질문해 주시면 도와드릴게요.

What do you want to ask? Feel free to ask, and I'll help you.

≡ Snoopy

You

Okay, what is your favorite color?

Snoopy

제가 좋아하는 색깔은 파란색입니다. 파란색은 평온하고 안정된 느낌을 주기 때문에 좋아합니다. 당신의 좋아하는 색깔은 무엇인가요?

My favorite color is blue. I like it because it gives a sense of calm and stability. What is your favorite color?

You

Is this sentence correct? I got to the park.

Snoopy

이 문장은 약간 어색합니다. "I got to the park." 대신에 "I went to the park." 또는 "I arrived at the park."라고 하는 것이 더 자연스럽습니다.

Your sentence is a bit awkward. Instead of "I got to the park," it's better to say "I went to the park" or "I arrived at the park."

메시지

≡ Snoopy

You

Is this sentence correct? I got to the park.

Snoopy

이 문장은 약간 어색합니다. "I got to the park." 대신에 "I went to the park." 또는 "I arrived at the park."라고 하는 것이 더 자연스럽습니다.

Your sentence is a bit awkward. Instead of "I got to the park," it's better to say "I went to the park" or "I arrived at the park."

You

나는 롤플레이 연습을 하고 싶어요. 가게에서 물건 사기를 예시로 들어서 You are the shopkeeper and I am the customer. Hello, can I buy your candy?

Snoopy

물론이죠! 롤플레이를 시작해 봅시다.

Shopkeeper: Hello, Welcome to our store. Sure, we have many kinds of candy. Which one would you like to buy?

메시지

≡ Snoopy

You

나는 롤플레이 연습을 하고 싶어요. 가게에서 물건 사기를 예시로 들어서 You are the shopkeeper and I am the customer. Hello, can I buy your candy?

Snoopy

물론이죠! 롤플레이를 시작해 봅시다.

Shopkeeper: Hello! Welcome to our store. Sure, we have many kinds of candy. Which one would you like to buy?

You

I want to blue one.

Snoopy

Shopkeeper: Great choice! We have blueberry and blue raspberry candies. Which one would you like?

고객 : I want the blue one.

You

메시지

---

5. AI 영어 게임과 듣기 능력 향상

❶ ESL Games World 영어 & 수학 게임

(1) 소개

ESL Games World의 "Subtraction 10 to 20 – Math Space Game"은 영어와 수학을 결합한 교육용 게임으로, 학습자들이 재미있게 뺄셈을 연습할 수 있도록 돕는다. 이 게임은 우주를 배경으로 하여 학습자들이 게임을 즐기면서 수학 실력을 향상시킬 수 있게 설계되었다. 다음은 이 게임을 선택하고 사용하는 구체적인 방법과 진행 방법이다.

(2) 사용 방법

1) 사이트 접속 및 게임 선택

웹 브라우저를 열고 ESL Games World 웹사이트에 접속한다. 상단 메뉴 또는 메인 페이지에서 게임 카테고리 "Math Games" 선택섹션을 클릭하고, 하위 메뉴에서 "Subtraction Games"를 선택한다. "Subtraction 10 to 20 – Math Space Game"을 찾아 선택한다.

2) 게임 실행

선택한 게임의 이미지나 제목을 클릭하여 게임 상세 페이지로 이동한 후, "Play" 버튼을 클릭하여 게임을 시작한다. 게임의 로딩이 완료되면, 게임 화면이 나타난다.

3) 게임 진행 방법

게임 화면에는 우주를 배경으로 한 여러 행성이 나타나며, 각 행성에는 뺄셈 문제가 표시된다. 화면 하단에 우주선이 위치하고 있으며, 우주선은 플레이어가 이동시킬 수 있다. 각 행성에 표시된 뺄셈 문제를 보고, 올바른 답을 찾으며 문제 해결능력을 향상시킨다.

그림 8-16 ▶ ESL 학습 게임: 대화형 보드 게임

그림 8-17 ▶ 학년별 맞춤형 수학 및 과학 게임

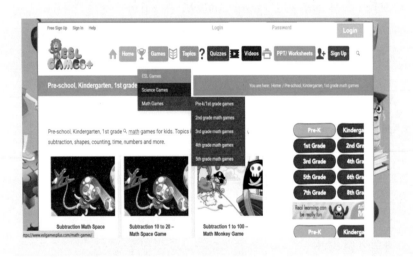

그림 8-18 ▸ 스페이스 도그: 10부터 20까지 뺄셈 게임

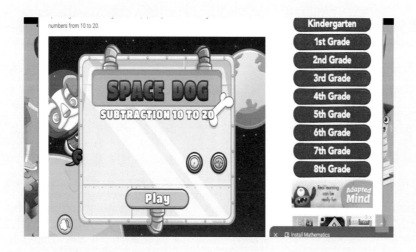

그림 8-19 ▸ 게임 가이드: 플레이 방법 안내

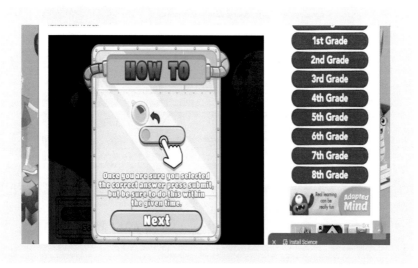

(3) 활용 방법

1) 학습 효과 극대화

같은 게임을 여러 번 플레이하여 뺄셈 문제를 확실히 익힌다. 다양한 난이도의 뺄셈 게임을 플레이하여 수학 실력을 향상시킨다. 스스로 시간 제한을 설정하여 문제를 빠르고 정확하게 해결하는 연습을 한다.

2) 학습 진도 및 피드백

진도 추적은 교사나 부모는 학생이 어떤 문제를 얼마나 잘 해결했는지 기록하고, 반복해서 연습할 필요가 있는 부분을 확인한다. 학생이 게임을 완료한 후 성취감을 느끼도록 격려하면서, 피드백 제공으로써 학습자의 성과를 평가하고, 필요한 경우 추가 학습 자료를 제공하여 학습자의 약점을 보완하도록 돕는다.

그림 8-20 ▸ 스페이스 도그: 뺄셈 문제 풀이 화면

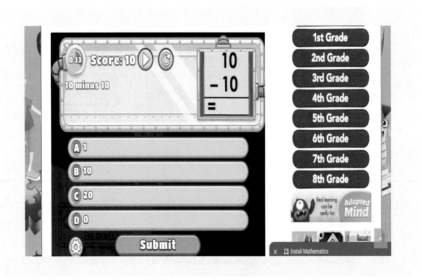

그림 8-21 ▸ 게임 결과 화면

❷ Quizlet을 활용한 어휘학습

(1) 소개

Quizlet은 학습 카드, 퀴즈, 매칭 게임 등을 통해 단어를 암기 학습할 수 있는 도구이다. Quizlet의 AI 기술은 학습자의 학습 패턴을 분석하여 개인 맞춤형 학습 계획을 제공하며, 학습자가 효과적으로 공부할 수 있도록 돕는다. Quizlet은 영어 단어와 문장을 재미있고 효과적으로 학습할 수 있는 다양한 기능을 제공한다.

(2) 사용 방법

1) Quizlet에 가입 및 로그인

Quizlet 웹사이트(https://quizlet.com) 또는 모바일 앱을 열고 회원 가입을 진행한다. 이메일 주소를 사용하거나 Google, Facebook 계정을 연동하여 가입할 수 있다.

2) 학습 세트 생성

로그인 후, Quizlet 홈페이지 상단의 "+" 버튼을 클릭하여 새로운 학습 세트를 만든다.

3) 세트 제목 입력

새 학습 세트의 제목을 입력한다. 예를 들어, "동물 이름 영어 학습" 등으로 주제를 명확히 한다. 필요에 따라 학습 세트에 대한 설명을 추가하여 내용의 목적을 명확히 한다.

4) 학습 카드 입력

학습 카드에 입력할 용어와 정의를 각각 입력한다. 예를 들어, "Cat(단어)"과 "고양이(뜻)"로 입력할 수 있다. 단어에는 학습할 영어 단어 또는 문구를 작성하고, 뜻에는 해당 용어의 뜻이나 설명을 작성한다. 각 카드에 이미지 추가가 가능하다.

그림 8-22 ▶ 퀴즐렛 학습 세트 시작

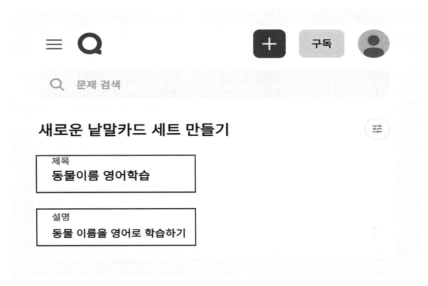

그림 8-23 ▶ 퀴즐렛 가입 과정

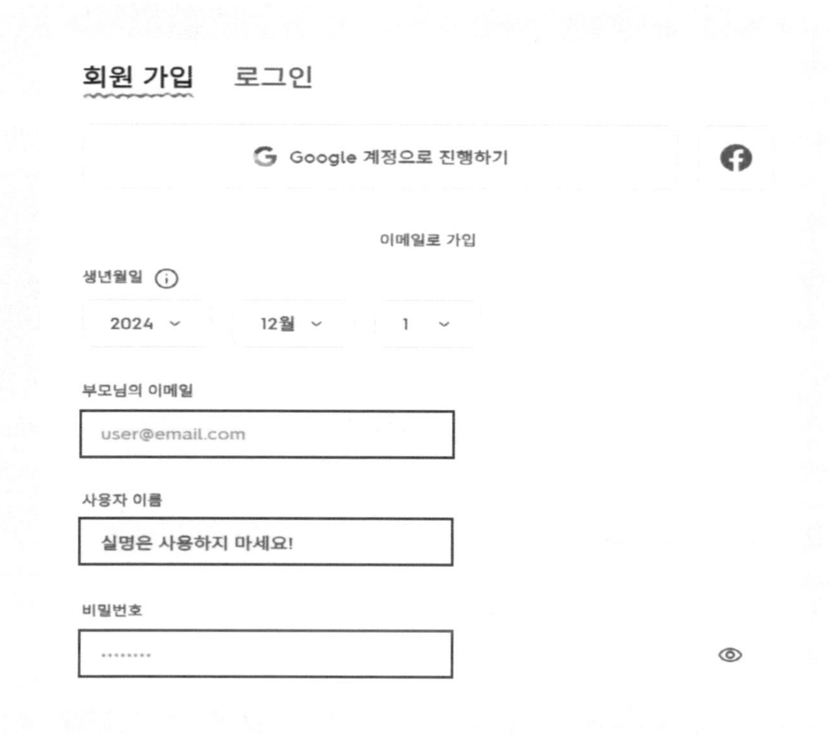

회원 가입 로그인

G Google 계정으로 진행하기   f

이메일로 가입

생년월일 ⓘ

| 2024 ∨ | 12월 ∨ | 1 ∨ |

부모님의 이메일

user@email.com

사용자 이름

실명은 사용하지 마세요!

비밀번호

••••••••   👁

그림 8-24 ▶ 낱말 테스트 진행 화면

(3) 활용 방법

1) 학습 세트 저장 및 공유

모든 카드를 입력한 후, 페이지 하단의 "만들기" 버튼을 클릭하여 학습 세트를 저장한다. 학습 세트를 공개하거나 비공개로 설정할 수 있다. 공개로 설정하면 다른 사용자들과 공유할 수 있으며, 비공개로 설정하면 자신만 사용할 수 있다.

2) 학습 세트 활용

저장된 학습 세트를 사용하여 다양한 학습 모드를 활용할 수 있다. Quizlet은 다양한 학습 모드를 제공한다. 카드 모드는 용어와 정의를 반복해서 보고 학습할 수 있고, 매칭 게임은 용어와 정의를 매칭하는 게임이다. 테스트 모드는 퀴즈 형식으로 학습한 내용을 테스트할수 있으며, 마지막으로 발음 연습은 용어의 발음을 듣고 따라 하는 모드이다.

3) 매칭 게임

매칭 게임은 자녀가 영어 단어와 뜻을 매칭하는 게임이다. 제한된 시간 내에 최대한 많은 단어와 뜻을 맞추는 게임으로, 자녀의 반응 속도와 기억력을 향상시키는 데 효과적이다. 게임을 통해 자녀는 영어 단어를 즐겁게 익힐 수 있다.

4) Quizlet Live

Quizlet Live는 개인의 실력을 향상시켜 라이브 게임을 통해 다른 학습자와 함께 즐길 수 있는 기능이다. 팀을 이루어 단어 맞추기 게임을 진행하며, 협동심과 경쟁심을 동시에 키울 수 있다. 자녀는 친구들과 함께 영어를 배우며 즐거운 시간을 보낼 수 있다.

그림 8-25 ▸ 단어 학습 플래시카드 화면

그림 8-26 ▸ 카드 맞추기 게임 활동

그림 8-27 ▸ 퀴즐렛 라이브 화면

❸ EBSe 펀리딩을 통해 영어 동화 학습

현대 사회에서 영어는 글로벌 언어로서 그 중요성이 날로 증가하고 있다. 영어를 유창하게 구사

하는 능력은 학업, 직업, 일상 생활에서 매우 중요한 자산이 된다. 이러한 영어 능력 중에서도 듣기 능력과 어휘력은 의사소통의 기본이 되며, 이를 향상시키는 데 효과적인 방법 중 하나가 바로 AI 영어 동화와 AI 영어 노래를 활용하는 것이다.

(1) 소개

EBSe 펀리딩은 한국 교육방송공사에서 제공하는 영어 동화 학습 사이트로, 다양한 영어 동화와 이야기를 통해 학습자들이 재미있게 영어를 배울 수 있도록 돕는다. 아래는 EBSe 펀리딩을 통해 영어 동화를 학습하는 구체적인 방법이다.

(2) 사용 방법

1) 사이트 접속 및 회원 가입

웹 브라우저를 열고 EBSe 펀리딩 웹사이트에 접속한다. EBSe 펀리딩을 이용하기 위해서는 회원 가입이 필요하다. 이미 계정이 있는 경우 로그인하면 된다. 회원 가입 시 기본 정보와 이메일 주소를 입력하고 계정을 생성한다.

2) 동화 선택

로그인 후 메인 페이지에서 다양한 영어 동화 목록을 볼 수 있는데 동화는 주제별, 수준별로 정렬되어 있어 학습자의 수준과 관심사에 맞는 동화를 쉽게 찾을 수 있다.

3) 동화 학습

EBSe 펀리딩에서는 동화 영상에 자막이 제공되지 않는 경우도 있다. 자막이 없는 경우, 듣기로만 내용을 파악해야 하기 때문에 좀 더 듣기 연습에 집중할 수 있다. 동화를 반복해서 듣고, 학습자가 이해할 때까지 여러 번 반복한다. 초등 학습자의 경우 흥미를 가진 이야기가 있는 경우에 반복해서 읽어주는 것을 요구할 때가 있는데 이런 경우 학부모가 직접 읽어주는데는 한계가 있지만 AI도구를 사용은 반복 학습을 통해 어휘와 표현을 자연스럽게 익힐 수 있다.

그림 8-28 ▶ EBSe 펀리딩 웹페이지 화면

그림 8-29 ▸ '찰리의 하모니카' 도서 소개 화면

그림 8-30 ▸ 이야기의 주요 장면과 내용

(3) 활용 방법

어휘 및 표현 학습 동화와 관련된 주요 어휘와 표현이 별도로 제공된다. 이를 통해 동화에 등장하는 어휘를 더욱 깊이 있게 학습할 수 있다. 사이트 내에서 제공되는 학습 자료를 활용해 어휘를 학습한다.

EBSe 펀리딩을 통해 영어 동화를 학습하면, 학습자들은 재미있고 효과적으로 영어 듣기 능력과 어휘력을 향상시킬 수 있다. 다양한 동화와 맞춤형 학습 자료를 통해 자연스럽게 영어를 익히며, 반복 학습과 부모의 지원으로 더욱 효과적인 학습이 가능하다.

그림 8-31 ▶ 읽기 전 알아야 할 단어와 읽기 팁

❹ Super Simple Songs를 통해 영어 노래 학습

(1) 소개

Super Simple Songs는 어린이들이 영어를 재미있고 효과적으로 배울 수 있도록 돕는 유튜브 채널이자 웹사이트이다. 다양한 영어 노래를 통해 학습자들이 노래를 따라 부르며 자연스럽게 영어를 익힐 수 있다. 아래는 Super Simple Songs 웹사이트를 통해 영어 노래를 학습하는 구체적인 방법이다.

(2) 사용 방법

1) 사이트 접속 및 탐색

웹 브라우저를 열고 Super Simple Songs 웹사이트에 접속한다. 메인 페이지
상단 메뉴에서 "Songs" 섹션을 클릭하여 다양한 영어 노래와 비디오를 탐색한
다. 다양한 카테고리와 주제로 정리된 노래들을 볼 수 있다.

2) 노래 선택

"Songs" 섹션에서 다양한 영어 노래 목록을 탐색한다. 노래는 주제별로 정리
되어 있으며, 학습자의 관심사와 수준에 맞는 노래를 쉽게 찾을 수 있다. 학습하
고 싶은 노래를 클릭하여 해당 노래의 상세 페이지로 이동한다.

3) 노래 학습

선택한 노래의 재생 버튼을 클릭하여 노래를 듣기 시작한다. 처음에는 전체
노래를 한 번 들어보고, 노래의 리듬과 멜로디를 익힌다. 노래의 상세 페이지에서
가사를 확인할 수 있다. 가사를 보면서 노래를 들으며 따라 부른다.

그림 8-32 ▸ Super Simple Songs 웹사이트 메인화면

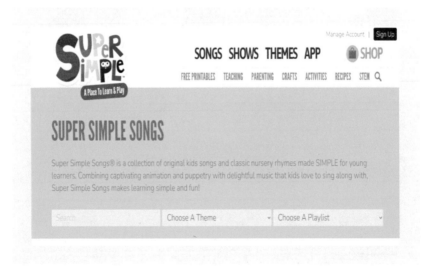

그림 8-33 ▸ 인기노래 선택화면

그림 8-34 ▸ 노래 에니메이션 화면

One found a treat
That she ran home to eat.
Then there were four spotted
dogs. Woof woof!

Four spotted dogs
Went for a jog.
Looking for yummy treats. mm
mm!

One found a treat
That she ran home to eat.
Then there were three spotted
dogs. Woof woof!

Three spotted dogs
Went for a jog.

(3) 활용 방법

Super Simple Songs 웹사이트를 통해 영어 노래를 학습하는 방법을 알아봤다. 다양한 영어 노래와 동작을 통해 학습자는 즐겁게 영어를 배울 수 있다. 노래를 듣고 가사를 따라 부르며 반복 학습을 통해 어휘와 표현을 자연스럽게 익힌다. 동작 비디오와 추가 학습 자료를 활용하여 학습 효과를 극대화할 수 있다. 직접 학습 기록을 관리하고 부모나 교사의 지원을 통해 더욱 효과적인 영어 학습이 가능하다. Super Simple Songs는 재미있고 효과적인 영어 학습 도구이다.

저자 약력

조은래

• 컴퓨터공학 전공

• 창원대방·구암초등학교 방과후 교사

• 진해여자고등학교 방과후 교사

• 중앙전산학원 강사

• 말레이시아 난민학교 컴퓨터 교사

• OFPA 난민직업전문학교 교장

• 한국 AI작가협회 회원

정지영

• 서울교육대학교 졸업, 한양대학교 대학원 철학과 졸업

• 서울시교육청 AI 에듀테크 선도교사

• 서울 신광초등학교 교사

• 저서)『피자보다 맛있는 철학 이야기』(2012)

　　　『에듀테크 활용 레시피』(2022)

송세훈

• 성균관대학교 영어영문학과 졸업

• 달의 이성 출판 대표

• 달빛영어학원 부원장

• 세이트리 SpeakUp IELTS 대표

• 구글 에듀케이터

• LXPER Inc. 수석 프롬프트 엔지니어

• 교육사랑신문 기자

• 저서)『메타 프롬프트: 창의적 AI 프롬프팅』(2023)

　　　『미래를 여는 열쇠, 프롬프트』(2023)

　　　『프롬프트 파인튜닝』(2023)

이수정

- 넥스트플랜 대표
- 인적성, NCS 전문강사
- EBS 표준화심리/고교학점제 지도강사
- NCS 문제집 및 GSAT 모의고사 문항 출제
- 저서)『나는 그릿하기로 했다』(2024, 공저)

최태현

- 고려대학교 교육학, 법학, 영어교육학 3중 전공 학사 졸업
- 런던대학교 영어교육과 석사 졸업(UCL ioe, University of London, Institute of Education)
- EBS 수능 영어 대표강사
- 현직 고등학교 영어 교사(경기도 분당권 외고 및 중·고등학교)
- 교실혁명 선도교사
- 교육청 교사 대상 AIDT 역량 강화 강의
- 경기도교육청 평가 서·논술형 평가위원
- 한국교육과정평가원 수능 출제위원, 전국연합 모의고사 검토위원
- 경기도교육청 교육부 장관상, 교육감 수상
- 저서)『분당 최선생의 스터디 큐브: 바뀌는 대학수학능력시험과 2025 고교학점제에 따른 공부학습법 전략』(2023)

정동완(기획)

- 교육전문가 봉사단체 '오늘과 내일의 학교' 회장
- 특강 및 캠프 운영 2,000회 이상 진행 전국구 강사
- 'AI 기반 진로진학 My Best 컨설팅 프로그램', 'AI 동화작가', 'AI 과제탐구왕' 등 빅데이터 디지털 콘텐츠 개발 기획과 자문
- 전) EBS 진로진학 대표강사
    EBS 영어 파견교사

나만 알고 싶은 AI 활용 교과서: 학부모

초판발행	2025년 2월 25일
지은이	조은래 · 정지영 · 송세훈 · 이수정 · 최태현 · 정동완
펴낸이	노 현
편 집	이혜미
기획/마케팅	이선경
표지디자인	권아린
제 작	고철민 · 김원표
펴낸곳	㈜피와이메이트
	서울특별시 금천구 가산디지털2로 53, 210호(가산동, 한라시그마밸리)
	등록 2014.2.12. 제2018-000080호
전 화	02)733-6771
f a x	02)736-4818
e-mail	pys@pybook.co.kr
homepage	www.pybook.co.kr
ISBN	979-11-7279-045-5 93370

정 가	26,000원

박영스토리는 박영사와 함께하는 브랜드입니다.